스포츠교육학의 새로운 지평

| 류태호 · 한만석 · 임용석 · 김준성 지음 |

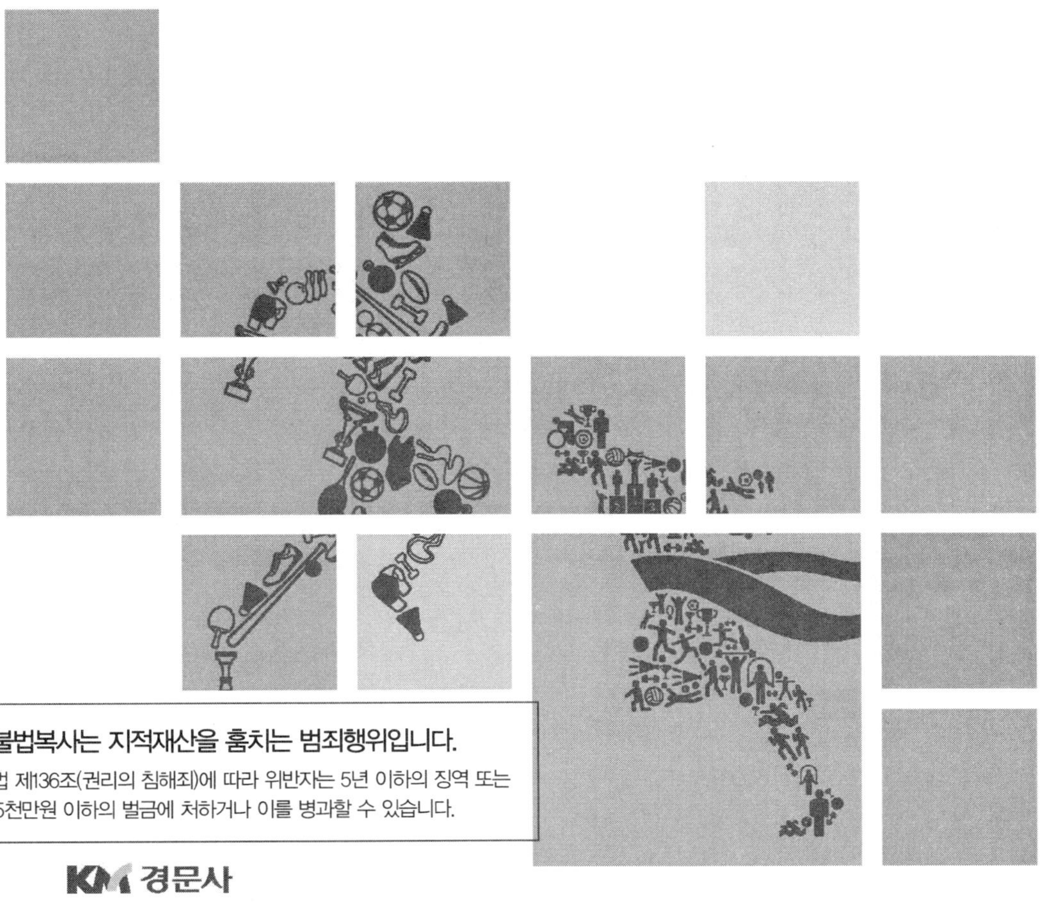

KM 경문사

머리말

preface

스포츠교육학이 우리나라에 도입된 지가 벌써 불혹의 나이가 되었다. 스포츠교육학이 어떤 학문이냐고 물으면 쉽게 대답하기 어렵다. 여러 가지 이유가 있지만, 학교를 연구의 영역으로 제한한 점과 '스포츠'에 대한 개념상의 혼란과 '교육'에 대한 다양한 시각의 차이에서 이유를 찾을 수 있다. 또한 우리나라 학자들이 스포츠교육학의 학문적 정체성을 확립하고 발전시키려는 노력에 비하여 학문적 열정과 진지함을 학문적 성과물로 내지 못한 것을 부인할 수 없다. 연구와 실제의 간격을 좁히지 못하고 있으며, 스포츠현상을 이해하고 탐구하는 패러다임의 불명확성과 미국을 중심으로 이루어진 학문적 성과물에서 벗어나지 못한 결과이기도 하다. 결국 학문적 보편성에 있어서는 서구 스포츠교육학의 연구경향을 따르고 있지만 만족스럽지 못하고, 특수성 측면에서 우리나라의 상황에 적합한 토착적 스포츠교육학적 논리와 체계를 갖추지 못하고 있다.

이 책은 스포츠교육학의 학문적 정체성을 탐구하는데 목적을 두지 않았다. 위의 문제는 여전히 우리의 숙제이다. 이를 풀기 위해 작은 모험을 시작하였다. 가능한 서구의 보편성과 우리나라의 특수성을 담보하는 주제를 선정하여 연구한 결과를 책으로 만든 시도이다. 이를 위해 4가지 주제의 연구 성과물을 중심으로 정리하였다. 1장은 운동의 의미를 정리하였다. 핵심질문은 운동은 왜 하는가, 어떤 효과가 있는가에 주목하였다. 학교에서 체육이 필요한 실제적인 이유를 운동에 관한 연구결과물을 중심으로 찾으려는 시도이다. 2장은 우리나라 전문(엘리트)체육의 변화과정과 이에 발생하는 문제를 중심으로 정리하였다. 3장은 체육에 대한 부정적인 담론의 성격, 내용, 구조와 주요 쟁점을 정리하였다. '부정은 새로움을 향한 반성'임을 확인하고 싶었다. 4장은 전문성을 기존의 연구결과를 중심으로 정리하면서 체육에서의 전문성의 의미와 연구 경향을 파악하고 '잘 가르친다'는 것이 무엇인가를 새로운 관점에서 보고자 하였다.

《스포츠교육학의 새로운 지평》이라는 제목과 같이, 이 책의 내용은 스포츠교육학 연구 영역에서 비교적 익숙하지 않지만 실천 영역에서는 매우 중요한 주제로 구성되어 있다. 이 책은 체육전공 대학생과 체육지도자들에게 연구 아이디어와 반성적 실천의 실마리를 제공할 수 있다. 한편 스포츠교육학을 전공하고 있는 연구자들에게는 낯설고 익숙하지 않은 새로운 영역을 탐구하는데 도움이 될 것이다.

저자들은 이 책을 기획하고 준비하면서 자신이 연구하고 가르쳐온 스포츠교육학을 반성할 수 있게 되었다. 이 책은 작은 시작이지만 지속적으로 새로운 주제를 찾고 또 찾아 스포츠교육학의 지평을 넓히는데 최선을 다하자는 약속의 결과물이기도 하다. 그 동안의 노고에 감사드린다. 특히 이러한 실험적인 우리의 노력을 책으로 출간할 수 있도록 배려해 준 경문사 박종화 실장님께 감사의 뜻을 전한다.

2015. 2.
고려대 스포츠교육학실에서
류태호

차 례

contents

3 체육의 부정적 인식

4 전문성 Who is a Expert?

1

운동의 의미

문화란 한 집단이나 조직의 구성원에 의해 공유되는 기본적인 가정과 신념, 이해 또는 의미들의 집합체이자(윤종건, 1986; Starratt, 1991; Stolp & Smith, 1995), 경험을 이해하고 사회적으로 행동할 수 있는 방법을 배울 수 있는 지식이다(Spradley, 2003). 문화는 조직구성원의 행동과 감정에 강한 영향을 주는 결정적 요소라는 것은 자명한 사실이다.

현대인의 생활방식은 '더 많이 먹고 덜 소비하는' 패턴으로 나타난다. 이에 따라 '운동부족병'이라는 말이 생겨날 정도로 비만, 당뇨, 고혈압, 뇌졸중과 같은 대사질환이 인간의 삶을 위협하고 있다. 특히, 청소년의 비만과 대사질환의 증가는 올바른 성장과 발달을 저해하는 요인으로 평가된다. 최근 우리 사회는 초등학교에서도 성적에 따른 양극화 현상이 나타나고 있으며, 성적 지상주의로 인해 다양한 체험 및 여가, 체육활동이 줄어들고 있다. 또한 신체 활동과 여가 활동의 부족으로 인해 PC게임과 같은 좌식 활동이 증가하면서 초등학생의 신체적, 언어적 폭력성이 증가하고 있으며, 초등학교 저학년에서도 게임중독으로 인한 가해, 피해학생의 사례가 보도되면서 이에 대한 국가적 관심과 걱정이 고조되고 있다(류태호, 한만석, 이지은, 2014; 한만석, 김매이, 2013). 또한 계속해서 심화되는 경쟁구도 속에서 학생들은 너나 할 것 없이 사교육 시장으로 내몰리고 있다. 이처럼 학교라는 제도를 둘러싼 다양한 문제들을 적절하게 해결하지 못하여 우리 사회는 조기 유학과 이민으로 인한 가족 해체가 빈번해졌다.

본 장에서는 이러한 교육적 문화속에서 발생하는 문제를 해결하기 위한 한 가지 방안으로 운동이 갖는 의미를 생각해 보고 그 효과들을 관련 연구들을 통해 제시하고자 한다.

첫째로 현대 사회는 물질문명의 발달과 함께 편리한 생활을 제공하고 있는 반면, 건강 생활에 큰 위협을 주고 있다. 또한 생활수준 향상과 더불어 식생활 개선으로 신체의 발육 및 발달이 크게 향상되고 있지만 육류와 당분 섭취 위주의 식생활 패턴과 운동부족으로 각종 성인병(Hypo-kinetic disease)에 걸릴 가능성이 높아지고 있다(서선숙, 이주리, 2010; 임미자, 김경숙, 2011). 즉, 편리해진 생활과는 달리 신체 활동의 부족으로 체력이 약화되고(Kopelman, 2000; Schmitz & Jeffery, 2002), 대기오염과 지나친 영양 섭취 등 여러 가지 원인으로 인해 다양한 질병들이 현대인의 삶을 위협하고 있다. 1절에서는 이러한 문제들을 해결하기 위한 방안으로 운동이 어떤 의미를 갖는가를 살펴보고자 한다.

둘째로 학생들은 다양한 질병들로 인한 열등감과 무력감 때문에 우울증, 대인공포

증에 노출되어 있으며, 학교생활 적응에 어려움을 겪는다. 이로 인한 청소년기의 여러 문제들은 의학적으로 정의된 질병의 차원을 넘어서 낮은 자기 존중감과 심리적 불안으로 인해 성장기를 거치며 큰 고통을 발생시킨다(Atlantis & Ball, 2008; Jansen, van de Looij-Janse, de Wilde, & Brug, 2008). 2절에서는 1절에서 논의를 이어 정서적 문제들을 해결하기 위한 한 가지 방안으로서 운동의 의미를 살펴보고자 한다.

셋째로 최근 뇌 과학 분야에서는 운동을 통해서 신경세포가 활성화 되고, 회복력과 반응력이 향상된다고 밝히고 있다(Cotman, & Berchtold, 2002). 이는 운동을 통해서 뇌의 구조를 바꿀 수 있다는 사실이다(Ratey, 2008). 뇌 발달의 환경적 관점에서 볼 때, 지속적인 운동은 우리의 뇌가 학습할 수 있는 최적의 상태를 만들어 준다(Medina, 2009). 연구방법의 발달은 그 동안 가설로만 남은 채 검증할 수 없었던 영역들을 살펴볼 수 있게 해 주었고, 이로 인해 운동과 공부의 의미를 보다 직접적으로 살펴볼 수 있는 창을 제공해 주었다. 3절에서는 운동과 공부의 관계를 뇌과학 및 신경교육학적 관점에서 살펴보고 운동과 공부의 관계를 탐색해보고자 한다.

1.1 운동과 질병의 관계

1.1.1 왜 학생들은 아픈가?

현대인의 삶을 위협하는 요인 중 하나인 비만은 개인의 차원을 넘어 사회적 문제가 되면서 질병의 양상으로 변화되는 실정이다(강효경, 2010; 정병렬, 진소현, 김세환, 2010; Bocarro, Kanters, Casper, & Forrester, 2008; Booth & Chakravarthy, 2002; Calle & Kaaks, 2004; Galvan, 2010; Hedley, Ogden, Johnson, Carroll, Curti, & Flegal, 2004; Kohl, 2013; Lindstrom, Isacsson, & Meelo, 2003; Marshall & Bouffard, 1997; Schwartz & Freemark, 2010). 1981년부터 1996년 사이 캐나다 초등학생의 비만이 3배 증가하였으며, 이는 당뇨 및 심혈관계 질환, 뇌졸중, 암과 같은 질병의 급격한 증가로 이어졌다. 이러한 원인은 아동들이 매일 신체활동을 할 수 있는 기회가 부족했기 때문이다(Ministry of Health and Long-Term Care, Ontario, 2004). 2013년 미국 아동의 17%가 비만으로 조사되었으며, 1980년 이래로 아동 및 청소년의 비만율이 3배 증가하였다. 따라서 많은 연구들이 비만 예방을 목적으로 수행되었으나 여전히 학령기 아동의 증가하는 비만율은 가장 중대한 건강관련 이슈일 만큼 심각한 문제이다(Brandes, 2007; Fals, 2009; Galston, 2008; Godin, Amireault, Belanger-Gravel, Vohl, & Perusse, 2009; Mayo Clinic, 2010; McManus, 2009; Vandelanotte, Sugiyama, Gardiner, Owen, 2009; Weight Realities Division, 2003). 한국에서도 청소년의 비만율이 1998년 6.8%에서 2010년 10.2%로 지속적으로 증가하고 있는 추세이다(노은이, 2013).

아동의 비만은 고혈압, 심혈관계 질환(CVD: cardiovascular disease), 당뇨, 유방암 및 대장암을 야기하는 것으로 보고되었다(Kohl, 2013). 비만 아동들에 관한 연구에 따르면 비만이 아닌 아동에 비해서 활동량이 현저히 적은 것으로 나타났다(김현아, 2004; Berkowitz, Agras, Korner, Kraemer, & Zeanah, 1985; Durnin, Dunin, Lonergan, Good, & Ewan, 1974; Mayer, 1965; Thompson, Jarvie, Lahey, &

Cureton, 1982). 이와 같은 비만 아동들의 비활동적인 생활양식은 운동기술 및 체력 발달을 저해할 수 있으며, 사회적 상호작용의 기회를 감소시킬 수 있다(Marshall & Bouffard, 1997). 또한 지방세포의 크기뿐만 아니라 세포 자체가 증가하여 성인비만으로 이행될 확률이 높고, 비만증에 수반되는 대사이상을 일으키는 주요 원인이 된다(김성수 외, 2001; 김우경, 2012; 이윤나, 1995).

또한 비만은 열등감과 무력감 때문에 우울증, 대인공포증을 유발하고, 학교생활 적응에 영향을 미친다(정순둘, 2006; 이신학, 2003). 이로 인해 청소년기의 비만 문제는 의학적으로 정의된 질병의 차원을 넘어서 낮은 자기 존중감과 심리적 불안으로 인한 고통을 예측할 수 있는 요인이다(Atlantis & Ball, 2008; Jansen, van de Looij-Janse, de Wilde, & Brug, 2008). 따라서 비만은 단순히 건강의 문제를 넘어서 개인의 삶 전반에 영향을 미치는 요인인 것이다. 비만을 질병의 하나로 인식하고 이를 해결하기 위해 노력하는 것이, 만족도 높은 양질의 삶을 살 수 있는 가장 적극적인 건강증진의 방법이다.

이러한 비만을 비롯한 당뇨 및 심혈관계 질환을 조기에 예방하여 건강한 삶을 살기 위한 노력의 하나가 생활체육의 실천이다. 생활체육이란 건강 및 체력증진을 위하여 행하는 자발적이고 일상적인 체육활동을 뜻한다(국민체육진흥법 제2조). 생활체육을 국민 모두에게 생활화하며 활성화하기 위해서는 가장 근본적으로 조기교육이 기반이 되어 영, 유아시기를 거쳐 청소년 시기에 토착화 될 수 있도록 그 뿌리를 마련해 주어야 한다. 이러한 교육이 선진국에서처럼 자연스럽게 이루어진다면 성인이 되어서도 운동을 생활화할 것이며 결과적으로 사회적 홍보 및 의료비용을 훨씬 절감 할 수 있을 것이다. 한국의 청소년들은 더 많이 먹고 덜 소비하며, 극단적 학업주의 속에서 생활하고 있다. 사회적 상호작용의 기회는 점점 줄어들고, 개인적 삶의 행동양상에 익숙해져가고 있으며, 자극적 매체들을 통한 즉흥적인 행동문화가 만연해 지고 있다(한만석, 김매이, 2013). 또한, 정서적으로도 청소년들의 우울증 및 자살과 같은 문제들이 대두되고 있다. 이는 운동부족으로 인한 건강의 문제가 단순한 개인적 차원의 건강 문제에서 그치지 않고, 학교생활전반과 더 나아가 사회, 국가적 차원에서도 큰 영향을 미침을 말해준다.

1.1.2 운동의 효과

콜레스테롤(cholesterol)은 스테로이드와 알코올이 합성된 스테롤의 하나로 주로 동물 세포의 세포막에서 발견되는 지질이다. 콜레스테롤은 우리 몸에서 직접 생성되거나 외부로부터의 음식 섭취를 통해 신체에 만들어지며, 혈액을 통해 운반되어 혈전이나 세포막을 구성하는 주요 성분으로 쓰인다. 콜레스테롤에는 크게 두 종류가 있는데 흔히 좋은 콜레스테롤이라 이야기하는 고밀도지단백 콜레스테롤(high density lipoprotein cholesterol)과 나쁜 콜레스테롤이라 말하는 저밀도지단백 콜레스테롤(low density lipoprotein cholesterol)로 나눌 수 있다. HDL-C는 우리 몸에서 소모되지 않은 잉여의 콜레스테롤을 간으로 이동시켜 대사에 쓰이는 역할을 하며, 반대로 LDL-C는 간에서 합성된 콜레스테롤을 체내 조직과 세포로 운반하게 된다. LDL-C는 혈관벽에 달라붙는 성질이 있어 과다할 경우 혈관이 좁아질 위험이 있다. 이러한 작용 기제로 HDL-C는 혈중 콜레스테롤의 농도를 낮추는 역할을 하여 관상심장질환의 예방인자로 알려져있으며, LDL-C는 관상동백질환의 위험인자로 알려져 있다(김영표, 고기채, 1999).

Gang 외(2011)의 논문에 따르면 관상동맥성 심장질환(CHD: Coronary Heart Disease)과 LDL-C, HDL-C는 밀접한 관련이 있다고 보고하였다. 결과로 제시된 〈그림 1〉을 살펴보면, LDL-C이 높고 HDL-C가 낮을수록 CHD가 발생할 확률이 높다는 것을 알 수 있다.

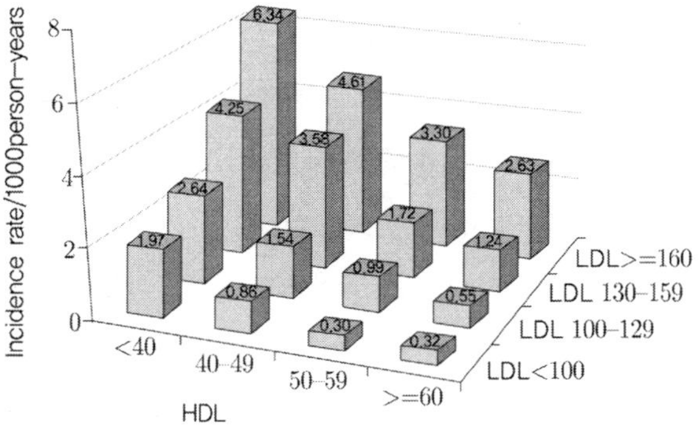

그림 1 ▸ CHD와 콜레스테롤과의 관계(Gang, Yadong, Pekka, Jouko, Cynthia, Ritta, Tiina, & Jaakko 2011)

혈중 콜레스테롤 농도의 수치는 여러 가지 질병의 주요 지표로 사용된다. 우리나라 사망원인 중 높은 비율을 차지하고 있는 관상동맥 질환, 뇌졸중, 고지혈증 등과 같은 심혈관 질환은 LDL-C의 증가와 HDL-C의 감소에 영향을 받으며(DeFronzo, & Ferrannini, 1991; Rupp, 1992) 일반적으로 LDL-C 수치가 높은 것과 동맥경화증의 발달은 깊은 관계가 있다(심윤택 외, 2003). 또한 혈중 콜레스테롤 수치는 고혈압, 당뇨병, 비만 등의 성인병 환자에 큰 영향을 미쳐 일반인에 비해 더욱 높게 나타난다. 당뇨병 및 고혈압 환자의 복합질병 위험요인에 관해 연구한 결과를 살펴보면, 환자들의 상태를 알 수 있는 여러 가지 위험지표 중 콜레스테롤의 농도가 매우 중요한 역할을 한다는 것을 확인할 수 있다(박필숙, 정기만, 김종현, 백지현, 박미연, 2003).

표 1 ▸ 일반인과 당뇨병 및 고혈압 환자의 복합질병 위험요인 (박필숙 외, 2003)

Clinical characteristics between the normal group and the patient group

Mean±SD

Variables	Normal (N=41)	Patient (N=166)	Average differences	DM (N=109)	HT (N=57)	Average differences
Weight (kg)	53.4±8.3	60.1±9.9	−6.6±1.6	58.8±9.8	62.8±6.8	−4.0±3.0*
BMI (kg/m^2)	22.47±1.16	23.65±3.14	−1.18±1.98	23.19±2.81	24.62±3.59	−1.43±0.78**
PIBW	111.3±9.2	113.2±7.4	−1.8±1.8	111.1±4.6	117.8±6.2	−6.7±1.5*
Waist (cm)	84.0±5.5	88.3±9.1	−4.3±3.5	87.9±8.4	89.2±9.5	1.3±1.1*
WHR	0.90±0.05	0.92±0.06	−0.02±0.01	0.92±0.06	0.92±0.06	−
SBP (mmHg)	110.6±7.0	128.6±1.6	−18.0±5.4***	126.1±9.7	133.9±9.7	−7.8±0.0*
DBP (mmHg)	70.7±9.7	77.9±6.6	−6.3±3.1	74.6±3.7	82.2±2.0	−7.6±1.7**
FBG (mg/dL)	96.4±6.1	160.5±7.1	−64.0±1.0***	174.7±8.9	130.2±2.4	44.5±6.5***
TG (mg/dL)	122.6±8.1	158.1±7.9	−35.5±0.1	166.0±9.8	141.2±7.6	24.8±2.2
TC (mg/dL)	153.6±7.9	220.3±5.1	−46.7±1.7**	191.7±7.4	218.7±5.3	−27.0±2.1**
HDL-C (mg/dL)	48.0±4.4	44.4±3.1	3.6±1.3	47.6±6.1	37.5±9.0	10.1±2.9***
LDL-C (mg/dL)	81.0±9.9	124.3±9.3	−44.6±0.5**	110.9±4.8	152.9±6.7	−42.0±1.9***
AI	2.39±1.09	4.03±2.38	−1.64±1.29*	3.41±1.91	5.35±2.76	−1.94±0.85***

*: p〈0.05, **: p〈0.01, ***: p〈0.001 significantly different by independent t-test

이 연구의 결과로 제시된 〈표 1〉을 살펴보면 DM(당뇨병 환자)과 HT(고혈압 환자)의 LDL-C, HDL-C의 양이 정상인과 비교했을 때 유의수준 $p<.001$에서 유의한 차이를 보였다. 특히, 좌식 생활이 급격히 증가하면서 사회적으로 크게 발병률이 증

가하고 있는 비만의 경우, 콜레스테롤의 수치와 밀접한 관련이 있다고 계속해서 보고되고 있다(김시영, 김효중, 이용수, 2009; 박상갑, 권유찬, 김은희, 2007; 한재웅, 2002). 즉, 콜레스테롤의 수치를 조절하는 것은 비만, 당뇨, 성인병 등과 같은 질병을 예방하는 데에 큰 영향을 미칠 수 있다고 말할 수 있다.

심혈관 질환, 비만, 당뇨 및 성인병 등의 위험지표로 사용되며 이러한 질병들과 깊은 관계를 가지고 있는 콜레스테롤 수치는 운동을 통하여 조절할 수 있다. 운동은 콜레스테롤 수치를 조절하는데 매우 효과적인 방법으로 잘 알려져 있다. 정기적인 운동 및 신체활동은 LDL-C를 감소시키고 HDL-C를 증가시키며(신석민, 김철형, 2012) 특히 유산소 트레이닝은 비만아동과 청소년 및 비만성인의 HDL-C, LDL-C를 바람직한 방향으로 조절·개선시켜 질환을 예방할 수 있다고 보고되었다(박태곤, 2008; Kelley, & Kelley, 2006). 최근 보고된 연구 중, 중학생 20명을 대상으로 복합운동(저항운동과 유산소운동)을 1회 60분간 주 4회씩 16주간 실시한 결과 LDL-C와 HDL-C 수치에 유의한 차이를 보였다. 통제집단으로 설정된 집단은 콜레스테롤 수치에 큰 변화가 없었으나, 운동을 실시한 실험집단은 LDL-C가 감소하고 HDL-C가 증가하는 결과를 확인 할 수 있다(김현권, 양은혜, 2012)〈표 2〉.

표 2 ▸ 규칙적인 복합운동과 LDL-C, HDL-C와의 관계 (김현권, 양은혜, 2012)

The change of blood lipids analysis

Variables	Group	Pre	Post
TC(mg/dl)	Exercise	166.30±1.56	160.52±0.63**
	Control	166.33±0.15	167.11±0.25
HDL-C(mg/dl)	Exercise	43.03±1.19	47.87±0.69**
	Control	44.63±0.86	43.13±0.87
LDL-C(mg/dl)	Exercise	100.10±0.32	90.42±0.17**
	Control	96.50±0.64	103.13±0.92
TG(mg/dl)	Exercise	185.36±0.78	145.87±0.96**
	Control	188.04±1.17	197.67±0.66

성인을 대상으로 운동 트레이닝을 실시한 결과 동맥경직과 내피세포 기능에 모두 효과를 주었다는 연구도 있다(Baynard, Carhart, Weinstock, & Ploutz-Snyder, 2009).

비만은 어느 나이 대에서나 나타날 수 있는 질병이다. 현재 청소년기에 비만이 급속도로 증가하고 있는 추세이며(배남규, 권인선, 조영채, 2009) 청소년기 발생하는 비만은 장기적으로 청소년의 신체에 정신적, 생리적인 손상을 일으키며 이후 성인

비만으로까지 이어질 가능성이 30%나 된다는 점에서 청소년기 비만 발생은 장기간으로 이어질 가능성이 크다(신석민, 김철형, 2012). 비만은 이상지혈증, 고혈압, 당뇨병과 같은 관상동맥 심장질환 발병 위험을 증가시키는 주요 원인이기 때문에 청소년기 올바른 식습관과 규칙적인 운동을 통한 비만에 대한 예방과 처치는 매우 중요하다.

전 세계적으로 확산되고 있는 비만 관련 문제를 해결하기 위한 가장 적극적인 방안으로 대두되고 있는 것이 운동이다. 운동은 콜레스테롤 조절 뿐 만 아니라, 체지방을 직접적으로 연소시켜 제지방[1] 증가에 긍정적인 영향을 준다(국두홍, 2008; 박태곤, 최원석, 2005). 비만을 예방하거나, 비만을 극복하기 위해 운동을 할 경우 제지방 증가, 체지방 감소, 콜레스테롤 농도 조절 등의 효과가 나타날 수 있는데 이는 단기간의 운동으로 나타날 수 없다〈표 3〉. 운동 빈도를 주 1-2회, 3-4회, 그리고 5-6회 실시했을 경우 5-6회 실시했을 시 체지방 감소에 가장 큰 효과를 주었고, 콜레스테롤 조절에 있어서도 3-4회 이상을 실시할 때 효과를 나타냈다(이민희, 백성수, 2012). 이는 ACSM(2006)에서 비만인을 대상으로 운동처방 시, 주당 5-6회의 운동 빈도를 권장하는 것과도 관련되어진다. 즉, 운동이 비록 규칙적으로 이루어진다 하더라도 어느 정도의 운동시간과 빈도를 지속적으로 실시하지 않으면 그 효과는 기대하기 어렵다.

표 3 ▸ 규칙적인 운동의 신체병리학적 효과

	연구자(년도)	운동시간 및 강도	신체병리학적 효과
1	김현권, 양은혜(2012)	16주간 60분씩 주 4회	LDL-C 감소 및 HDL-C 증가
2	이민희, 백성수(2012)	체지방감소 : 주 5-6회 콜레스테롤조절 : 주 3-4회	체지방감소, 콜레스테롤 조절
3	ACSM(2006)	주 5-6회	비만 예방 및 치료
4	Reed, Maslow, Long, Hughey (2013)	주 5회 45-50분씩 (초등, 중등학교)	BMI 지수 변화
5	William 외 (2005) 〈문헌연구〉	매일 60분씩 중고강도 운동 권장	심폐건강, 근골격 건강, 정신건강, 학업성취, 비만예방에 효과

1) 우리 몸에서 체지방을 제외한 신체를 구성하는 다른 물질들을 뜻한다.

1.2 운동과 정서의 관계

뇌 가소성이란?

인간의 뇌에는 약 100억개의 뉴런이 있다. 하나의 뉴런은 1000개의 다른 뉴런과 직접적 연관을 맺고 1000분의 1초에 수 백 개의 뉴런으로부터 정보의 입력을 받는다. 이러한 뉴런간의 특정 연결이 인지 및 정서적 기능을 형성하는 시스템이 된다. 뇌 가소성이란 유전자가 아닌 외부의 자극이나 환경이 유발하는 신경활동이 우리 뇌의 신체 및 기능을 변화시킨다는 것을 의미한다. 이러한 뇌 가소성의 증거의 한 예로 발달 초기 맹인의 뇌에서, 시각 피질이 변형되어 청각자극을 처리하는 것을 들 수 있다. 즉, 뇌의 성격 및 기능이 후천적 자극이나 연습에 의해서 발달되거나 변화될 수 있다는 것이다.

이러한 뇌의 구조와 기능의 변화는 인간에게서 가장 강력하게 발견되는데 인간만이 교육을 통해 자신의 환경을 변화시켜 뇌의 변화를 유도할 수 있다. 따라서 점차 뇌 가소성에 기반한 다양한 연구들을 통해 정서적인 문제를 치료하고 인지기능을 향상시키기 위한 프로그램들이 개발 될 것이다.

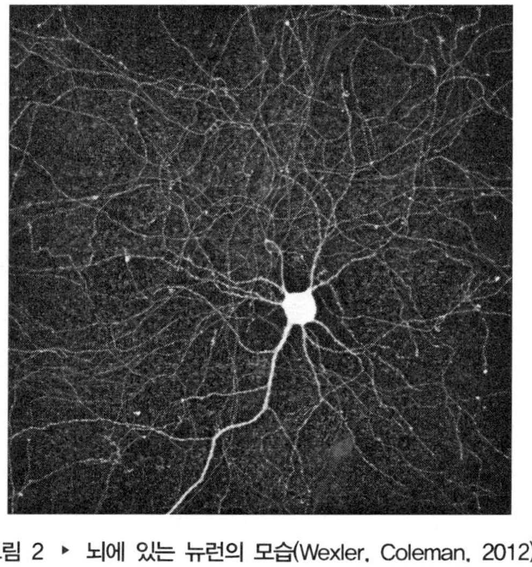

그림 2 ▸ 뇌에 있는 뉴런의 모습(Wexler, Coleman, 2012)

1.2.1 정서조절능력 향상

〈그림 3〉은 에어로빅 트레이닝에 따른 기분상태의 변화에 관한 연구 결과이다. 이를 볼 때 유산소 운동의 하나인 에어로빅 운동을 실시하였을 때 긴장, 분노, 우울, 피로, 혼돈과 같은 부정적 정서는 감소하고 활력은 증가하였음을 알 수 있다. 이는 운동이 정서를 조절할 수 있는 효과적인 방법이 될 수 있음을 말해준다. 최근 학교 교육을 둘러싼 다양한 문제들을 해결하기 위한 방안과 정책들의 주요 주제가 인성 발달, 사회성 향상, 정서적 발달 등임을 볼 때, 운동은 학교 교육이 본질적으로 이루어야할 목표 달성의 수단으로써 큰 가능성을 지니고 있다.

앞 절과 다음절에서 논의할 신체병리학적, 뇌 과학적 효과를 검증한 연구들과 마찬가지로 정서영역에서도 그 효과는 복합 운동 혹은 유산소 운동을 통해 드러났다.

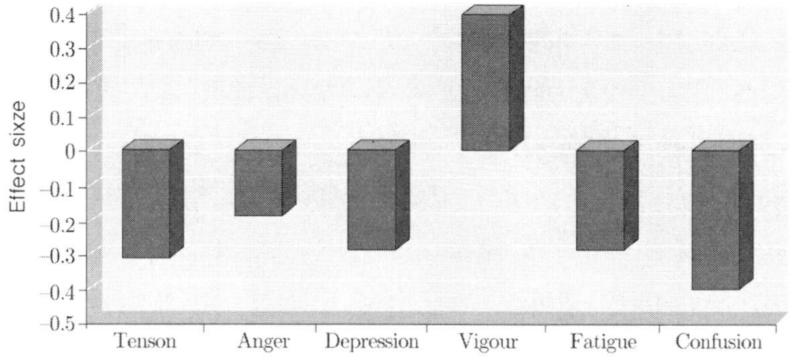

그림 3 ▸ 에어로빅 운동과 기분상태에 관한 메타연구(McDonald & Hodgdon's, 1991)

또한 운동은 우울증 및 불안을 개선한다. 신체활동을 통해 분비되는 세로토닌으로 인해 자기파괴적 행동이 감소하고 신경전달물질의 활성화로 긍정적인 생각이 증가하게 되어 우울증이 감소하게 된다.

1.2.2 뇌 구조적, 기능적 변화

뇌의 대부분 영역들은 서로 연결되어 있다. 따라서 뇌의 특정 영역의 역할을 구체적으로 규정하기는 쉽지 않다. 분명한 것은 뇌의 기능은 세포의 다양한 연결에서 생긴다는 것이다.

뇌 과학이란 세포와 세포 사이의 결합과 소통에 관한 내용이다(박문호, 2013). 불행한 사람은 타인과 감정이 일치할 때 가장 큰 위안을 받는다. 불행한 일을 당한 사람은 다른 사람에게도 피해자 자신의 슬픔과 분노와 같은 정도의 일체감을 기대한다. 피해자는 제3자의 냉혹과 무관심에 분노한다(애덤스미스, 1776). 이를 볼 때, 신경해부학적으로나 사회심리학적으로나 사람을 이해하는데 있어서 가장 중요한 것은 소통이다.

인지 심리학이 출현한 1970년대에는 우리의 마음에 어떤 일들이 일어나고 있는지 관찰할 수 있는 방법이 없었다. 따라서 심리학자들은 고도로 통제된 실험 연구 기법을 개발하여 마음에서 일어나는 일들을 추론하고자 하였다.

이후 1990년대 과학 기술의 발달과 함께 인지 심리학자들은 뇌의 영상을 연구하기 시작하였다. 뇌의 영상은 사람들이 사고할 때 뇌에서 어떤 일들이 일어나는가를 관찰할 수 있게 해 주었다. 이러한 기술은 의학적 진단을 위해 개발되었으나 이 기술을 인지 심리학 연구에서 적용하여 인지 과제를 수행할 때 뇌가 어떠한 변화를 일으키는지 3차원 입체 영상으로 보여준다(Roberts, Anderson, & Husain, 2010). 또한 최근에는 생쥐의 뇌를 투명하게 만들어 그 안에 있는 신경세포의 3차원 연결망을 하나하나 볼 수 있는 기술을 개발함으로써 난치성 뇌 질환 연구 흐름을 바꿀 획기적인 연구가 네이처지에 소개되었다.

인지 신경과학의 근본적인 가정은, 우리의 모든 느낌, 생각, 사고과정은 생물학적 뇌에 기초하며 우리의 마음에 일어나는 사건들은 경험의 자극임과 동시에 뇌의 신경 단위(뉴런) 활동이라는 것이다. 과학자들은 오늘날 이 가정을 수용하고 인간의 마음은 뇌와 다르다는 19세기의 이원론자들의 견해에 반대한다.

〈그림 4〉는 청소년기의 인지 능력과 심리 사회능력이 발달하는 모습을 보여주는 그래프이다. 이를 볼 때, 인지 능력은 16세경 이미 성인과 비슷한 수준으로 발달하는데 심리 사회적 능력은 훨씬 늦게 발달하는 것을 확인할 수 있다. 여기서 심리 사회적 능력이란 충동을 억제하고 자신의 할 일을 미리 계획하며, 또래나 집단의 압력에 대처하는 능력을 의미한다. 이 시기 뇌 기능 및 구조의 변화가능성(혹은 뇌 가소성, brain plasticity) 및 변화속도가 어느 다른 연령의 집단에 비해 가장 크며, 생애주기에 전반에 걸쳐 발달에 영향을 미친다(Hertz-Pannier, 1999; Papanicolaou et al., 2001).

따라서 이 두 그래프의 간극이 벌어진 16세에서 20대 초반 사이에 많은 일탈 행동이 일어나며 이 간극을 효과적으로 좁히는 방법으로 매일체육이 하나의 대안이 될 수 있다.

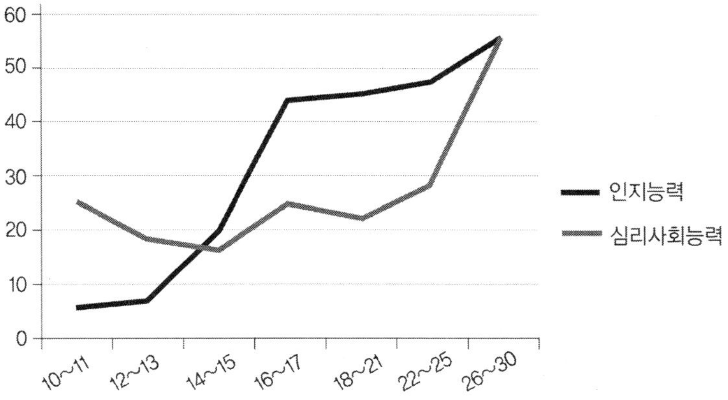

그림 4 ▸ 인지능력과 심리사회능력의 발달곡선(Steinberg, 2008)

이 시기 청소년은 성인에 비해 또래 집단의 영향을 많이 받는다. 따라서 또래 집단과 어울리는 시간이 많고 인지 능력에 비해 심리 사회적인 능력이 더디게 발달하므로 이를 효과적으로 조절할 수 있도록 도와주어야 한다. 규칙적인 운동을 통해 우리가 손, 발과 같은 신체를 움직일 때, 신피질(neocortex)을 포함한 뇌의 많은 영역이 활성화 되는데 이곳은 고등 사고 과제를 수행하는 영역이다. 따라서 운동은 고등 사고 기능을 담당하는 영역을 활성화 시켜 인지 과제의 수행능력을 향상 시킨다. 또한 규칙적인 운동을 통해서 정서적인 불안을 조절할 수 있다. 규칙적인 체육 활동은 감정 기복을 조절해 주는 세로토닌이라는 신경전달물질을 생성하여 갑작스런 기분 변화에 대처할 수 있도록 도와주는 역할을 하며 급격한 정서 변화를 어느 정도 예방해 주므로 청소년기의 매일체육은 인지능력과 사회심리능력의 균형적인 발달에 중요한 요인이다.

1.3 운동과 공부의 관계

1.3.1 뇌과학적 관점으로 본 운동과 공부의 관계

1.3.1.1 신체 활동과 인지 기능 : 운동과 뇌의 메커니즘

청소년기의 생활양식이나 인지 기능이 노년기 인지 기능과 밀접한 관련이 있음을 밝힌 연구들은, 유아나 아동기에 노출된 환경이 50~70년 후 노년기의 인지기능을 좌우할 수 있을 만큼 중요한 결정인자가 될 수 있음을 시사한다.

운동과 인지 기능과의 관계는 1975년 Spirduso의 연구를 시작으로 운동심리학자들에 의해 진행되었으며(우민정, 2010), 2009년 인지 과정이 운동에서의 전문성을 결정하는 중요한 요소임이 밝혀지면서, 보다 본격적으로 연구가 이루어지고 있다(Yarrow, Brown, & Krakauer, 2009). 연구 참여자를 대상으로 일정 기간 동안 달리기, 걷기, 수영과 같은 유산소 운동을 시킨 결과, 인지 기능과 정적인 상관관계가 있는 것으로 나타났다(Colcombe, & Kramer, 2003)〈그림 5〉.

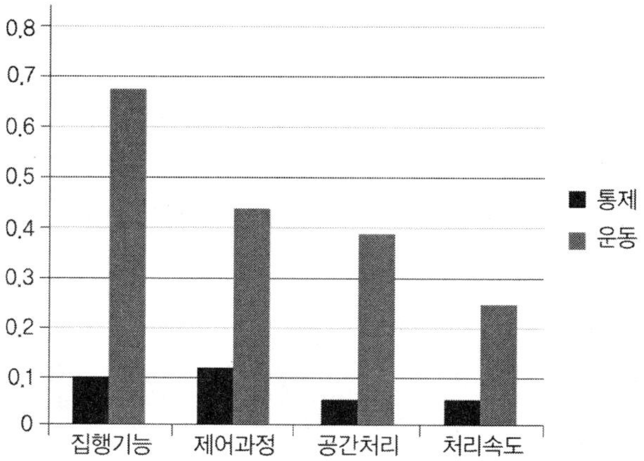

그림 5 ▸ 유산소 운동 집단과 통제 집단의 인지기능별 효과크기
(Colcombe & Kramer, 2003)

운동과 인지 기능과의 관계를 분석한 44편의 논문들을 대상으로 메타 분석한 연구에서는 신체 활동이 인지기능에 미치는 효과가 있는 것으로 나타났다. 관련 정도는 과제에 따라 차이가 있었는데 지각기술에서 가장 큰 효과를 나타냈으며, IQ, 학업성취도, 수학, 언어 순으로 그 결과가 나타났다. 즉, 이러한 연구결과를 토대로 운동을 통해서 인지 기능을 향상 시킬 수 있다는 결론을 얻을 수 있는데 이러한 기전(mechanism)을 정확하게 밝혀내고, 실증적 자료들이 축척될 때, 운동을 통한 신체 발달적 측면 이외의 인지 기능의 효과에 대한 타당성을 보다 명확히 증명할 수 있다.

19세의 청소년을 대상으로 유산소 운동과 인지 기능간의 관계를 조사한 연구에서는 전두엽에 의해서 통제 되지 않는 비 집행 기능에 대해서는 운동 전, 후의 차이가 없었으나 전두엽에 의해서 통제되는 집행기능[2]에 대해서는 유의한 차이가 나타났다(Hansen et al., 2004). 활발한 신체활동은 집중력을 향상시키고 수학, 읽기, 작문 성적을 높였으며 산만한 행동을 줄이는 등 학습 성취도에 긍정적인 영향을 주었다. 또한 신체활동은 집중력과 기억력, 학습성취도(GPA, 공인시험 성적, 수업에서의 점수 등) 향상 및 학습행동 발달에 효과적이었다.

표 4 ▸ 규칙적인 운동과 BDNF, VO_2MAX, HRmax와의 관계 (김지연, 안응남, 2012)

	Group	Mean±SD	t	p
BDNF (ng/mL)	physical activity	33.91±3.23	18.36	.000***
	control	29.07±2.94		
Vo_2 Max (ml/kg/min)	physical activity	48.29±4.01	14.17	.001***
	control	41.31±5.94		
HRreat (best/min)	physical activity	75.47±5.85	2.81	.105
	control	79.00±5.68		
HRmax (best/min)	physical activity	168.33±5.42	4.62	0.40*
	control	164.00±5.62		

** $p<.001$, ** $p<.05$

2) 집행기능(executive function)은 다른 인지적 기능들을 통제하는 심리적 기능으로, 계획, 행동, 추상적 & 개념적 사고, 통제, 선택 등을 포함한다.

김지연과 안응남(2012)은 규칙적으로 운동을 하고 있는 초·중학생을 대상으로 혈중 BDNF와 심폐체력간의 상관관계를 조사하였다. 연구결과, 〈표 4〉와 같이 BDNF의 증가는 최대산소섭취량(VO_2 MAX)과 최대 심박수(HRmax)와 함께 증가하였다. 또한 규칙적으로 운동을 한 학생들은 BDNF가 높게 나타나고 최대산소섭취량과 최대심박수와도 정적인 상관관계를 보이고 있었다.

BDNF는 중추신경계와 말초신경계 뉴런들의 활동에 영향을 미치는 단백질로서(Acheson et al, 1995; Huang & Reichardt, 2001), 학습, 기억, 고차원적 사고의 중추적인 역할을 담당하는 해마, 피질, 소뇌, 전뇌기저부에서 활성화되며(Yamada & Nabeshima, 2003) 특히 장기기억에 매우 중요한 역할을 한다(Bekinschtein et al., 2008).

이러한 BDNF는 유산소 운동이 촉매가 되어 증가된다(Cotman & Berchtold, 2002). 〈그림 6〉은 운동이 BDNF의 생성에 유의한 영향이 있음을 보여준다. 이처럼 운동은 학습, 기억, 고차원적 사고의 핵심적인 역할을 담당하는 해마 영역에 신경세포생성을 자극하는 BDNF를 증가시켜 인지 기능의 발달에 긍정적인 역할을 한다.

운동과 인지 기능과의 관계를 메타 분석한 연구에서는 신체 활동이 인지기능에 미치는 효과가 있는 것으로 나타났다(Hillman, Erickson, & Kramer, 2008). 그 정도는 과제에 따라 차이가 있었는데 지각기술에서 가장 큰 효과를 나타냈으며, IQ, 성취도, 수학, 언어 순으로 그 결과가 나타났다.

즉, 이러한 연구결과를 토대로 운동을 통해서 인지 기능을 향상 시킬 수 있다는 결론을 얻을 수 있는데 이러한 기전을 정확하게 밝혀내고, 실증적 자료들이 축적될 때, 운동을 통한 신체 발달적 측면 이외의 인지 기능의 효과에 대한 타당성을 보다 명확히 증명할 수 있다.

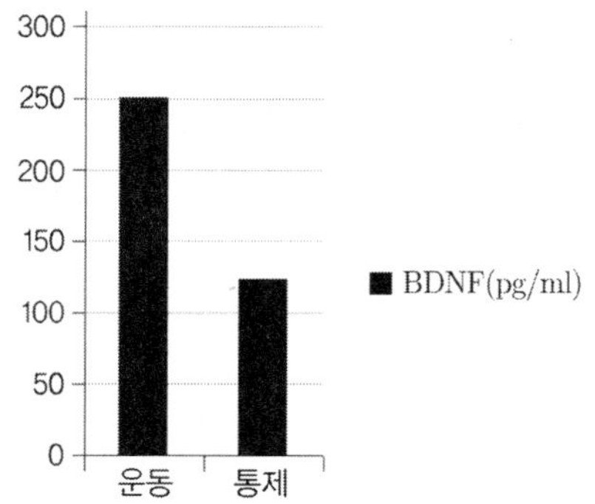

그림 6 ▸ Yamada & Nabeshima (2003)

2004년 19세의 청소년을 대상으로 유산소 운동과 인지 기능간의 관계를 조사한 연구에서는 전두엽에 의해서 통제 되지 않는 비집행기능에 대해서는 운동 전, 후의 차이가 없었으나 전두엽에 의해서 통제되는 집행기능에 대해서는 유의한 차이가 나타났다(Hansen, Johsen, Sollers, Stenvik & Thayer, 2004). 이 결과는 Colcombe & Kramer(2003)의 연구 결과와 같은 맥락에서 이해할 수 있다. 이러한 연구 결과는 2가지 측면에서 해석할 수 있다. 하나는 운동의 효과가 전두엽에서 가장 크게 나타나서 전두엽이 관할하는 집행기능에서의 수행 향상이 관찰되는 것이다. 이를 좀 더 구체적으로 연구하여 운동 효과와 뇌의 영역과의 상관관계를 밝힐 수 있다면 자기조절 및 통제의 영역을 담당하는 전두엽의 발달을 통해 이와 관련된 다양한 이상 행동 및 질병의 치료에까지 활용될 수 있다.

다음은 전두엽의 늦은 성장과의 관련성이다. 전두엽의 발달은 뇌 영역 중에서 가장 느리다. 다른 뇌 영역은 그 전에 이미 성장이 멈춰 외부 환경적 자극에 둔감한 반면에 전두엽은 25세까지 성장하므로 환경적 변화 및 자극에 의해서 영향을 받을 확률이 높다. 이러한 두 가지 측면에서 운동 효과가 전두엽이 관할하는 집행기능에서 유의하게 나타남을 추론해 볼 수 있다.

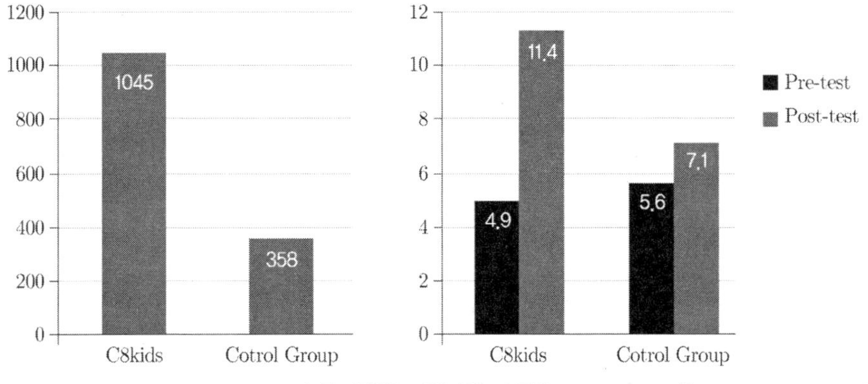

그림 7 ▸ C8 KID Sciences Program의 효과(왼쪽 작업기업, 오른쪽 Flanker Task)(Wexler, Coleman, 2012)

최근 이러한 관점에서 컴퓨터를 이용한 훈련과 신체활동을 동시에 활용하여 인지기능을 향상시키기 위한 C8 KID Sciences Program이 예일대학 연구팀으로부터 개발되어 진행중이다. 기존의 컴퓨터 기반의 프로그램에서는 학생들의 주의력을 훈련시키기보다 오히려 저하시키는 문제점이 발견되었다. 또한 보상기제를 자극하지만 자기-통제를 위한 실행기능 시스템은 요구할 수 없다는 구조적인 문제점 또한 갖고 있었다. 따라서 이러한 문제점을 보완하고 효과적으로 인지기능을 향상시키기 위해 C8 KID Sciences Program을 개발하였다. 그 결과 학생들의 작업기억과 인지기능(Flanker

Task[3])이 프로그램 사용 후 통제집단에 비해 매우 많이 향상되었다〈그림 7〉.

이선경(2011)은 ADHD 판정을 받은 초등학교 환아들을 대상으로 복합운동군과 비운동군으로 나누어 신체활동과 전두엽 실행기능의 변화에 대해 연구하였다. 즉, 복합운동(유산소 운동(줄넘기)과 저항운동(볼운동))이 ADHD 환아의 전두엽 실행기능에 미치는 효과에 대해서 분석한 것이다. 운동프로그램은 12주 동안 60분씩 주 3회 실시하였으며, 운동의 효과는 뇌파검사를 통해 검증하였다. 연구결과, ADHD 환아의 주의집중 및 학습수행, 지적 능력에 중요한 영향을 미치는 전두엽 실행기능 향상에 복합운동이 중재방법으로 효과적임을 확인하였다. 〈표 5〉에서 나타나는 것과 같이, 복합운동군과 비운동군 모두 전두엽 실행기능에 유의한 차이가 나타났지만 복합운동군에서 더 큰 증가를 보였다.

표 5 ▸ 신체활동에 따른 전두엽 실행기능의 변화(이선경, 2011)

		pre	post	paired t-test		independent t-test	
				t	p	t	p
Color-Word Score (sec)	CEG	43.50±6.98	54.17±5.38	−7.016	.001**	1.441	.187
	NEG	41.00±5.97	50.50±3.15	−3.841	.012*		

Values are M±SD

CEG : Combined Exercise Group, NEG : Non Exercise Group, *p<.05, **p<.01

1.3.1.2 운동 인지 기능 향상 기전

최근 들어 신체 활동과 인지 기능 향상의 관계를 인정하기 시작하면서 구체적으로 뇌에서 일어나는 그 관계에 대해 연구하려는 움직임이 활발히 일어나고 있다. 이는 신경네트워크의 관찰이 가능해 지면서 촉진 되었는데 주로 동물 실험을 통해서 이루어지던 연구가 연구 방법 및 실험 장비의 발달로 실제 운동선수의 뇌 촬영과 인지 기능의 변화를 측정하는 방식으로 이루어지고 있다. 학계에서는 유산소 운동을 통한 뇌 발달 특히 인지 기능의 향상은 운동에 의한 해마 영역의 신경세포 생성에 의해서 매개 된다고 보고하고 있다.

3) 인지 수행능력의 반응시간 및 정확성을 측정하는 인지기능검사의 한 유형

1.3.1.2.1 신경 세포 생성(Neurogenesis)

신경세포는 수많은 유전적 요인들에 의해 조절되지만(Taupin, 2006) 단기간에 신경세포 생성을 유도하는 효과적인 자극은 유산소 운동이다. 과거에는 신경세포는 초기 성장기에만 생성되고 그 후에는 생성되지 않는 것으로 알려져 있었으나, 많은 연구를 통해서, 운동을 통해 신경세포가 생성되며 이는 특정 시기에 국한되지 않고 전 생애에 걸쳐서 나타난다는 것이 밝혀졌다(백성수, 2007; Gage, 2000). 또한 신체 활동의 참여가 임신으로 인한 신경세포 생성의 감소와 방사선 치료에 의한 신경세포수의 감소를 역전시키는 것으로 나타났다(Rolls, Schori, London, & Schwartz, 2008).

이러한 연구를 통해서 운동은 신경세포를 생성하는 가장 효과적인 방법일 뿐 아니라 환경적 요인에 의해 손상된 뇌세포의 회복을 위한 치료제의 역할도 할 수 있음을 시사한다.

편미영 외(2010)의 연구에서는 여자 아동을 대상으로 12주간 유산소운동 프로그램을 실시하여 뇌기능 발달 및 뇌세포 생성 유도인자인 GH, IGF-1, estrogen, serotonin의 변화에 대하여 살펴보았다. 이 연구에서 독립변인으로 설정된 GH, IGF-1, estrogen, serotonin은 뇌세포 발달과 밀접한 관련이 있는 인자로서 이에 관한 설명은 〈표 6〉과 같다.

표 6 ▸ GH, IGF-1, estrogen, serotonin의 특징

	설 명
GH	• 뇌의 BDNF 증가를 자극 • 뇌에서 자가 분비 • 뇌기능 활성과 뇌세포 생성에 영향
IGF-1	• 간과 뇌, 다른 조직에서도 생성 • 신경전달물질과 인식작용에 관여 • BDNF 유전자 조절을 중재
estrogen	• 골 형성에 중요한 역할을 하는 골 흡수 지표 • 뇌기능 활성 및 뇌세포 생성에도 관여 • 뇌의 노화와도 관련 있음
serotonin	• 통증, 피로, 식욕 및 수면과 관련 • 해마의 BDNF 발현 및 수준을 증가시킴 • 운동에 의해 증가되는 것으로 보고

이 연구에서는 초등학교 여학생을 대상으로 12주간 유산소운동 프로그램을 적용한 운동군과 일상생활만을 계속한 비운동군으로 나누어 〈표 6〉에 나타난 통제변인

의 변화를 분석하였다. 연구결과 〈표 7〉에 나타난 것과 같이, 운동군의 학생들은 신경성장인자 및 신경전달물질인 GH, IGF-1에서 유의한 차이를 보이며 증가했다.

표 7 ▸ 유산소 운동과 GH, IGF-1과의 관계
(편미영, 조한샘, 전재영, 김종원, 이경희, 임춘규, 김태운, 김현준, 곽이섭, 고기준, 2010)

Item	EG(n=6)		t	CG(n=8)		t	F
	pre	post		pre	post		
GH (ng/ml)	6.81±5.04	10.93±4.8	−2.701*	6.67±4.29	6.09±3.89	0.661	8.009#
IGF-1 (ng/ml)	193.68±106.28	199.25±107.92	−2.648*	178.65±52.87	173.84±49.34	1.723	7.782#
estrogen (pg/ml)	55.5±5.96	61.23±7.57	−2.344	49.71±4.94	52.63±6.38	−2.319	1.222
serotonin (ng/ml)	61.08±33.94	43.6±20.64	2.553	56.19±19.77	59.69±22.69	−.595	5.416#

Values are means±SD
EG: exercise group, CG: control group, GH: growth hormone
* : significant different within group, * : p〈0.05, ** : p〈0.01
# : significant group×time interaction effects, # : p〈0.05

1.3.1.2.2 BDNF 증가

신경영양인자(Neurotrophic factor)는 뉴런의 기능, 발달, 생존을 유도하는 단백질을 분비시키는 영양인자로서 뉴런들의 사멸을 방지해서 뉴런의 생존을 돕는 역할을 한다. 또한 시냅스의 가소성을 조절하여 신경 가소성[4)]을 유발한다(Ratey, 2008). BDNF는 중추신경계와 말초신경계 뉴런들의 활동에 영향을 미치는 단백질로써(Acheson, Conover, Fendl, DeChiara, Russell, Thadani, Squinto, Yancopoulos, & Lindsay, 1995; Huang, & Reichardt, 2001), 학습, 기억, 고차원적 사고의 중추적인 역할을 담당하는 해마, 피질, 소뇌, 전뇌기저부에서 활성화되며(Yamada, & Nabeshima, 2003) 특히 장기기억에 매우 중요한 역할을 하는 것으로 나타났다(Bekinschtein, Cammarota, Katche, Slipczik, Rossato, Goldin, Izquierdo, & Medina, 2008). 또한, BDNF의 증가는 인간의 일상 생활 속에서 학습과 기억력에 강한 영향을 준다고 알려져 있다(Pereira, Mundo, Muglia, King, Macciardi, & Kennedy, 2007; Erickson, Prakash, Voss, Chaddock, Hu, Morris, White, Wojcíki,

4) 신경가소성(Neuroplasticity)은 인간의 두뇌가 경험에 의해 변화되는 능력을 말한다. 즉, 외부의 자극, 경험, 학습에 의해 구조 기능적으로 변화되고 재조직화 되는 현상이다.

McAuley, & Kramer, 2009).

이러한 BDNF는 유산소 운동이 촉매가 되어 증가된다(Laura, Schubery, Anne, Stephen, Brenna, Mark, & Duncan, 2011; Nakamura, Deocaris, Kimpara, Fujikawa, Chang, & Nishijima, 2007; Cotman, & Berchtold, 2002; Nudo, & Milliken, 1996; Nudo, Wise, SiFuentes, & Milliken, 1996). 이처럼 운동은 학습, 기억, 고차원적 사고의 핵심적인 역할을 담당하는 해마 영역에 신경세포생성을 자극하는 BDNF를 증가시켜 인지 기능의 발달에 긍정적인 역할을 한다.

최근에 최재일, 김재호, 전용균, 조원제(2012)가 보고한 연구결과에 따르면 규칙적인 아침 유산소운동이 혈중 BDNF 발현량과 작업기억력에 유의한 변화를 가져왔다. 중학교 청소년을 대상으로 8주간 주 4회 0교시 시간을 활용하여 유산소운동을 시킨 결과, 〈표 8〉에서 나타난 것과 같이 운동을 실시한 운동군의 BDNF와 작업기억력이 유의하게 증가했다.

표 8 ▸ 규칙적인 신체활동이 BDNF와 작업기억력에 미치는 영향 (최재일 외, 2012)

variables	group	pre–test (M±SD)	post–test (M±SD)	t	Sig
BDNF(pg/ml)	CG	25272.73±4557.45	25201.06±4995.28	.177	.862
	MAEG	24577.00±5931.32	28605.26±8116.53	−3.976	.001
working memory	CG	19.60±2.44	19.73±3.32	−.343	.737
	MAEG	19.33±2.69	24.00±4.03	−5.993	.000

CG : control group, MAEG : Aerobic Exercise

1.4 하나의 대안 – 매일체육

지금 우리 사회에는 '학교교육[5]'을 둘러싼 수많은 외침이 존재하고 있다. 그 외침은 '학교 붕괴[6]'라는 표현으로 대변되는데, 이는 학교의 울타리를 넘어 새롭고 다양한 사회, 국가적인 문제를 발생시키고 있다(류태호, 양진예, 정연학, 한만석, 2013). 이는 교과지도와 학생생활지도의 과정에서 교사와 학생이 경험하는 상호작용의 비정상적인 형태를 의미한다. 이에 따라 많은 연구들은, 교사와 학생관계에 있어 심각한 문제가 있음을 보여 주었고(김호권 외, 2000; 전교조참교육실천위원회, 1999; 황갑진, 2001), 이러한 문제들의 이면에는 입시위주의 교육풍토에 따른 급격한 경쟁구도의 하향화가 자리 잡고 있다.

초등학교에서도 성적에 따른 양극화 현상이 나타나고 있으며, 성적 지상주의로 인해 다양한 체험 및 여가, 체육활동이 줄어들고 있다. 또한 신체 활동과 여가 활동의 부족으로 인해 PC게임과 같은 좌식 활동이 증가하면서 초등학생의 신체적, 언어적 폭력성이 증가하고 있으며, 이를 곽영길(2007)과 이상균(1999)은 진학과 학업문제로 가장 고민을 많이 하는 학생들의 스트레스가 학교폭력의 직접적인 원인이 된다고 하였다. 또한 이용식(2006)은 컴퓨터 앞에만 앉아서 대근활동을 하지 않는 청소년은 신체의 균형적 발달이 저해되고, 체력저하로 이어질 것이 자명하다고 밝혔다.

이러한 우리 사회의 교육적 문제를 해결하기 위해서 대안으로 제시할 수 있는 것 중의 하나가 스스로 고유한 학생문화를 형성하며, 신체 활동을 통해 관계의 확장과 학습에서의 자기주도성을 키워나가는 매일체육이다(류태호 외, 2013).

---

5) '학교교육'이라는 의미도 일반적으로 초등, 중등, 고등 교육 등으로 나눌 수 있으나 연구자는 소위 공교육으로 불리는 현행 초등 교육에 중점을 맞추고 논의를 전개할 것이다. 이는 본 논문의 논의를 구체화함과 동시에 교사–학생으로 이어지는 학급문화의 사례와 맥락적 일치를 가지기 때문이다.

6) 학교붕괴는 교실붕괴와 수업붕괴를 포함하는 광의의 개념이다. 학교붕괴는 교육관료, 학부모, 학교운영위원회, 교사, 학생의 관계를 포함하는 포괄적인 개념이나, 교사와 학생관계가 가장 기본적이다.

매일체육이란 '체육 수업을 매일 하는 것', '학생들이 학교에서 매일 체육을 하는 것'으로 정의할 수 있으며, 신체활동의 중요성과 매일 체육은 같은 의미의 다른 표현이라고 볼 수 있다(류태호, 양진예, 정연학, 한만석, 2013). 미국에서는 30분 이상 중강도 운동을 매일 할 것을 매일체육의 기준으로 제시하고 있으며(Hillman, Erickson, & Kramer, 2008), 캐나다에서는 학교에 등교하는 날마다 20분 이상 중강도 운동을 지속적으로 하는 것을 매일체육(Daily Physical Activity)이라고 정의하여 교육과정에 소개하고 운영하고 있다(Ontario ministry of education, 2005). 뿐만 아니라 프랑스(Lavallee, 1984; Shephard, Jequier, Lavallee, LaBarre, & Rajic, 1980), 호주(Dwyer, Coonan, Letich, Hetzel, & Baghurst, 1983; Siedentop & Siedentop, 1985; Tinning, & Kirk, 1991), 핀란드(Sarin, 1992), 독일과 체코(Naul, Pauer, & Rychtecky, 1990), 벨기에(Pieron, 1982)에서는 이미 오래전부터 학교 교육과정에서 체육시간을 늘려 매일 체육을 실시하고자 하는 움직임이 지속적으로 일어났다. 2013년 5월 23일 University of Texas의 Kohl교수는 매일 60분 이상 중강도 운동을 학교에서 시킬 것을 이야기 하며 매일체육의 개념을 구체적으로 제시하였다. 따라서 선행연구를 바탕으로 본 연구에서 논의하고자 하는 학교에서의 매일체육이란 "학생들이 학교 내에서 체육수업, 방과후활동, 스포츠클럽, 0교시 수업 등 다양한 형태의 체육활동을 등교하는 날마다 20분 이상의 중강도 운동으로 실시하는 것"으로 정의할 수 있다.

매일체육에 관한 연구는 국외에서는 활발히 이루어져 왔으나 국내에서는 아직 부족한 실정이다. 매일체육을 실시하는 초등학교의 학생들의 일상을 살펴본 연구, 매일 체육을 운영하는 교사에 대한 연구, 학생들이 매일체육을 통해 얻는 경험에 대한 연구 등(류태호, 정연학, 양진예, 한만석, 2013)이 최근 국내에서 이루어졌다. 이에 반해 국외에서는 Daily Physical Education(DPE) 혹은 Daily Physical Activity (DPA)라는 개념으로 청소년기 매일체육이 성인기에 미치는 영향에 대한 연구, 매일 체육의 다양한 프로그램에 대한 연구, 비만학생을 대상으로 한 매일체육의 효과 검증, DPE 활동과 인지발달의 연관성에 대한 연구, 노인학·정신의학·사회학·뇌과학 등 다양한 분야에서의 매일체육 활동에 대한 연구가 이루어지고 있다(Buchman, Boyle, Yu, Shah, Wilson, & Bennett, 2012; Dawn, James, Christopher, Mathew, & Robert, 2006; Julienne, & Nathan, 2004; Kuan, Patricia,, Ming, Xavier, & Carol, 2003). 국외에서 이루어지는 매일체육과 관련된 연구를 살펴보면, 매일체육을 비만, 심혈관계 질환, 성인병 등을 예방하거나 치료하기 위한 수단으로 이용하거나(신체병리학적 관점), 뇌와 관련 되어 뇌질환에 대한 치료법 혹은 인지 발달을 위한 방법으로 매일체육을 사용하고 있다(뇌과학적 관점)〈표 9〉. 또한 청소년기의 매일체육의 중요성을 교육 현장인 학교에서 적용하는 프로그램의 개발과 함께 그 효과성 검증, 추후 성인기까지 미칠 수 있는 여러 영향력이 연구되고 있는 실정이다(교육적 관점).

표 9 ▸ 매일체육의 뇌과학적 효과

	연구자(년도)	운동시간 및 강도	뇌 과학적 효과
1	김지연, 안응남 (2012)	주 3회 2시간/1회(3년지속)	BDNF, 최대산소섭취량, 최대심박수 정적 상관관계
2	이선경 (2011)	주 3회 1시간/1회(12주)	ADHD 환아의 전두엽 실행기능 향상(주의집중, 학습수행, 지적능력)
3	편미영 외 (2010)	주 3회 70분/1회 (12주, 3주~12주 점증적 강도 높힘)	GH와 IGF-1의 유의한 증가
4	최재일 외 (2012)	주 4회 0교시 수업(8주)	BDNF와 작업기억력 증가
5	Reed 외 (2013)	주 5회 45~50분씩(초, 중등학교)	유동지능 증가, 지각속도 상승

이와 관련된 몇 가지 연구들을 살펴보면, 초등학생들의 비만에 관한 연구에서 비만 어린이들의 경우 학교생활 중 실외에서 체육활동을 하지 않는다거나 매일 비디오게임 등으로 신체활동량이 부족한 생활양식을 가지고 있기 때문에 어린이들의 신체활동량을 늘리는 것이 필요하다고 보고되었다(김미정, 2011; O'Loughlin, Gray-Donald, Paradis, & Meshefedijian, 2000). 비만어린이들에게 영양 및 신체활동 형태에 대한 교육과 함께 운동량을 늘리도록 동기를 유발시키고, 중간 강도까지 점진적으로 운동 강도를 높이는 형태의 운동을 적용한 결과 규칙적으로 운동에 참여하게 되었고, 높은 체지방 수준을 감소시키는 효과가 있다는 연구가 있다(Sothern, Hunter, Suskind, Brown, Udall, & Blecker, 1999). 29주 동안 학교에서 15분 걷기 및 20분 에어로빅 댄스 등의 활동적인 운동을 할 경우 유치원생 및 초등학교 여자 어린이들의 체질량지수(BMI: body mass index)의 증가를 막고, 비만의 정도를 낮출 수 있다는 연구도 있다(Mo-suwan, Pongprapai, Junjana, & Puepailboon, 1998).

본 절에서는 국내/외의 교육적 사례를 바탕으로 매일체육을 통한 학습 잠재력의 향상, 사회성의 발달, 전인교육의 실현에 대해서 논의하고자 한다〈표 10〉.

표 10 ▸ 매일체육의 교육학적 효과

	주 제	내 용
1	학습 잠재력 향상	체육활동이 신체 능력 발달과 함께 학습 성취 체육시간의 증가로 학습시간이 줄어듦에도 불구하고 성적이 유지되거나 향상
2	사회성발달	체육 활동을 통한 정서적 공감 형성 사회적, 도덕적 속성을 체득하게 하고 학생들의 인성을 함양
3	전인 교육의 실현	신체 기능의 발달과 동시에 지적, 정서적 발전 자기주도성과 자기존중감 및 학습 성취가 향상

1.4.1 학습 잠재력(Learning Potential)의 향상

1995년 Keays와 Allison은 매일체육을 통해 학생들의 학습 태도, 행동이 바람직한 방향으로 변화하였고, 창의성이 증가하였을 뿐 만 아니라 기억력, 관찰능력, 문제해결능력, 의사결정 능력에서도 긍정적인 효과가 있음을 보고하였다. 이는 매일체육이 학생들의 행동과 함께 학습하는데 중요한 능력인 학습 잠재력을 향상시키는데 효과적임을 말해준다.

학습 잠재력이란 우수한 학습 성취를 위해서 필요한 학습 요소로 이러한 능력이 잘 개발될 때, 학습할 준비가 잘 되었음을 의미한다. 지속적인 학습 성취의 달성을 위해서는 학습 잠재력의 개발이 필연적으로 요청된다. 또한 Shephard(1997)의 연구에서는 학생들의 체육시간을 지속적으로 증가시킴에 따라 학습시간이 줄어듦에도 불구하고 성적이 유지되거나 향상되었다.

매일체육은 학생들로 하여금 좀 더 빠르게 생각하고 인지 능력을 향상시키도록 도와주어 그들이 가지고 있는 학습 잠재력을 향상시키고 결국에 학습 성취에 도달할 수 있도록 기능한다. 따라서 매일 체육은 학생들의 건강 증진 및 성장 발달과 함께 학습 성취에도 필수적인 요소이다(Kohl, 2013). 이러한 매일체육의 결과가 언론을 통해서 소개되면서(21세기 신운동 웰니스, 당신의 뇌를 바꾼다, 2008; 10분의 기적, 금정중학교 108배 매일체육, 2010; 네 마음을 보여줘, 두뇌혁명 프로젝트 0교시 체육수업, 2010) 인지능력의 향상과 높은 상관관계가 있다는 것을 증명하였고, 서울시 교육청에서는 7560정책을 통해 일주일에 5번씩 1시간 이상 운동할 것을 정책으로 홍보하고 있으며, 초·중·고등학교에서 매일 체육활동의 성과들을 보고하고 있다.

2010년에 방영된 프로그램(10분의 기적, 금정중학교 108배 매일체육)에서 매일체육에 참여한 학생들 중 기초학력 미달자의 비율이 12.63%에서 6.6%로 줄어들었음을 확인할 수 있다. 이는 매일체육 활동이 인지능력과 관련이 있다는 연구의 보고를 지지하는 자료이다.

또한 최근의 뇌 과학 연구를 통해 운동과 인지 발달과의 관계가 보다 상세하게 보고되었다. 메타 연구를 통해 지속적인 운동이 인지 능력발달(집행기능, 제어기능, 공간처리기능, 속도기능)에 효과적임이 보고되면서 지속적인 체육활동이 신체 능력 발달과 함께 학습 성취에 밀접한 관련이 있는 인지기능의 향상을 통해 학습 잠재력을 향상시키는 중요한 요소임이 확인되었다(Everhart, Desmond, Casilio, Dimon, & Stone, 2012; Hillman, Erickson, & Kramer, 2008; Kirk, 1989).

1.4.2 사회성 발달

인간관계를 맺는다는 것은 특정한 활동 및 정서적 공감을 통해서 '나와 너'가 의미 있는 존재가 되어 가는 과정이다. 학급에서도 독특한 여러 명의 학생들이 만나서 생활하기 때문에 다양한 일들이 생겨나며 이를 적절히 대처해 나가지 못할 때 많은 어려움이 발생한다.

1990년부터 3년 동안 매일체육의 효과를 검증하기 위해 187개 학급 3,386명을 대상으로 벨기에에서 실시한 연구에서, 매일체육을 실시한 학생들이 통제집단에 비해 긍정적 태도발달에 유의한 증가가 있음이 드러났다. 이 연구에서의 긍정적 태도는 두 가지로 제시되었는데, 하나는 동료 및 교사와의 사회적 관계성이며 다른 하나는 학교생활에 대한 기쁨과 즐거움이다(Pieron, Cloes, Delfosse, & Ledent, 1996).

Arnold(1997)는 학생들이 신체 활동을 규칙적으로 수행할 때, 규칙, 기술, 전략 뿐만 아니라 스포츠맨십, 페어플레이, 팀워크 등을 학습해야 한다고 하였다. 매일체육은 이러한 주장의 연장선상에서 다양한 활동을 통해 그 속에 내재된 사회적, 도덕적 속성을 체득하게 하고 학생들의 인성을 함양시킨다(Gloud, & Carson, 2008). 또한 실력이 다른 학생들을 도우며 배려심을 기르고, 남녀 관계의 확장에도 많은 도움을 주었다(Ontario Ministry of Education, 2005). 보통 학교에서 경험하는 남녀 관계는 고학년이 되면서부터 서로 함께 활동하는 것을 꺼리게 되는 경우가 대부분이다. 그러나 매일체육 활동을 통해 함께 하는 구체적인 방법을 배우고 그 속에서 협동, 인정, 배려와 같은 방법들을 자연스럽게 배울 수 있었다.

교육은 만남에서 비롯된다. 주체와 객체로서 만나는 것이 아니라 서로가 주체로서 관계를 맺어 나갈 때 유기적 관계가 형성되며 서로의 움직임과 생각과 정서에 긍정적 영향을 미치게 된다. 매일체육 활동은 관계의 확장을 통해 교육을 가능케 하였다. 이를 볼 때, 매일체육 활동은 신체의 다양한 기능들의 증진 및 의학적으로 논의되고 있는 질병 예방의 역할 뿐 아니라 관계의 확장을 통해 사회성을 발달시킬 수 있는 중요한 시사점을 제공해 준다.

1.4.3 전인 교육의 실현

다양한 정서 관련 요인들의 발달에 관한 지속적인 연구를 통해 매일체육 활동이 운동 영역에만 한정해서 그 발달이 일어나지 않고 통합적 발달에 기여한다는 것을 알 수 있다(Pieron, 1996).

류태호 외(2013)의 연구에서 매일체육 활동으로서의 티볼은 일상에서 끊임없는 노력과 탐구 과정을 통해서 신체 기능의 발달과 동시에 지적이며 정서적인 부분의 발전을 가능하게 하는 전인 교육을 가능케 하였다.

희망초등학교 큰 빛 12기를 통해 보여 진 매일체육 활동은 한 마디로 건강한 몸에서 바른 인성이 나오고 이것이 지적인 면으로 확장되고 발전된다고 표현할 수 있다. 건강한 몸을 만들어 가는 매일체육(티볼)활동 속에 공동체 생활과 인내심 교육을 함께 하고, 이를 통해 바른 인성과 함께 자기주도적인 교과 학습의 지도가 가능했던 것이다. 이는 자연스럽게 바른 인성의 형성과 함께 학력 신장을 가져왔다. 하루도 거르지 않고 매일체육을 실천해 왔던 노력 때문에 이 모든 것이 가능했던 것이다〈그림 8〉.

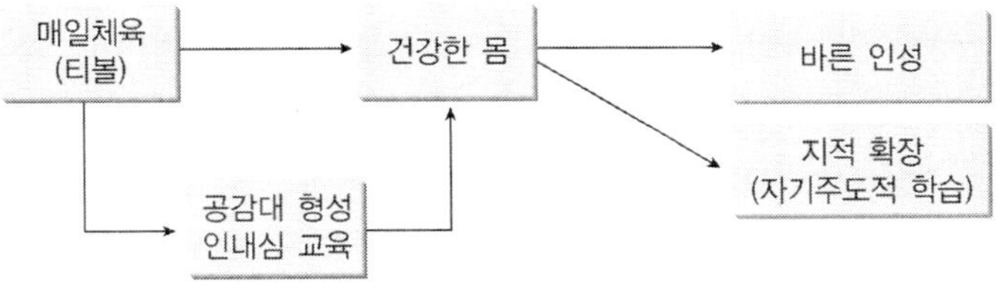

그림 8 ▸ 매일체육의 교육적 효과 (류태호 외, 2013)

매일체육 활동은 단순히 신체 기능을 향상 시키는 데서 그치지 않고 이를 통해 인성과 인지적 활동을 돕는 자기주도적 학습을 가능케 함으로 학생들이 전인으로 성장할 수 있는 자양분이 되었다.

해외에서도 매일체육을 통해 학생들의 건강 및 체력이 증진되고, 스트레스에 대한 저항성이 높아지며, 자기주도성과 자기존중감 및 학습 성취가 향상되는 결과가 보고 되었다. 그리고 신체활동과 학교 스스로에 대한 긍정적인 태도함양에 도움을 주고 사회성도 증가되었다(Canadian Association for Health, Physical Education, and Recreation, 1988; Martens, 1982; Robbins, 1987; Siedentop, & Siedentop, 1985). 이러한 결과들은 매일체육의 전인교육적 효과를 뒷받침한다.

연이어 보도되는 학교생활 관련 문제들을 이제 교육적, 사회적 문제가 아닌 국가적으로 해결해야 할 커다란 문제이다. 가장 중요한 것은 교육의 논리로 이 문제들을 바라보고 가장 합당한 대안을 제시하는 것이다. 매일체육은 이러한 관점에서 학생들의 신체적, 정서적, 인지적 변화를 통해 새로운 교육의 담론을 제시할 수 있다.

매일체육 활동은 그 동안 신체의 건강 증진을 체육의 일관된 논리로 해석하려던 움직임에서 관계의 확장을 통한 정서함양과 자기주도적 습관 형성을 통해 공부하는 습관을 길러주는데 의미 있는 결과를 보였다. 그리고 이러한 흐름은 학생의 인지, 정서, 행동을 고루 발달시켜 균형 잡힌 인재를 양성하는 전인교육적 교육관과 밀접한 관련성을 갖는다.

:: 참고문헌

강효경(2010). 비만 아동들의 걷기운동이 신체조성과 면역글로불린에 미치는 영향. 한국초등체육학회지, 16(3), 157-168.

곽영길(2007). 학교폭력 피해에 대항 인식과 경험에 관한 연구. 미간행 박사학위논문, 동국대학교 대학원, 서울.

국두홍(2008). 복합운동이 중년 비만 여성의 혈중지질, 염증표지인자와 비만관련호르몬에 미치는 영향. 미간행 박사학위논문. 전남대학교 대학원, 광주.

김교헌(2004). 한국 청소년의 우울과 자살. 한국심리학회지, 10, 55-68.

김미정(2011). 서울지역 초등학생의 활동에너지 소비실태 분석과 활동수준 판정방법의 개발. 미간행 박사학위논문, 한국교원대학교 대학원, 충북.

김상만(2001). 비만이 건강에 미치는 영향. 성인병과건강, 3, 42-47.

김성수, 위승두, 이재현, 박호원, 조성연, 한상완, 박현정, 김동환(2001). 성장호르몬, IGF-1과 비만지표의 상관성 및 운동에 의한 변화. 한국사회체육학회지, 16, 271-280.

김시영, 김효중, 이용수(2009). 복합트레이닝 시 유산소성 운동과 저항성 운동의 순서 차이가 신체구성, 혈중지질 및 스트레스 호르몬에 미치는 영향. 한국체육학회, 48(2), 421-432.

김영표, 고기채(1999). 교차훈련이 혈중 지질 및 콜레스테롤에 미치는 영향. 한국체육학회지, 38(3), 386-399.

김우경(2012). 운동이 비만 초등학생 체지방율 감소에 미치는 효과: 메타분석. 한국초등체육학회지, 18(3). 121-130.

김지연, 안응남(2012). 성장기 아동, 청소년의 규칙적인 신체활동이 심폐체력과 혈중 BDNF에 미치는 영향. 한국운동재활학회지, 8(1), 153-160.

김현권, 양은혜(2012). 복합운동이 비만청소년의 혈중지질, 인슐린저항성, 혈관확장 및 탄성에 미치는 영향. 한국여성체육학회지, 26(4), 185-200.

김현아(2004). 정상체중군과 비만군 아동의 가족요인과 식습관, 사회인지적 요인 비교. 아동간호학회지, 10(3), 300-310.

김호권 외(2000). 학교가 무너지면 미래는 없다. 서울: 교육과학사.

노은이(2013). 아동·청소년 비만 예방을 위한 정책적 지원방안. 정책리포트. 142, 1-24.

류태호, 양진예, 정연학, 한만석(2013). 큰 빛 12기의 도전: 희망 초등학교 큰 빛 12기의 학급문화에 관한 사례연구. 한국체육학회지, 52(2), 235-250.

류태호, 한만석, 이지은(2014). 학교체육교육의 새로운 담론: 매일체육의 정당성에 관한 논의. 한국스포츠교육학회지, 21(1), 21-48.

박문호(2013). 그림으로 읽는 뇌과학의 모든 것. 서울: 휴머니스트.

박상갑, 권유찬, 김은희(2007). 12주간의 복합트레이닝이 비만여중생의 신체구성 및 대상증후

군 위험인자에 미치는 영향. 한국체육학회지, 46(1), 813-822.

박태곤(2008). 유산소 트레이닝과 식사조절 병행이 비만아동의 혈중지질과 아포지단백에 미치는 효과. 한국생명과학회지, 18(10), 1384-1389.

박태곤, 최원석(2005). 유산소 및 저항운동 병행이 중년 비만여성의 신체구성과 혈중지질에 미치는 효과. 한국체육학회지, 44(6), 1141-1150.

박필숙, 정기만, 김종현, 백지현, 박미연(2003). 거제지역 당뇨병 및 고혈압 환자의 복합질병 위험요인. 韓國食生活文化學會誌 18(2): 123-133.

배남규, 권인선, 조영채(2009). 한국인의 10년간 비만수준의 변화양상: 1997-2007. 대한비만학회지, 18(1), 24-30.

백성수(2007). 뇌 해마의 신경세포생성과 운동의 항우울 효과. 한국운동재활학회지, 3(2), 36-48.

서선숙, 이주리(2010). 유아들의 식습관 개선을 위한 "위험한 먹거리 프로그램". 한국보육지원학회지, 6(1), 157-176.

신석민, 김철형(2012). 복합운동이 과체중 및 비만청소년의 신체구성, 혈중지질 및 BDNF에 미치는 영향. 한국생명과학회지, 22(9), 1231-1236.

심윤택, 김광희, 박동호, 김도윤(2003).다 양한 운동형태의 일회성 운동이 혈장량과 혈중 지질 및 지단백 콜레스테롤에 미치는 영향. 한국체육학회지, 42(5), 667-676.

애덤스미스(1776). 국부론.

우민정(2010). 신체활동과 인지기능: 운동과 뇌의 매커니즘. 2010년 한국초등체육학회 동계 학술대회 논집.

윤종건(1986). 교육행정과 학교경영. 서울: 교육과학사.

이민희, 백성수(2012). 과체중 초등학생의 체지방 감소를 위한 최소한의 운동적용 시간 메타분석. 한국초등체육학회지, 18(2), 199-210.

이상균(1999). 학교에서의 또래폭력에 영향을 미치는 요인. 미간행 박사학위논문, 서울대학교 대학원, 서울.

이선경(2011). 복합운동이 ADHD 환아의 체력, 신경전달물질, 뇌파 및 전두엽 실행기능에 미치는 효과. 미간행 박사학위논문. 숙명여자대학교 대학원, 서울.

이신학(2003). 비만아동과 표준체중 아동의 신체상 만족도가 학교생활 적응에 미치는 영향. 미간행 석사학위논문, 한남대학교 대학원, 대전.

이용식(2006). e-스포츠가 청소년 체육활동에 미치는 영향, 체육과학연구원.

이윤나(1995). 영양교육이 비만 여중생의 체지방, 혈청지질 및 식습관에 미치는 영향. 미간행 석사학위논문, 서울대학교 대학원, 서울.

임미자, 김경숙(2011). 신체활동의 에너지소비량과 최대부하 운동시의 심박수 및 혈중 유산농도에 대한 연구. 대한비만학회지, 10(4), 366-375.

전교조 참교육 실천위원회(1999). 학교붕괴. 서울: 푸른나무.

정병렬, 진소영, 김세환(2010). 학교 홈페이지를 활용한 건강관리 프로그램이 과체중 이상 여중생의 신체조성, 혈중지질에 미치는 영향. 한국체육학회지, 49(5), 353-362.

정순둘(2006). 초등학생의 비만정도, 신체상 만족도, 자기효능감이 학교생활적응에 미치는 영향. 미간행 석사학위논문, 경남대학교 교육대학원, 경남.

최재일, 김재호, 전용균, 조원제(2012). 아침 유산소운동에 따른 중학생의 BDNF와 작업기억력 변화에 대한 연구. 한국체육과학회지, 21(4), 885-894.

편미영, 조한샘, 전재영, 김종원, 이경희, 임춘규, 김태운, 김현준, 곽이섭, 고기준(2010). 유산소운동이 여자 아동의 뇌세포 생성 관련인자에 미치는 영향. 생명과학회지, 20(6), 948-954.

한만석, 김매이(2013). 여가교육에 관한 고찰. 한국사회체육학회지, 54, 661-673.

한재웅(2002). 유산소 운동과 서킷트 웨이트 트레이닝이 비만 여고생의 신체조성 및 혈청지질에 미치는 영향. 한국운동영양학회지, 4(2), 85-100.

황갑진(2001). 인터넷에 나타난 교실붕괴의 담론. 시민교육연구, 3, 407-438.

Acheson, A., Conover, J. C., Fandl, J, P., DeChiara, T. M., Russell, M., Thadani, A., Squinto, S. P., Yancopoulos, G. D., Lindsay, R. M. (1995). A BDNF autocrine loop in adult sensory neurons prevents cell death. Nature, 374 (6521), 450-453.

Acheson, A., Conover, J. C., Fandl, J, P., DeChiara, T. M., Russell, M., Thadani, A., Squinto, S. P., Yancopoulos, G. D., Lindsay, R. M. (1995). A BDNF autocrine loop in adult sensory neurons prevents cell death. Nature, 374 (6521), 450-453.

ACSM. (2006). ACSM's guidelines for exercise testing and prescription(7th edition). Baltimore: Lippincott Williams & Wilkins.

Arnold, P. (1997). Sport, ethics and education. London: Cassell.

Atlantis E., Ball K. (2008) Association between weight perception and psychological distress. International Journal of Obesity, 32, 715-721.

Baynard T., Carhart R. L Jr., Weinstock L. L., & Ploutz-Snyder J. A.(2009). Short-term exercise training improves aerobic capacity with no change in arterial function in obesity. Journal of Applied Physiology, 107, 299-308.

Bekinschtein, P., Cammarota, M., Katche, C. Slipczik, L., Rossato, J. I., Goldin, A., Izquierdo, I., Medina, J. H. (2008). BDNF is essential to promote persistance of long-term memory storage. Proceedings of National Academy of Sciences of the United States of the America, 105 (7), 2711-2716.

Berkowitz, R., Agras, W., Korner, A., Kraemer, H., & Zeanah, C. (1985). Physical activity and adiposity: A longitudinal study from birth to childhood. Journal of Pediatrics, 106, 734-738.

Bocarro. J., Kanters. M. A., Casper. J., & Forrester. S. (2008). School physical education, extracurricular sports, and lifelong activeliving. Journal of Teaching in Physical Education. 27, 155-166.

Booth, F. W., & Chakravarthy, M. V. (2002). Cost and consequences of sedentary living: New battleground for an old enemy. President's Council on Physical Fitness and

Sports Research Digest, 3(16), 1-8.

Brandes, A. H. (2007). Leisure time activities and obesity in school-aged inner city African-American and Hispanic children. Pediatric Nursing, 33(2), 97-102.

Buchman, A. S., Boyle, P. A., Yu, L., Shah, R. C., Wilson, R. S., & Bennett, D. A.. (2012). Total daily physical activity and the risk of AD and cognitive decline in older adults. Neurology, 78(17), 1323-1329.

Calle, E. E., & Kaaks, R. (2004). Overweight, obesity, and cancer: Epidemiological evidence and proposed mechanisms. Cancer, 4, 579–90.

Canadian Association for Health, Physical Education, and Recreation (1998). Protect time for physical education. The Canadian School Executive, 32-33.

Colcombe, S. & Kramer, A. G. (2003). Fitness effects on the cognitive function of older adults: A meta-analytic study. Psychological science. 14, 125-130.

Cotman, C. W., & Berchtold, N. C. (2002). Exercise: a behavioral intervention to enhance brain health and plasticity. Trends in neurosciences, 25(6), 295-301.

Cotman, C. W., & Berchtold, N. C. (2002). Exercise: a behavioral intervention to enhance brain health and plasticity. Trends in neurosciences, 25(6), 295-301.

Dawn, P. C., James, M. P., Christopher, J. W., Mathew, J. R., & Robert, M. M.. (2006). Effect of physical education and activity levels on academic achievement in children. Medicine & Science in Sports & Exercise, 1515-1519.

DeFronzo, R. A, & Ferrannini, E.(1991). Insulin resistance. A multifaceted syndrome responsible for NIDDM, obesity, hypertension, dyslipidemia, and atherosclerotic cardiovascular disease. Diabets Care, 14(3), 173-194.

Dunin, J., Lonergan, M., Good J., & Ewan, A. (1974). A cross-sectional nutritional and anthropometric study, with and interval of 7 years, on 611 young adolescent schoolchildren. British Journal of Nutrition, 32, 169-179.

Dwyer, T., Coonan, W., Letich, D., Hetzel, B. & Baghurst, R. (1983). An investigation of the effects of daily physical activity on the health of primary school students in South Australia. International Journal of Epidemiology, 12, 308-313.

Erickson, K. I., Prakash, R. S., Voss, M. W., Chaddock, L., Hu, L., Morris, K. S., White, S. M., Wojciki, T. R., McAuley, E., & Kramer, A. F. (2009). Aerobic fitness is associated with hippocampal volume in elderly humans. Hippocampus Neuroscience Letters 19, 1030-1039.

Everhart, B., Desmond, D., Casilio, M., Dimon, C., & Stone, D. (2012). The influence of daily structured physical activity on academic progress of elementary students with intellectual disabilities. Education, 133(2), 298-312.

Fals, A. M (2009). Technology and childhood obesity: What's the connection?, Wellsphere [website]. Retrieved from http://www.wellsphere.com/parenting-article/technology-and-

childhood- obesity-what-s-the-connection/785884
Gage, F. H.(2000). Mammalian neural stem cells. Science, 287(5457), 2433-1438.
Galston, S. R. (2008). Childhood overweight and obesity prevention, Public Health Reports, 123, 258-259.
Galvan, C. (November/December, 2010). What's happening outside the gym: The evolution of a service-learning project. Journal of Physical Education, Recreation and Dance, 81(9), 32-38.
Gang Hu, Yadong Cui, Pekka Jousilahti, Jouko Sundvall, Cynthia J Girman, Riitta Antikainen, Tiina Laatikainen & Jaakko Tuomilehto (2011). Joint effect of high-density lipoprotein cholesterol and low-density lipoprotein cholesterol on the risk of coronary heart disease. European Journal of Preventive Cardiology, 20(1), 89-97.
Gloud, D., Carson, S.(2008). Life skills development through sport: Current status and future directions. International Review of sport and Exercise Psychology, 1(1), 58-78.
Godin, G., Amireault, S., Bélanger-Gravel, A., Vohl, M. C. and Pérusse, L. (2009). Prediction of leisure-time physical activity among obese individuals. Obesity, 17(4), 706-712.
Hansen, A. L., Johsen, B. H., Sollers Ⅲ, J. J., Stenvik, K., & Thayer, J. F. (2004). Heart rate variability and its relation to prefrontal cognitive function: The effects of training and detraining. European Journal of Applied Physiology, 93, 263-272.
Hansen, A. L., Johsen, B. H., Sollers Ⅲ, J. J., Stenvik, K., & Thayer, J. F. (2004). Heart rate variability and its relation to prefrontal cognitive function: the effects of training and detraining. European Journal of Applied Physiology, 93, 263-272.
Hedley, A. A., Ogden, C. L., Johnson, C. L., Carroll, M. D., Curtin, L. R., & Flegal, K.M.(2004). Overweight and obesity among US children, adolescents, and adults, 1999-2002. Journal of the American Medical Association, 291, 2847-.2850.
Hertz-Pannier, L. (1999). Brain plasticity during development: physiological bases and functional MRI approach]. Journal of neuroradiology. Journal de neuroradiologie, 26(1 Suppl), S66.
Hillman, C. H., Erickson, K. I., & Kramer, A. F. (2008). Be smart, exercise your heart: Exercise effects on brain and cognition. Nature reviews, Neuroscience, 9, 58-65.
Huang, E. J. & Reichardt, L. F. (2001). Neurotrophins: roles in neuronal development and function. Annual review of neuroscience, 24, 677-736.
Jansen W, van de Looij-Jansen PM, de Wilde EJ, Brug J. (2008). Feeling fat rather than being fat may be associated with psychological well-being in young Dutch adolescents. Journal of Adolescent Health, 42, 128-136.
Julienne, K. M., & Nathan, M. M.. (2004) Collaborating with classroom teachers to increase daily physical activity: The GEAR program. Journal of Physical Education, Recreation

& Dance, 75(5), 42-46.

Keays, J. J. & Allison, K. R. (1995). The effects of regular moderate to viogorous physical activity on student outcomes: A Review, Canadain Journal of Public Health, 86(1), p. 64.

Kelley, G. A. & Kelley, G. S. (2006). Aerobic exercise and lipids and lipoproteins in men: a meta-analysis of randomized controlled trails. Journal of Mens Health and Gender, 3(1), 61-70.

Kirk, D. (1989). Daily physical education research: A review and a critique. Physical Education Review, 12(1), 21-30.

Kohl, H. W. (2013). Educating the student body: Taking physical education and physical education to school. Institute of medicine. University of Texas.

Kopelman, P. G. (2000). Obesity as a medical problem. Nature. 404, 635-643.

Kuan, Z., Patricia, W., Ming, S. F., Xavier, P., & Carol, N. B.. (2003). Measurement of Human Daily Physical Activity. Obesity Research, 11(1), 33-40.

Laura, D. B., Schubery, D. E., Anne, M. T., Stephen, R. P., Brenna, A. C., Mark, M. A., & Duncan, P. D. (2011). Effects of aerobic exercise on mild cognitive limpairment a controlled trial. Archives of neurology 67(1), 71-79.

Lavallee, H. (1984). Croissance et development de I' enfant. In, J.C,. De Potter et H. Levarlet-Joye (Eds). Development moteur et education. Brusxelles: Presses Unversitaires de Bruxelles, 183-203.

Lindstrom, M., Isacsson, S-O., & Meelo, J. (2003). Increasing prevalence of overweight, obesity and physical activity: Two population-based studies 1986 and 1994. European Journal of Public Health, 13, 306-312.

Marshall J. D. & Bouffard M. (1997). The Effects of Quality Daily Physical Education on Movement Competency in Obese Versus Nonobese Children. Adapted Physical Activity Quarterly, 14, 222-237.

Martens, F. (1982). Daily Physical education - A boon to Canadian elementary schools. Journal of Physical Education, Recreation, and Dance, 53(3), 55-58.

Mayer, J. (1965). Inactivity as a major factor in adolescent obesity. Annals of the New York Academy of Sciences, 131, 502-506.

Mayo Clinic (2010). Childhood obesity: Prevention [website]. Retrieved from http://www.mayoclinic.com/health/childhoodobesity/DS00698/DSECTION=prevention.

McManus, K. (2009, December 15). Childhood Obesity: Who's to Blame? *blog+. The Responsibility Project. Retrieved from http://www.responsibilityproject.com/blog/childhood-obesity-who-s-to-blame- #fbid=z7ryzGP-Ltd

Medina, J. (2009). Brain Rules: 12 Principles for Surviving and Thriving at Work, Home, and School. NY: PearPress.

Ministry of Health and Long-Term Care Ontario (2004). Healthy weights, healthy lives. 2004 Ontario Chief Medical Officer of Health Report, p. 2.

Mo-suwan, L., Pongprapai, S., Junjana, C, & Puepaiboon, A.(1998). Effects of a controlled trial of a school-based exercise program on the obesity index of preschool children. American Journal of Clinical Nutrition, 68(5), 1006-1011.

Nakamura, T., Deocaris, C. C., Kimpara, A., Fujikawa, T., Chang, H., & Nishijima, T. (2007). BDNF induction with mild exercise in the rat hippocampus. Biochemical and Biophysical Research Communications, 358(4), 961-967.

Naul, R., Pauer, M., & Rychtecky, A. (1990). Daily physical activities and motor performance of West German and Czechoslovakian children. Paper delivered at the 7th ISCPES Conference.

Nudo, RJ. & Milliken, G.W. (1996). Reorganization of movement representations in primary motor cortex following focal ischemic in adult squirrel monkey. Journal of Neurophysiology, 75, 2144-2149.

Nudo, RJ., Wise, B.M., SiFuentes, F., & Milliken, G.W. (1996). Neural substrates for the effects of rehabilitative training on motor recovery after ischemic infarct. Science, 272, 1791-1794.

O'Loughlin, J., Gray-Donald, K., Paradis, G., Meshefedjian, G. (2000). One- and two-year predictors of excess weight gain among elementary school-children in multiethnic, low income, inner-city neighborhoods. American Journal of Epidemiology, 15; 152(8), 739-746.

Ontario Ministry of Education (2005). Daily physical activity in school.

Papanicolaou, A. C., Simos, P. G., Breier, J. I., Wheless, J. W., Mancias, P., Baumgartner, J. E., & Butler, I. I. (2001). Brain plasticity for sensory and linguistic functions: a functional imaging study using magnetoencephalography with children and young adults. Journal of child neurology, 16(4), 241-252.

Pereira, M. N., Mundo, E., Muglia, P., King, N., Macciardi, F., & Kennedy, J. L. (2007). The brain derived neurotrophic factor gene confers susceptibillty to bipolar disorder: Evidnece from a family based association study. The American Journal of Human Genetics, 71(3), 651-655.

Pieron, M. (1982). Analyse de I'enseignement des activities physiques. Bruxelles: Ministry de I'Education Nationale et de la Culture Francaise.

Pieron, M., Cloes, M., Delfosse, C., & Ledent, M. (1996). An Investigation of the Effects of Daily Physical Education in Kindergarten and Elementary Schools. European Physical Education Review, 2(2), 116-132.

Ratey(2008). SPARK: The revolutionary new science of exercise and the brain. NY: Little, Brown Company.

Reed, J. A., Maslow, A. L., Long, S., & Hughey, M.. (2013). Examining the impact of 45 minutes of daily physical education on cognitive ability, fitness performance, and body composition of African American youth. Journal of Physical Activity and Health, 10, 185-197.

Robbins, So. O. (1987). A survey of selected schools with Quality Daily Physical Education programs. Canadian Association for Health, Physical Education, and Recreation Journal, 53, 10-13.

Roberts, R. E., Anderson, E. J., Husain, M. (2010). Expert cognitive control and individual differences associated with frontal and parietal white matter microstructure. The Journal of neuroscience, 30(50), 17063-17067.

Rolls, A., Schori, H., London, A., Schwartz, M. (2008). Decrease in hippocampal neurogenesis during pregnancy: a link to immunity. Molecular Psychiatry, 13(5), 468-469.

Rupp, H. (1992). Insulin resistance, hyperinsulinemia and cardiovascular disease. The need for novel dietary prevention strategies. Basic Research in Cardiology, 87(2), 99-105.

Sarin, E. (1992). Effects of daily physical education on perceived competence and correlations between perceived competence and measure motor fitness, ball handling and gymnastics skills. Paper delivered at the Olympc Schientific Congress, Malaga.

Schmitz, K. H., & Jeffery R. W. (2002). Prevention of obesity. In: Albert J. Stunkard, editors. Handbook of obesity treatment. 2nd ed. New York: the Guilford Press: 556-593. Engl J Med; 346(11): 802-810.

Schwartz, S. M. & Freemark, M. (2010). Obesity, WebMD, e-medicine. Retrieved from http://emedicine.medscape.com/article/985333-overview

Shephard, R. J. (1997). Curricular physical activity and academic performance. Pediatric Exercise Science, 9, p. 119.

Shephard. R., Jequier, J., Lavallee, H., LaBarre, R. & Rajic, M. (1980). Habitual physical activity: Effects of sex, milieu, season and required activity. Journal of Sports Medicine & Physical Fitness, 20, 55-66.

Siedentop, D. & Siedentop, B. (1985). Daily physical education in Australia, 56, 41-43.

Sothern, M. S., Hunter, S., Suskind, R. M., Brown, R., Udall, J. N Jr., & Blecker, U. (1999). Motivation the obese child to move: the role of structure exercise in pediatric weight management. South Medical. Journal, 92(6), 577-584.

Spirduso, W. W. (1975). Reaction and movement time as a function of age and physical activity level. Journal of Gerontology, 30, 435-440.

Spradley, J. P. (2003). The Ethnographic Interview, 박종흡 역. 서울: 시그마익스프레스.

Starratt, R. J. (1991). Building and Ethical School: A Theory for Practice in Educational Leadership, EAQ, 27(2).

Steinberg, L. (2008). A social neuroscience perspective on adolescent risk-taking. Developmental

Review, 28(1), 78-106.

Taupin, P. (2006). Neurogenesis in the adult central nervous system. Competes Rendus Biologies, 329, 465-475.

Thompson, J., Jarvie, G., Lahey, B., & Cureton, K. (1982). Exercise and obesity: Etiology, physiology, and intervention. Psychological Bulletin, 91, 55-79.

Tinning, R. & Kirk, D. (1991). Daily Physical Education. Collected papers on health based physical education in Australia. Geelong: Deakin University Press.

Vandelanotte, C., Sugiyama, T., Gardiner, G., Owen, N. (2009). Associations of leisure-time internet and computer use with overweight and obesity, physical activity and sedentary behaviors: Cross sectional study. Journal of Medical Internet Research, 11(3). Retrieved from http://www.jmir.org/2009/3/e28/

Weight Realities Division, Society for Nutrition Education (2003, January-February). Guidelines for childhood obesity prevention programs: Promoting healthy weight in children. Journal of Nutrition Education and Behavior, 35(1), 1-4.

Wexler, B. & Coleman, K. (2012). Cognition cross-traning for children and adults. C8 Sciences report.

William, B. S., Robert, M. M.,, Cameron, J. R., Stephen, R. D., Rodney, K. D., Bernard, G., Albert, C. H.,, Aviva, M., Patricia, A. N., James, M. P., Thomas, R., Stewar,t T., & François, T.. (2005). Evidence Based Physical Activity for School-age Youth. Journal of Pediatrics, 146(6), 732-737

Yamada, K., Nabeshima, T.(2003). Brain-derived neurotrophic factor/TrkB signaling in memory processes. Journal of pharmacological sciences, 91(4), 267-270.

Yarrow K, Brown P, Krakauer JW (2009) Inside the brain of an elite athlete: The neural processes that support high achievement in sports. Nature Reviews Neurosciences, 10, 585-596.

2

전문체육

일반적으로 체육활동은 학교체육, 생활체육(사회체육), 전문체육(엘리트체육)으로 구분한다(교육인적자원부, 2003). 생활체육이 여가활동의 일환으로 신체활동이 이루어지는 반면, 학교체육에서의 신체활동은 교육적 활동에 포함된다. 엘리트체육이라고 지칭되는 전문체육은 대한체육회 산하 경기단체에 등록된 선수들이 참여하는 전문 스포츠 영역이다.

우리나라의 '전문체육'이란 교육과정 역역에서 특별활동의 일환인 스포츠클럽보다 진보된 형태이다. 전문 체육지도자 영입을 통해 선수의 경기력을 극대화하여 대회입상을 목적으로 하는 학교 운동부를 의미한다. 학교운동부는 학교란 공간에서 체육이란 수단을 통해 이루어지는 교육활동이지만, 성격은 전문 엘리트 선수양성과정에 가깝다. 이에 따라 학교운동부에 소속된 학생을 지칭하는 용어도 다양하다. '학생선수', '학생운동선수', '운동선수', 'OO부', '체육특기자' 등의 용어가 혼용되고 있다. 우리나라 전문체육의 성격상 스포츠의 관점과 교육의 관점에서 이해하는 영역과 시각의 차이 때문이다. 따라서 교육적 영역의 '학생'과 스포츠 영역의 '선수'란 개념이 개인이 위치한 공간과 관계에 따라 다르게 사용될 수 있다.

학교에 있는 운동선수가 학생선수라는 명칭으로 논의된 시점은 2000년부터이다. '학생선수'는 미국에서 Student Athlete라는 명칭을 번역한 것으로 처음에는 낯설고 어색했다. 10여년이 지난 지금 일반화된 명칭과 호칭이 되었다. 그동안 선수란 측면에 가리어져 사장되어 있던 학생의 측면이 부각되기 시작한 것이다. 변화 이면에는 학생선수가 학생으로서 학습권과 인간으로서 행복추구권 그리고 기본인권을 박탈당하면서 살아왔다는 점을 반증한다.

우리나라의 학교 운동부활동은 '학교 내'의 공간에서 '학생'이 참여하는 활동이지만 교육활동과는 거리가 있다. 학생과 선수로서 학업과 운동을 병행해야하지만 대부분의 학생선수는 운동이 주가 된 일상을 살고 있다. 한국사회와 문화에 만연해 있는 "1등 만능주의", "성적지상주의" 탓이다. '하나만 잘하면 된다'는 사회적 인식은 결과중심, 성적중심 운동부 문화를 조성했다. 결과를 위한 과정은 중요하지 않다.

학교에는 교과수업, 동아리 활동 같은 다양한 교육 현장이 존재한다. 학교 운동부와 같이 학생의 전문 운동특기를 교육하는 것 역시 학교현장에 존재한다. 다른 교육활동의 특성과 달리 학교 운동부는 정부 정책의 비호아래 많은 특혜를 받았다. 체육특기생제도, 병역특례, 국군체육부대 창설, 연금제도 등이 대표적이다. 부족한 선수수를 고려했을 때 현실적으로 정상적인 선수 육성은 불가능하다. 이 불가능을 가능한 영역으로 바꾸는데 학교운동부는 결정적 역할을 했다. 보편적으로 편재해 있는 학교라는 제도적 공간과 학생이라는 인적 자원을 활용하여, 단기간의 성과를 이루기 위한 방편으로 학교 운동부는 이용되었다. 그 결과 학교 운동부는 교육의 논리에 앞서, 경기력으로 대표되는 운동의 논리에 잠식되었으며, 다양한 폭력의 방식이 존재하는 반 교육적 구조를 갖게 되었다(류태호, 2007).

학교 운동부는 수요자(학생선수, 학부모), 공급자(운동부 지도자), 관리자(학교, 시·도 교육청)의 상호관계를 기반으로 운영된다. 학교운동부를 구성하고 있는 3주체(主體)의 유기적 연대는 독특한 운동부 문화를 형성·유지·강화하고 있다. 수요자인 학생선수와 학부모는 상급학교 진학을 위해, 공급자인 운동부 지도자는 자신의 생계를 위해, 관리자인 학교와 시·도 교육청은 명예를 위해 학교 운동부의 위계·차별·폭력문화를 방관·동조·유지하고 있다. 대부분의 학생선수들은 이러한 운동부 문화 내에서 운동이 주가 된 일상을 살고 있다. 더욱 큰 문제는 대부분의 학생선수가 운동을 그만둬야 하는 현실에 놓여 있다는 것이다(임용석, 류태호, 이규일, 2010).

2장은 우리나라의 학원스포츠의 위치와 운동부문화 그리고 학원스포츠의 문제점을 알아보기 위해 2.1 체육특기생 제도의 도입과 변천과정, 2.2 운동부 문화, 2.3 운동부 중도탈락의 의미, 2.4 소결의 순서로 구성되었다. 이를 통해 운동만 해야 하는 학생선수의 현실과 이를 조장하고 있는 전문체육의 구조를 이해하고, 이를 기반으로 형성된 학교운동부 문화와 전문체육의 현실에 대해 알아본다.

2.1 체육특기생제도의 도입과 변천

대한민국의 스포츠는 1972년 '체육특기자 제도'의 도입을 기점으로 크게 변화했다. 체육특기자제도는 우수한 소질과 재능을 지닌 학생들을 집중·차별화된 교육을 실시한다는 점에서 영제교육과 유사하다. 하지만 그 이면에는 국민통합, 체제우월성, 국위선양 체제 강화를 위한 수단적 측면이 내제되어있다. 학교 운동부 정책은 2000년 이후 과도기적 시기를 거쳐 현재 새로운 정책 기조가 나타나고 있다. '2.1'절에서는 체육특기생제도의 도입과 및 변천과정을 '형성기', '도입기', '강화·유지기', '변화기'로 구분하고, 사회적, 문화적 관점에서 그 의미를 알아본다.

2.1.1 형성기(1960~1970년)

체육특기생제도는 대한민국의 시대적 상황과 맥락을 함께한다. 그 추의를 살펴보면 1950년대 이전으로 올라간다. 이승만 대통령(1948~1950년)시대에는 별다른 체육정책이 없었다. 박정희 대통령(1963~1979)시대에 들어서 국가적수준의 체육정책이 인정·도입되었다. 박정희정권에서 수립한 제3공화국의 엘리트체육정책의 기본요소들은 대한민국체육정책의 근간을 형성하고 있다.

대한민국의 스포츠와 체육 정책사에서 제3공화국 시기는 근대 스포츠와 체육의 역사적 기원과 같다(임식, 허진석, 2009). 제3공화국 때 시행된 주요 체육정책으로는 체육관련 법률 제정 및 강화, 체육단체의 통합 및 정리, 대한체육회 역할 강화 및 확대를 꼽을 수 있다. 이를 통해 엘리트체육 육성 및 강화, 사회체육, 학교 체육, 국방체육의 강화 및 활성화, 스포츠 외교의 확대 등을 주요 성과로 꼽을 수 있다. 당시에 정비·도입된 체육관련 법령과 정책 요소들은 제 3공화국 이후 크고 작은 수정 및 보완의 과정을 거쳤지만 큰 줄기에서는 지금까지 기본적인 뼈대를 유지하고 있다.

1961년 5·16 쿠데타 이후, 정권을 장악하게 된 군사정부는 같은 해 8월 법률 제

681호 '중·고등학교 및 대학교의 입학에 관한 임시조치법'과 '동시행령 및 시행세칙'을 공표했다. 가장 주목받는 체육제도는 '체력장'이다. 이는 사회·경제적인 여건이 낙후되었던 대한민국의 시대적 상황에서 '학교'라는 제도적 매개를 통한 간접적이지만 강제적인 체육·군사 활동이었다. 예컨대 '제식훈련'과 '맨손체조', 체력장의 '수류탄 던지기'나 운동회의 '그물통과하기' 등과 같은 일련의 교과구성은 학교란 공교육 공간에서 체육이란 교육 형태를 빌은 군대식 훈련의 연장이었다. 신체와 정신을 동시에 통제하는 매우 효과적 기술이었고, 정치적 헤게모니를 가진 정부의 체육에 대한 협소한 인식을 그대로 드러내는 것이었다(김정효, 남궁영호, 2009).

제3공화국은 '체력은 국력'이란 슬로건 아래 국민체육 향상과 국민체육증진을 위한 국민통합의 수단으로써 체육을 인식하고 엘리트체육의 발전에 총력을 기울였다(손천택, 2009). 1962년에 엘리트체육정책 추진을 위한 법적 근거로써 '국민체육진흥법'이 제정되었다. 이시기의 학교체육은 엘리트체육 기반을 조성하는 도구[1]였다. 제3공화국은 1966년에 태릉선수촌을 설립했고, 1968년 대한체육회, 대한올림픽위원회, 대한학교체육회로 분리 운영되던 단체를 대한체육회로 통합했다. 대중 스포츠의 보급·관리가 주요 업무였던 대한체육회는 이를 기점으로 엘리트스포츠를 관리·육성하는 기관으로서 역할하기 시작했다. 이는 대한민국 체육의 핵심단체로서 막강한 영향력을 가지게 되었다는 것을 의미했다.

2.1.2 도입기(1970~1980년)

1970년대 들어와 '학교체육교육 강화방안'이 발표되면서 학교운동부 육성이 본격화되었다. 1972년 학생선수들이 학업성적과 상관없이 상급학교에 진학할 수 있도록 하는 '체육특기생제도'의 도입은 학교운동부를 기반으로 한 엘리트체육 육성 활성화의 첫 단계였다. 체육특기생제도는 ① 운동에 일정한 기량을 보유한 학생이 학업성적에 구애받지 않고 상급학교(초·중·고·대학교)에 진학할 수 있고, ② 해당종목을 육성하는 상급학교에 우선 배정받을 수 있으며, ③ 입학금을 면제하고, 장학금을 지급하여 운동 특기를 지속적으로 발전시킬 수 있도록 하는 제도이다. 이러한 혜택을 통해 국제대회에서 우수한 성적을 거둬 국위를 선양하고, 우수한 체육지도자를 양성하는 것이 최종목표이다. 체육특기생제도는 스포츠 영제교육의 차원에서 도입되었

1) 이는 "학교의 운동부 육성을 위한 사업에 기금을 사용할 수 있다."는 '국민체육진흥법' 시행령 제20조의 명시에서도 확인할 수 있다.

다. 이는 운동에만 소질을 보이는 학생이 적지 않았던 제4공화국의 시대적 상황에서 파격적인 제도였다(임용석, 2013). 체육특기자제도의 근거법령은 다음과 같다.

> **※ 1972년 교육법 시행령**
>
> - **중·고교입학 교육** : 교육법시행령 제 69조 및 제 112조의 11
> - **대학입학** : 교육법시행령 제 71조의 2
> - **중·고교특기자선발** : 중앙교육평가원 규칙 제6호
> - **체육특기자관리** : 체육청소년부 학교 체육관리 지침

엘리트체육은 제3공화국에서 국가의 존재를 구체적으로 과시하거나 남북한 체제 경쟁의 수단이었다. 1976년 몬트리올 올림픽에서 레슬링의 양정모선수가 처음 금메달을 획득한 것은 제3공화국의 스포츠 정책의 가시적인 첫 성과로 평가된다. 한국 엘리트체육의의 초석은 제3공화국의 스포츠정책의 결실이었다(임식, 허진석, 2009).

당시 체육정책은 국제대회에서 우수한 성적을 거둔 엘리트선수가 마치 독립운동가나 전쟁영웅과 같은 애국인사로 자리매김할 수 있는 역할을 했다. 일제강점기의 민족주의(반일)와 제3공화국의 국가지상주의(반공)와 맥락을 함께한다. 민족주의, 국가지상주의는 국제대회 메달리스트들에게 체육연금, 병역특례혜택 등의 형태로 지급되었다. 이는 현재까지 병역을 담보로 성과를 강요하는 형태로 남아있다. 우리나라의 학원스포츠는 승리지상주의에 의한 상급학교 진학수단으로, 경제논리에 의한 출세주의 성격으로 왜곡되었다(이주욱, 2003). 종합하면 각종 특혜(상급학교진학, 병역면제, 경제적 보상, 명예)를 보장하는 제도의 도입은 학교 운동부에 우수선수 양성 논리가 뿌리 깊게 하는 기반으로 작용했다.

2.1.3 강화·유지기(1980~2000)

1980년 전두환 정권(1980~1988)은 86′아시안게임과 88′올림픽을 유치했다. 1981년 1월 88’올림픽 유치가 확정되자 1982년 10월 아시안게임과 올림픽준비에 만전을 기하기 위해 체육부를 신설했다. 자국에서의 성공적 대회개최를 위해 엘리트운동선수들의 우수한 성적은 필수불가결한 것이었다. 이에 정부는 군 입대로 인한 우수선수들의 경기력 저하방지를 위해 국군체육부대(1984년)를 창설했다. 전두환 정권은 프로야구(1982년)와 프로축구(1983년)를 출범시키는 등 역대 어느 정권보다 체육에 많은 관심을 기울였다. 그 결과 체육특기생제도는 더욱 뿌리 깊고 견고하게 자리 잡았다.

88올림픽이 끝난 직후 1990년에는 체육부가 체육청소년부로, 1993년에는 문화체육부로명칭이 바뀌었다. 1998년에는 체육이란 명칭조차 없어진 문화체육부로 명칭이 바뀌었다(이은송, 2001). 〈표 1〉은 체육행정부서의 통·폐합과정을 기술한 표이다.

표 1 ▸ 정부 체육행정부서의 변천(이은송, 2001)

조직개편일시	국	과
체육부 (1982. 3. 20)	체육진흥국	체육정책과, 사회체육과, 학교체육과, 체육신설과
	체육과학국	기획과, 지도춘련과, 조사연구과
	국제체육국	지원총괄과, 국제경기과
체육부 (1983. 6. 4)	체육진흥국	사회체육과, 학교체육과, 체육시설과
	체육과학국	조사기획과, 훈련과, 지도육성과
	국제체육국	지원총괄과, 국제경기과
체육청소년부 (1990. 9. 10)	체육진흥국	생활체육과, 체육시설과, 사업관리과
	체육과학국	조사기획과, 훈련과, 지도육성과
	국제체육국	자원총괄과, 국제경기과
문화체육부 (1993. 3. 6)	체육진흥국	체육기획과, 생활체육과, 체육시설과
	체육과학국	체육과학과, 지도육성과, 훈련지원과
	국제체육국	협력총괄과, 국제경기과, 해외협력과
문화체육부 (1994. 12. 23)	체육정책국	체육기획과, 생활체육과, 지원육성과, 체육시설과
	국제체육국	협력총괄과, 국제경기과, 체육교류과
문화관광부 (1998. 2. 28)	체육정책국	체육정책과, 체육지원과, 생활체육과, 체육교류과
문화광관부 (1999. 5. 24)	체육국	체육정책과, 체육진흥과, 체육교류과

1990년대 김영삼 정권(1993~1998년)은 전국대회에서 4강 이내의 성적을 거둔 선수만을 선발하도록 되어있던 체육특기생선발을 대학자율로 바꾸었다. 각 운동부 감독이 선수 선발에 전권을 가지게 되자 이전부터 문제가 많았던 체육특기생 대학입학비리 사건이 빈번해졌고, 사회적 문제로 발전했다. 결국 1998년 교육부는 대학 감독에게 부여한 선수선발권을 박탈했고, 사전 스카우트를 금지하는 등 "체육특기생 입시부정방지책"을 발표했다(손천택, 2009). 하지만 학생선수의 대학입학 비리는 근절되지 않았다.

2000년 김대중 정권(1998~2002년)에는 체육특기생의 '동일계 진학'이라는 조치가 발표되었다. 이는 교육부가 학생선수의 학업정상화를 목적으로 도입했지만, 결과적으로 학생선수들의 학업 선택권을 원천봉쇄하는 근시안적 정책으로 평가받았다.

2.1.4 변화기(2000 이후)

2000년 시드니 올림픽을 준비하던 한 여중생 수영선수의 외침은 대한민국 학생선수들의 학습권 박탈문제를 사회적 문제의식으로 발전시키는 계기였다. 당시 15세에 국가대표에 선발된 장희진선수는 태릉선수촌에서 합숙생활을 고민했다. 기말고사가 얼마 남지 않았기 때문이다. 학업과 운동을 병행하고자 입촌을 거부했다. '운동선수는 운동만 해야 한다'는 사회의 암묵적 관례를 정면으로 거부한 것이다. 선수촌외 훈련계획서를 제출하며 "1학기 기말고사 때까지 만이라도 학교수업을 하고 싶다."는 한 소녀의 목소리는 철저하게 외면당했다. 대한수영연맹은 학업과 운동 병행을 위한 도움과 지원 대신 대표선수자격을 박탈했다. 체육계, 시민단체를 중심으로 학생선수의 학습에 대한 문제를 제기했고, 이후 이러한 반 인권적, 교육적 사례는 언론매체를 통해 지속적으로 제기되었다. 하지만 2003년 8명의 사상자와 17명의 부상자를 낸 천안초등학교 화재사건, 무리한 체중감량으로 인해 목숨을 잃은 고등학교 레슬링 선수 김종두 사건 등 학생선수관련 문제는 끊이지 않았다.

교육인적자원부는 2005년 '학교체육 혁신 방안'을 마련했고, '공부하는 학생 선수상' 정립을 위해 학기 중 상시 합숙 금지, 전국 단위 대회 3회 이상 출전 금지 등의 조치를 내렸다. 2006년 국정감사 자료에서 안민석 의원은 학생운동선수들의 처우개선에 대해 논의 하였고, 2007년 '학원체육정상화를 위한 촉구 결의안'이 국회본회의에서 통과되었다. 이 결의안에는 학생운동선수들의 학습권 보장 뿐 아니라 각종 대회를 주말 및 방학에 개최 하는 방안, 합숙소 폐쇄 등 운동부 전반의 문제에 대해 정책 마련을 주문했다.

2007년 KBS 시사기획 쌈은 2007년 '죄송합니다. 운동부입니다.', 2008년 '스포츠와 성폭력에 관한 인권보고서'란 제목으로 엘리트체육의 문제를 집중 조명했다. 이와 함께 국가인권위원회에서는 2006년부터 2010년까지 총 4회에 걸쳐 학생선수 인권상황에 대한 실태조사를 보고[2]했다. 인권보고서 결과 학생선수 뿐 아니라 중도탈락 한 학생선수의 학업 결손 및 폭력, 성폭력 실태는 심각한 수준이었다.

---

2) 국가인권위원회는 2006년, 2008년, 2009년, 2010년 총 4회 초등부터 대학 그리고 중도탈락 학생선수의 인권상황 실태조사를 실시했다.
2006년 초등학교 학생선수 인권상황 실태조사
2008년 중·고교 학생선수 인권상황 실태조사 : 학습권, 폭력, 성폭력 실태를 중심으로
2009년 "중도탈락" 학생선수 인권상황 실태조사
2010년 운동선수 인권상황 실태조사 : 대학교 학생선수를 중심으로

2010년 12월 6일 국가인권위원회는 실태조사결과를 기반으로 엘리트체육 현장의 특수성을 고려한 스포츠인권 가이드라인을 제정했다. 스포츠인권 가이드라인은 ① 스포츠 인권 헌장, ② 폭력예방, ③ 성폭력 예방, ④ 학습권 보호 등 4개 부분으로 구성되어있다. 스포츠 인권 헌장에는 스포츠 향유 과정에서 반 인권적 폭력 및 성폭력이 사라져야하고, 국가적 차원에서 개인의 스포츠 참여권을 보장해야한다는 인권정책의 필요성이 강조되어있다. 스포츠 인권 헌장의 세부 내용은 다음과 같다.

※ 스포츠 헌장

제1조 스포츠와 신체활동은 육체로 하는 자기표현 활동이다.
제2조 모든 사람은 스포츠를 통하여 개인적으로는 각자의 육체적 능력을 배양하여 자신감과 자존의식을 높일 수 있고, 사회적으로는 다른 사람의 신체활동을 존중하고 배려할 수 있게 된다.
제3조 모든 사람은 평등하게 스포츠 활동에 참여할 권리를 가진다.
제4조 여성의 스포츠 활동 참여의 권리는 동등하게 보장되어야 한다.
제5조 학교는 아동과 청소년의 스포츠 활동 참여를 보장하여야 한다.
제6조 장애인의 스포츠 활동 참여의 권리는 동등하게 보장되어야 한다.
제7조 스포츠는 교육의 장이다.
제8조 아동과 청소년의 스포츠는 그 교육적 의미가 강조되어야 한다.
제9조 스포츠는 민주주의 교육의 장이다.
제10조 스포츠는 사회 통합에 기여한다.
제11조 스포츠 활동은 신체의 건강과 행복한 삶의 필수 요소이다.
제12조 스포츠 활동 참여는 인간의 균형적 발전을 지향해야 한다.
제13조 모든 종류의 스포츠 활동은 동동하게 배려되어야 한다.
제14조 스포츠 활동 참여는 자유로운 의사에 의하여야 한다.
제15조 스포츠는 평화롭게 공존하는 세상을 만드는 데 기여한다.
제16조 스포츠는 국제적 교류와 소통의 주요 통로이다.
제17조 국제적 스포츠 교류의 목적은 상호이해와 우애증진에 있다.
제18조 스포츠 현장에서의 인권침해는 방지되어야 한다.
제19조 운동선수에 대한 보호 제도가 마련되어야 한다.
제20조 학교의 스포츠 인권 보호제도가 마련되어야 한다.
제21조 스포츠 인권 실태조사 및 스포츠 인권교육이 실시되어야 한다.
제22조 국가 등 스포츠 관련자들은 스포츠 인권 보호의 책임을 진다.
제23조 국가 차원에서 체계적인 스포츠 정책을 마련해야 한다.
제24조 스포츠 정책 실현을 위해 법령과 제도가 정비되어야 한다.
제25조 스포츠 인권 증진을 위해 다 함께 협력하여야 한다.

폭력·성폭력 예방 가이드라인은 스포츠 상황에서 발생할 수 있는 폭력 및 성폭력의 개념을 확장하고 구분할 수 있는 기준을 제시하고 있다. 폭력·성폭력 예방 가이드라인은 '예방정책', '예방교육', '행동규범' 등을 세부적으로 명시하고, 구체적인 사례를 제시했다. 스포츠 상황에서의 폭력·성폭력 사례는 다음과 같다.

※ **스포츠 폭력 구체적 사례**

- 신체에 가해지는 물리적 폭력
  - 경기력 향상이나 정신력 강화를 빙자하여 행해지는 체벌과 폭력
  - 훈련 태도나 성적 불량, 경기결과에 대한 책임추궁 등을 이유로 행해지는 체벌과 폭력
  - 위계적인 규율과 통제 속에 행해지는 체벌과 폭력
  - 사전 계획이나 합의 없이, 개인의 신체적 상황을 고려하지 않고 과도한 훈련을 강요하는 행위
  - 일정 시간 집단에서 격리하거나 감금하는 행위
  - 지도자의 분노, 좌절, 또는 힘의 과시 등에서 비롯된 체벌과 폭력
- 언어 등으로 가해지는 정신적 폭력
  - 개인 또는 전체를 비하하거나 모욕적인 언어를 사용하여 자존감을 해치는 행위
  - 권한이나 위계질서를 이용하여 진로 선택이나 경기 참여를 제한하려는 협박이나 강요
  - 대중 앞에서 모멸감이나 모욕감을 주는 행위
  - 사전 계획이나 상호 합의 없이 자유 시간, 귀가 시간을 마음대로 바꾸거나 조정하는 행위
  - 말이나 행동으로 상대방을 위협하고 공포 분위기를 조성하는 행위

※ **스포츠 성폭력 구체적 사례**

- 훈련 중, 쉬는 시간에, 또는 숙소에서 성적 농담, 외모에 대한 성적 비유나 평가를 하는 행위
- 성적인 유혹을 암시하는 휘파람을 불거나, 몸을 훑어보는 행위
- 성이나 성적 정체성에 기한 모욕, 괴롭힘, 별명 부르기, 혐오를 표현하는 행위
- 특정 개인에 대한 성적 내용의 과도한 질문, 성적 정보를 의도적으로 유포하는 행위
- 일방적이고 불쾌한 성적 내용물을 메시지 문자, 이메일, 편지, 전화 등을 통해 보내는 행위
- 성적인 광고물, 사진 등을 공공장소(훈련장, 라커룸, 휴게실, 공동 숙소 등)에 게시하는 행위
- 성과 관련된 자신의 특정 신체 부위를 고의적으로 노출하거나 만지는 행위
- 상대에게 특정한 신체 부위를 보여 달라고 요구하거나 동의 없이 만지는 행위
- 상대에게 특정한 신체 부위를 보여 달라고 요구하거나 동의 없이 만지는 행위
- 훈련이나 친밀함을 가장하여 입맞춤, 무릎에 앉히기, 뒤에서 껴안기, 몸의 밀착, 귓속말, 애무나 마사지 요구 등 신체적 접촉을 제안하거나 강요하는 행위
- 식사모임 등에서의 신체적 접촉, 성적 농담, 술을 따르라거나 춤을 추자고 강요하는 행위
- 지도자가 선수에게 사적인 만남이나 데이트를 강요하는 행위
- 강제적으로 성관계를 요구하거나 시도하려는 행위, 폭력을 수반한 성적 강요 행위

학습권 보호 가이드라인은 공부와 운동을 병행하는 학생선수의 개념을 명확히 정의했다. 운동에만 치우치지 않고 전인격적 성장에 필요한 학습권 보장과 정부의 책임을 규정했다. '선수' 뿐 아니라 '학생'의 신분은 경기성적이나 지도자의 지위 등으로 위협받지 않도록 학생선수의 학습권을 보장하는 것이 핵심내용이다.

국가인권위원회의 스포츠인권가이드라인은 '스포츠 참여'를 인간이 누려야할 보편적 권리로서 규정했다. 그동안 스포츠 현장에서 암묵적으로 이루어졌던 폭력, 성폭력의 개념을 확장하고, 스포츠 현장의 특수성을 고려한 예방, 보호, 실행 내용을 담보하고 있다는 점에서 의미가 있다. 국가인권위원회는 교육과학기술부장관, 문화체육관광부장관, 각 시·도 교육감 및 대한체육회장에게 '스포츠 인권 가이드라인'을 채택·이행할 것과, 위 가이드라인 취지에 맞는 세부 실행 매뉴얼 등을 제작해 스포츠 현장에서 인권 원칙의 실현 노력을 권고했다.

2009년 안민석의원은 '학교체육법안'을 발의했다. 학력미달 학생선수의 대회출전을 금지하는 '최저학력제'도입, 정규수업 이수 및 수업보충, 전국단위 대회 중 3회까지 출전 제한 등을 포함하는 이 법안은 2010년 초 상정되었지만, 당일 재석 159인 중 찬성 52인, 반대 74인, 기권 33인으로 부결되었다. 적용 및 절차상 문제와 엘리트체육 축소 위험이 반대의 이유였다.

'학교체육법안'과 유사한 '학교체육진흥법안'이 2012년 1월 25일 안민석, 박영아 의원 공동발의에 의해 제정되었고, 2013년 3월 23일 시행되었다. '학교체육진흥법안'에서 학생선수와 관련된 조항은 제2조, 제6조, 제11조, 제12조이다. 제2조에서는 학교운동부와 구성원을 정의했고, 제6조에서는 학생선수의 인권보장을 위한 학교장의 역할, 제11조에서는 학교 운동부의 전반적인 운영에 대해서, 제12조에서는 운동부 지도자에 대한 자격기준, 지원, 제재에 대한 내용이 담겨있다. 세부조항은 다음과 같다.

※ 학교체육진흥법(제정 2012.1.26. 법률 제 11222호 시행일 2013.3.23.)

제2조(정의) 이 법에서 사용하는 용어의 뜻은 다음과 같다.

3. "학교운동부"란 학생선수로 구성된 학교 내 운동부를 말한다.
4. "학생선수"란 학교운동부에 소속되어 운동하는 학생이나 「국민체육진흥법」 제33조와 제34조에 따른 체육단체에 등록되어 선수로 활동하는 학생을 말한다.
6. "학교운동부지도자"란 학교에 소속되어 학교운동부를 지도·감독하는 사람을 말한다.

제6조(학교체육 진흥의 조치 등) ① 학교의 장은 학생의 체력증진과 체육활동 활성화를 위하여 다음 각 호의 조치를 취하여야 한다.

4. 학생선수의 학습권 보장 및 인권보호

제11조(학교운동부 운영 등) ① 학교의 장은 학생선수가 일정 수준의 학력기준(이하 "최저학력"이라 한다)에 도달하지 못한 경우에는 별도의 기초학력보장 프로그램을 운영하여 최저학력이 보장될 수 있도록 노력하여야 하며, 필요할 경우 경기대회 출전을 제한할 수 있다.
② 최저학력의 기준 및 실시 시기에 필요한 사항과 기초학력보장 프로그램의 운영 등에 필요한 사항은 교육부령으로 정한다.
③ 학교의 장은 학생선수의 학습권 보장 및 신체적·정서적 발달을 위하여 학기 중의 상시 합숙훈련이 근절될 수 있도록 노력하여야 한다.
④ 학교의 장은 원거리에서 통학하는 학생선수를 위하여 기숙사를 운영할 수 있다. 이 경우 필요한 사항은 교육부령으로 정한다.
⑤ 학교의 장은 학교운동부 관련 후원금을 「초·중등교육법」 제30조의2에 따라 설치된 학교회계에 편입시켜 운영하여야 한다.
⑥ 국가 및 지방자치단체는 예산의 범위에서 학교운동부 운영과 관련된 경비를 지원할 수 있다.
제12조(학교운동부지도자) ① 학교의 장은 학생선수의 훈련과 지도를 위하여 학교운동부에 지도자(이하 "학교운동부지도자"라 한다)를 둘 수 있다.
② 국가는 학교운동부지도자의 자질 향상 및 전문성 강화를 위하여 연수교육 계획을 수립하고, 이를 실시하여야 한다. 이 경우 연수교육을 관련 단체에 위탁할 수 있다.
③ 국가 및 지방자치단체는 학교운동부지도자의 급여에 필요한 경비를 지원하도록 노력하여야 하며, 학교의 장은 학교운동부지도자 임용에 필요한 경비를 「초·중등교육법」 제30조의2에 따라 설치된 학교회계에 반영하여 집행하여야 한다.
④ 학교의 장은 학교운동부지도자가 학생선수의 학습권을 박탈하거나 폭력, 금품·향응 수수 등의 부적절한 행위를 하였을 경우 학교운영위원회의 심의를 거쳐 계약을 해지할 수 있다.
⑤ 교육감은 학교운동부지도자의 지도 등을 위하여 학교운동부지도자관리위원회를 설치한다.
⑥ 교육감은 제4항의 사유 이외에 학교의 장이 부당하게 학교운동부지도자를 계약 해지하였을 경우 학교운동부지도자관리위원회의 심의를 거쳐 관련 계약 해지를 철회할 수 있다.
⑦ 그밖에 학교운동부지도자의 자격기준, 임용, 급여, 신분, 직무 등에 필요한 사항은 대통령령으로 정한다.

체육특기생제도의 도입과 및 변천과정은 '형성기', '도입기', '강화·유지기', '변화기'로 나눌 수 있다.

우선 '형성기(1960~1970)'는 대한민국의 체육특기생제도의 뼈대가 형성된 시기이다. 형성기는 학교체육이 군사훈련의 연장선 역할을 했던 시기이다. '체력은 국력'이란 슬로건 아래 엘리트 체육은 국민통합의 수단적 역할을 했다. 엘리트체육 육성을 위한 '법적 근거 마련', '태릉선수촌 설립', '체육단체들의 통합 및 권한 강화'가 이루어졌다.

'도입기(1970~1980)'는 '체육특기생제도'가 도입되어 엘리트체육육성이 본격화된 시기이다. 운동실적만으로 상급학교 진학이 가능해졌고, 국제대회에서 우수한 실적을 거둔 체육인들에게 체육연금, 병역특례혜택 등이 보상의 형태로 이루어졌다.

‘강화·유지기(1980~2000)’는 엘리트체육 육성의 성과가 가시화된 시기이다. 프로야구(1982) 및 프로축구(1983)출범되었고, 86아시안게임 및 88올림픽이 개최되면서 스포츠에 대한 국민적 관심이 최고조에 달했다. 결과적으로 체육특기생제도는 더욱 견고하게 자리 잡았다. 하지만 국민적 관심과 사랑 이면엔 체육특기생 대학입학 비리, 폭력, 성폭력 등 많은 부작용이 발생했다. 2000년에는 체육특기생 ‘동일계 진행’ 조치가 발표되어 학생선수의 학업선택권을 원천 봉사하는 결과를 가져왔다.

‘변화기(2000 이후)’는 국가주도하에 압축·육성되어왔던 엘리트체육의 문제점들이 사회적 문제로 발전했고, 이를 해결하기 위한 변화가 실행되는 시기이다. 학생선수의 학습권, 폭력, 성폭력 등의 문제점 개선에 대한 사회적 공감대가 형성되었고, 국가주도의 개선노력이 가시화되었다. 이는 엘리트체육 문제 개선을 위한 법적 기준과 근거가 마련되었다는 점에서 의미가 있다.

1960년까지 서구사회 역시 국가차원에서 별도의 스포츠 정책은 거의 없었다. 스포츠란 사회 내에서 이루어지는 자발적 혹은 사적 영역으로 간주되어 국가의 개입이 거의 불필요한 것으로 간주했기 때문이다. 스포츠 정책이 처음으로 사회적 의제로 관심을 받기 시작한 것은 1980년대 들어 보고된 여성 운동선수에 대한 성폭력 문제가 연구되고(brackenridge, 1987)부터이다. 운동부 지도자들의 주도로 윤리강령이 제정되었다.

1990년대는 스포츠 성폭력 문제가 사회적인 파장을 불러왔다. 전 영국 수영 대표팀 지도자 Pail Hickson[3])이 17년간 다수의 청소년 여자 수영선수를 성추행, 강간한 사건 때문이다(The Independent, 1995-9-28). 이 사건을 계기로 아동 및 청소년의 스포츠 참여에 대한 보호 인식이 정책 의제로 등장했다. 1999년 후반부터 아동보호단체와 스포츠 조직을 중심으로 안전한 스포츠 참여를 보장하기 위한 기관 및 정책이 나타나게 되었다.

이러한 움직임은 여성, 장애인, 소수민족 등의 사회적 약자들의 스포츠 참여에 대한 차별을 금지하고 평등한 스포츠 참여를 보장하기 위한 노력이었다. 즉, 스포츠는 누구나, 안전하고, 평등하게 참여할 수 있어야 한다는 것이다. 이는 ‘모두를 위한 스포츠(Sports for All)’ 운동으로 확장되었다.

‘모두를 위한 스포츠’운동은 이후 스포츠 정책의 중요한 관점으로 작용했다. 이를

---

3) 88년 서울올림픽에 수영대표팀 코치로 참가하기도 한 그는 15년간 영국 웨일스에 있는 스완지시(Swansea city)의 한 대학의 수영지도자로 15년간 재직(1976~1991)했다. 1992년 9월 체포될 당시 Millfield public school의 수영지도자였다.

토대로 탄생한 스포츠 정책은 운동에 특기를 가진 어린선수들의 재능을 '증진(promotion)'하고, 스포츠 참여자의 인권을 '보호(promotion)'하며, 불합리한 과정을 통해 스포츠 참여자의 권리가 박탈 당하는 상황을 '예방(prevention)'하는 것을 포함한다. 모두를 위한 스포츠 운동은 전문 스포츠 분야의 긍정적 변화에 기여했다.

그동안 대한민국의 스포츠는 국가의 민족주의, 국가지상주의, 자본주의란 명목아래 국민 통합, 국위선양을 위한 정치적 도구로 사용되었다. 우리 사회에서 엘리트 스포츠는 승리를 위해 모든 것을 포기해야한다는 것을 의미했다. 학습권, 인권, 신체를 포기한 '삼포(三抛)'세대인 것이다(김동현, 2012). 스포츠에서는 오직 우수한 경기력과 승리가 우선시되었고, 결과를 위한 모든 행위가 정당화되었다.

웰빙, 건강한 삶에 대한 사회적 욕구가 증대되면서 스포츠를 즐기려는 사람들이 증가하고 있다. 스포츠 참여는 엘리트 스포츠에 국한된 것이 아니다. 스포츠는 모든 국민이 개인의 여가적 삶을 위해 향유할 수 있는 사회·문화적 활동인 것이다. 이러한 시대의 흐름에 비교해 봤을 때도, 엘리트체육 정책은 낙후되어있다. 소수의 선수만을 위한 압축·성장구조를 유지하고 있다. 국가 정책은 국민의 요구와 수요를 광범위하게 수용해야한다. 이는 궁극적으로 전문 스포츠영역의 문제해결을 위한 기반을 마련하게 될 것이다.

2.2 운동부 문화

"신이 인간에게 성공에 필요한 두 가지를 선물로 줬다. 하나는 교육이요, 또 하나는 운동이다. 둘은 서로 분리된 것이 아니다. 둘을 통해서 인간은 완벽해 질 수 있다."

- by Platon.

언제부터일까? 운동부, 선수, 운동선수, 운동특기자란 단어대신 낯선 용어가 사용되기 시작했다. 바로 '학생선수'이다. 운동선수 신분을 강조하는 기존의 단어와 달리 학생 신분을 강조한 것이다. 이들은 학생과 선수라는 두 가지 신분이 있다. 공부와 운동이라는 역할도 있다. 하지만 운동이 주가 된 학생선수의 일상은 프로운동선수와 별반 다르지 않다. '운동만' 잘 하면, 졸업하는데 문제없다. 상급학교에 진학 할 수도, 프로팀에 입단 할 수도 있다. 이들은 운동만 한다.

반면 일반학생은 공부가 중심이다. 학업을 중심으로 학교, 학원이라는 공간에서 하루의 대부분을 보낸다. 아침에 눈을 떠서 저녁에 자기 전까지 공부만 할 정도다. 더 좋은 학교, 더 좋은 직장을 위해 남들보다 더 오래 의자에 앉아 있다. 동물인 인간이 식물처럼 움직이지 않고 의자에 앉은 채 살아가고 있다. 이들은 공부만 한다.

'운동선수가 운동하는 것', '학생이 공부하는 것'은 당연한 듯 보인다. 당연한 것은 항상 옳은 것인가. 인간은 '사회적', '문화적' 동물이다. 국가 민족 지역 집단 사회에서 끊임없이 타인과 관계하며 자신의 존재를 확인한다. 이러한 관계의 유형화를 우리는 '문화'라고 부른다. 문화는 사회집단의 가치를 결정하는 기준이다. 이러한 기준을 통해 사람은 '할 것'과 '말 것'을 결정한다. 예컨대 70년대에는 미니스커트를 입는 것과 머리를 기르는 것이 단속의 대상이었다. 2015년 이는 자신을 표현하는 하나의 수단이 됐다. 2.2절에서는 긴 세월동안 고착화 된 운동부의 문화를 살펴보고 학생선수의 신분(학생과 선수)과 역할(학업과 운동)에 대해 알아본다.

2.2.1 '선수학생' vs '학생선수'?

제시카 너즈(Jessica Lutz)는 2014년 미국의 한 커피 전문점에서 바리스타로 근무한다. 그녀는 2014년 2월 소치올림픽 여자 아이스하키 동메달 결정전에서 결승골의 주인공이다. 스위스는 그녀의 활약으로 1984년 자국에서 열린 생 모리츠 동계올림픽 이후 66년 만에 동메달을 목에 걸었다. 찰스 민렌드는(Charles Ormaud Minlend)는 2003년 한국프로농구(KBL : Korea Basketball League) 외국인 선수 드래프트에서 전체 1순위로 지명됐다. 이스라엘리그 2년 연속 득점왕, 정규리그 및 올스타전 MVP, 한국에서는 2004년 외국인선수상, 득점왕, 베스트 5에 선정됐다. 그의 직업은 약사다.

바리스타, 의사, 약사, 교사 등 다양한 직업을 가진 많은 운동선수들이 자신의 꿈을 위해 운동과 학업을 병행한다. '다양한 꿈과 직업을 가진 운동선수' 우리에겐 어색하고, 낯선 이야기에 불과하다. 대한민국 학생선수들의 꿈은 무엇일까? 대부분의 대한민국 학생선수들은 '훌륭한 운동선수'란 동일한 꿈을 위해, 같은 환경에서, 운동이 주가 된 일상을 살고 있다.

2000년 15세의 수영선수 장희진 양은 국가대표에 선발됐다. 하지만 꿈 많은 중학생 국가대표 생활은 봄날의 하루처럼 짧았다. 기말고사가 얼마 남지 않아 태릉선수촌 합숙을 고사한 그녀에게 돌아온 것은 국가대표 퇴출 통보였다. 대한수영연맹은 학업과 운동을 위한 병행을 위한 도움 대신 대표자격을 박탈했다. 한 중학생 수영선수의 작은 외침은 한국체육계에 큰 파장을 불러왔다. '학생'선수인 그들은 왜 선수의 역할만 하도록 강요받는 것일까? 이는 학교 운동부의 맥락적 구조의 이해를 통해 설명이 가능하다.

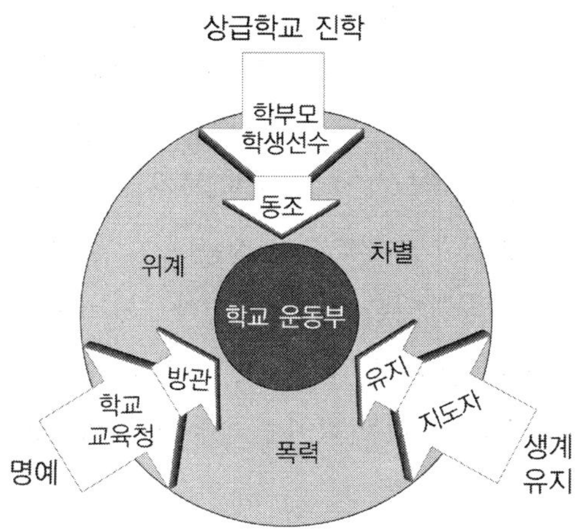

그림 1 ▸ 학교운동부의 맥락적 구조(국가인권위원회, 2009)

전국체전 출전을 위한 무리한 체중감량으로 인해 훈련도중 숨을 거둔 전북체고 김종두선수사건(한국일보, 2003-10-13), 말을 잘 듣지 않는다는 이유로 대표팀 지도자로부터 폭행을 당한 배구국가대표 박철우선수사건(한국일보, 2009-9-21), 전지훈련 중 선수를 성폭행하려 한 여자프로농구 감독사건(경향신문, 2007-5-29) 등 운동부와 관련된 문제들은 일일이 나열하기 힘들 정도다. 임용석(2014)은 운동부의 위계적 폭력문화가 학교 운동부 주체들(학교, 교육청, 학부모, 학생선수, 지도자 등)의 이익구조 속에서 고착화되었다는 것을 비판했다. 관리자로서 학교운동부를 관리·운영해야할 학교 및 시도교육청은 명예를 위해 운동부의 반 인권적 상황을 방관한다. 수요자로서 학부모와 학생선수는 상급학교 진학이란 목표를 위해 이를 묵인하고, 동조한다. 공급자로서 운동부 지도자는 자신의 생계와 관련해 팀의 승리, 실력증진이라는 명목으로 반교육적 상황을 유지한다.

대부분의 대한민국 학생선수들은 운동을 시작하면서 시간, 공간, 관계의 변화를 경험한다. 집과 교실보다는 합숙소와 체육관이란 '공간'에서 수업시간표가 아닌 운동시간표에 의해 학교생활을 한다. 이는 가족, 교사, 친구가 아닌 운동부 내의 인간관계형성을 의미한다. 대부분의 학생선수들은 학생이지만 학교시간표에 구애 받지 않고, 수업에 방해되는 사람으로 취급받는다. 수업을 듣지 않아도, 교복을 입지 않아도, 수업시간에 잠을 자도 누구하나 제지하지 않는다(임용석, 김준성, 한만석, 2014).

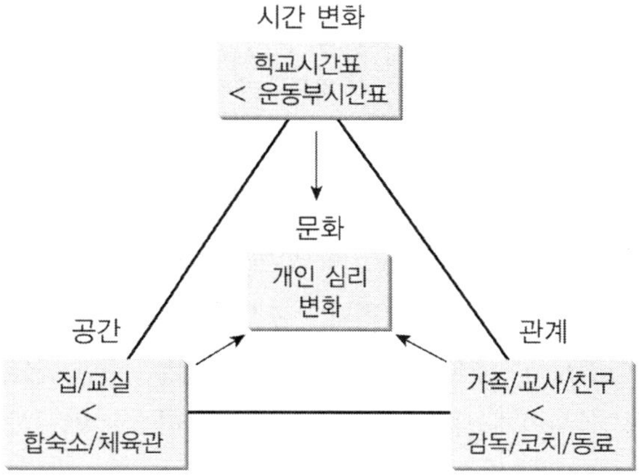

그림 2 ‣ 학생선수의 시간·공간·관계 변화(임용석 외, 2014)

운동부 지도자의 권유, 훌륭한 운동선수가 되기 위해, 운동이 하고 싶어서 등 다양한 동기를 가지고 많은 학생선수들이 운동부에 입문한다. 그들은 운동부 내의 낯선 공간(운동장, 숙소), 위계적 관계(운동부 지도자, 선·후배)에 당황하지만 시간이 지날수록 익숙해진다.

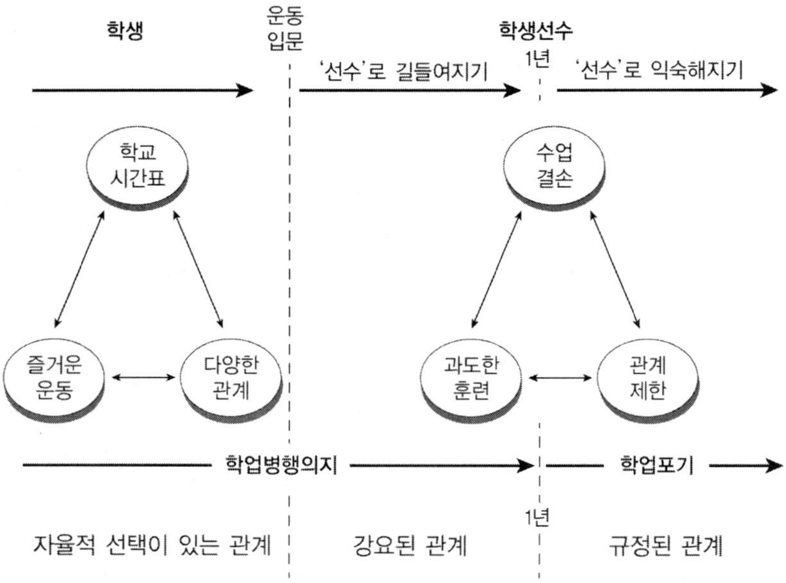

그림 3 ▸ 학생운동선수의 운동부 적응과정(국가인권위원회 2009보고서에서 재구성)

학생선수들은 운동부에 입문하면서 운동부 문화를 통해 선수로 길들여지는 과정을 경험한다(국가인권위원회, 2009). 운동을 시작하기 전 학생선수들은 학업, 관계, 운동에 있어 자율적 선택이 가능한 주체적 삶을 살았다. 학교시간표, 다양한 관계, 즐거운 운동이 존재하는 이들의 생활은 운동을 본격적으로 시작하면서 변화한다. 학생선수들은 수업결손, 과도한 훈련, 운동부 내의 관계제한을 경험한다. 이때 1년이라는 기간은 선수가 되는 과정의 기점으로 작용한다(국가인권위원회, 2009). 이를 기점으로 낯설기만 했던 선수로서 길들여지는 과정은 익숙한 것으로 전환한다. 운동으로 인한 수업결손, 운동부 내의 관계형성은 1년간의 과도기를 거쳐 익숙해지는 능동적 형태로 바뀐다. 잦은 수업결손으로 인해 학업과도 멀어지게 되는 시기이다.

운동만 해야 하는 학생선수. 그들은 학생인가 선수인가? 독일의 카린 버트너 얀즈 박사는 세계적인 인공디스크 전문의이다. 동시에 7개의 올림픽메달 소유자이다. 학업과 운동을 병행하면서 운동선수와 그 외의 직업을 위한 꿈을 동시에 키워나가는 학생선수. '학생과 선수의 신분', '공부와 운동이란 역할' 학생선수들의 이중경력(dual career)[4]이 적극적으로 보장되고 장려되는 대한민국의 엘리트 체육현실을 희망해본다. 모든 지나침은 반작용의 근원이다.

---

4) 이중경력(dual career)은 EU(유럽연합) 차원에서 전개하고 있는 정책이다. 운동을 그만 둔 후, 운동 이외의 다른 직업을 선택할 수 있도록 한 조치이다. 여러 이유로 운동을 그만둬야 하는 운동선수의 짧은 경력을 고려한 정책이다. 이러한 정책은 운동선수라서 운동만 해야 하는 것이 아니라, 운동선수이기에 다양한 분야의 학습을 장려하고, 운동 이외의 풍부한 삶의 경험을 쌓아야 한다는 관점에서 출발한다.

2.2.2 '학생'과 '선수'의 공존 가능성[5)]

많은 사람들이 더 나은 삶을 위해, 더 좋은 직장, 더 높은 연봉을 원한다. 그러기 위해 좋은 대학에 입학하는 것은 필수적인 것이 되었다. 대부분의 학생들이 좋은 대학, 좋은 학과에 입학하기 위해 혈안이다. 이를 위해 학생들은 학업에 열중한다. 학생선수 역시 동일하지만 이들은 운동만 한다. 학생선수는 누구인가? 학교라는 공동체 내에서 함께 생활하고 만나고 있으니 안다고 해야겠지만, 학생선수의 삶과 문화에 대한 이해는 의외로 부족하다. 정확하게 '학생', '운동선수'에 대한 구분조차 무지하거나 소홀하다.

최근 우리나라 체육계에서는 '공부하는 학생선수 만들기'담론이 확산되고 있다. 하지만 학업과 운동을 병행하는 학생선수에 대해 이야기 하는 것은 녹녹한 일이 아니다. 김연아, 박태환과 같은 스타선수들이 메달을 딴 경우 더욱 그렇다(임용석, 한만석, 김준성, 2014). 주로 외국에서 훈련을 하며 강의실에서 잘 볼 수 없는 그들에게 '일반학생과 동일한 학사규정을 적용해야한다'는 이야기를 꺼내면, '제 2의 스포츠스타가 나오겠는가?', '괜한 짓 한다'는 반론이 이어진다.

'학생선수는 학생일까? 선수일까?', '이들은 운동만 해야 하는 걸까?', '학업과 운동을 병행할 수 없을까?' 본 절에서는 학생선수를 위한 별도의 교육과정을 운영하고 있는 A대학교 사례를 통해 이러한 물음에 답하고자 한다. A대학교 사례를 통해 학생선수가 어떠한 맥락에서 학교생활을 하고 있는지를 이해하고자 한다.

A대학교는 학과, 운동종목에 상관없이 학생선수만을 위한 별도의 교육과정을 운영하고 있는 국내 유일의 대학이다. 이 교육과정은 연구를 통해 많은 학자들이 제언한 학업과 운동 병행(곽은창, 김용규, 주병하, 2011; 조광민, 2007), 최소학점인정 등 별도의 학칙 폐지(김동현, 2011; 김양종, 정구영, 2002), 수업참여관리(신영균, 2010)를 포함하고 있다. 이외에도 학습환경을 조성(컴퓨터실 설치, 숙소 내에 개인용 책상 설치)했고, 학업전담 조교들을 배치했다. 교육과정의 목표는 학생선수의 학습권 회복을 통한 교육 정상화(이혁기, 임수원, 2010)이다. A대학교는 총 5개의 단체운동부와 다양한 개인종목선수들을 육성하고 있다.

---

5) 2013년 임용석의 박사학위논문 '대학교 학생선수의 수업일상에 관한 질적연구'를 재구성했다. 익명성보장을 위해 모든 연구참여자의 이름은 가명 처리했다.

2.2.2.1 수업시작 : "운동분데요"

A대학교 신입생은 2월초 진행되는 '새터[6]'에서 학교생활에 필요한 정보를 얻고 문화를 체험한다. 배우고 자기소개, 응원가를 부리며 진행되는 술자리는 대학에서의 인간관계 확장을 위해 매우 중요한 자리이다. 신입생오리엔테이션에서는 수강신청 방법과 절차에 대해 배운다. 하지만 A대학교 학생선수들의 얼굴은 '새터'와 오리엔테이션에서 볼 수 없다. 전지훈련, 대회준비가 이유다. 대부분의 일반학생들이 필요한 수업을 듣기위해 많은 노력을 기울이는 반면, 학생선수들은 수강신청에 무관심하다. 학업전담조교가 짜주는 대로만 수강신청을 하면 큰 무리 없이 졸업할 수 있기 때문이다. 전지훈련, 시합출전 등으로 인해 본인이 직접 수강신청을 할 수 없을 경우에는 학업전담조교가 수강신청을 대신해주는 경우도 있다.

오전을 수업, 오후를 운동시간으로 배정하도록 한 학생선수 교육과정에 따라 A대학교의 학생선수만을 대상으로 진행되는 수업은 대부분 1~2교시에 배정된다. 공식적인 수업시작 시간은 9시지만 상황에 따라 30분정도 늦게 시작하거나 일찍 끝나는 경우도 있다.

2.2.2.1.1 지각 : "9시까지는 죽어도 못 오겠냐?"

"9시까지는 죽어도 못 오겠냐?" 다른 학생선수들을 기다리던 교수의 첫마디다. 9시에 시작하는 수업이지만 교실에는 4명만이 자리하고 있다. 운동부수업에서 절반 이상의 학생선수가 정시에 도착하는 경우는 시험 때를 제외하고 단 한 차례도 없었다. 50명의 수강인원을 위해 배정된 커다란 교실은 황폐해보이기까지 하다.

6) '새터'란 새내기 배움터의 줄임말이다.

한 학생선수의 말을 빌리자면 A대학교 운동부 수업에서 지각은 자연스러운 일이다. 지각하는 자가 대부분이기에 오히려 정시 출석이 이상해보일 정도다. 수업시작 직후부터 수업이 끝나기 직전까지 지각의 범위는 다양하다.

> 10시. 9시에 시작한 수업이 한창 진행 중인 상황에서 아이스하키부 8명이 문을 힘차게 열고 들어온다. 그들 중 한명이 “피스”라고 큰 소리로 왜치며 양 손의 검지와 약지를 펼쳐든다. 다른 한명은 “단체로 늦게 들어오면 운동하고 들어왔다는 거죠.”라고 큰소리로 말한다. (수업이 잠시 중단됨) 자리에 앉아서도 시끌시끌하다. 결국 교수는 수업을 이어가지 못하고 쉬는 시간을 준다.
>
> - 2012년 11월 21일 화요일 보건 교육론 수업관찰일지 중

학생선수들의 지각 이유는 “운동이 늦게 끝나서”, “피곤해서”, “귀찮아서” 등 다양하다. 지각의 유무는 학생선수가 생각하는 학업의 중요성에 따라 현격하게 차이가 난다. 지각을 하지 않는 소수는 두 부류로 나뉜다. 운동을 그만둬 학업에 신경을 써야하거나 운동선수 신분을 이어가면서 학업을 중요하게 생각하는 부류이다. 이 소수를 제외하고 대부분의 학생선수에게 지각의 유무는 중요하지 않다. 숙소생활을 할 수 없는 개인종목 선수는 학교 내에 위치한 숙소에서 생활하면서 수업에 늦는 단체 운동부 학생선수를 이해할 수 없다고 이야기 한다.

> 안녕하세요? 교수님 A대학교 체육위원회 조교 ○○○입니다. 다름이 아니오라 다음 주 수업 중 다음 학생들이 훈련 및 경기 참여로 인해 부득이 수업 참석이 어렵습니다. 출석인정요청서를 제출한 상태이니 양해 부탁드립니다. 향우 수업에 참석하지 못할 경우 교수님의 재량으로 수업을 인정받을 수 있는 과제들을 제공해 주시면 고맙겠습니다. 늘 너그러운 마음으로 이해해 주신 점 항상 감사드립니다.
>
> - 축구부 9명, 럭비부 10명, 야구부 12명, 개인종목 6명

A대학교는 학생선수가 훈련이나 시합으로 인해 수업을 빠지게 되는 경우 ‘학생선수 출석인정 요청서’를 발급하여 출석을 대체할 수 있도록 권고하고 있다. 출석인정서는 메일의 형태로 학업담당조교로부터 수업담당교수에게 전달된다. 〈표 2〉는 가장 많은 대회에 참가한 농구부의 출석인정서를 정리한 표이다.

표 2 ▸ 2012년 2학기 A대학교 농구부 출석인정 요청서 정리

	9월	10월	11월	12월
농구부		11 ←·········→ 17 전국체전 (12명)	6 7 9 19 20 21 23 ··········· FA컵 훈련 (12명)	(12명) 21 ←······→ 28 농구대잔치
	4 12 14 ··· U리그대회 (16명)		(12명) 28 ←·····················	→ 6 FA컵 대회
	24 ←·······→ 27 U리그결승 (16명)		프로입단 (1명)	
		13 ←···············	·······························	···············→ 13.2.30
		15 ←·········	······························· 프로입단 (1명)	·········→ 28

농구부가 참가하는 대학리그는 1~2학기에 걸쳐 진행된다. 대학스포츠총장협의회에 가입된 12개 대학이 학교 내에서 경기를 개최해 학생선수의 수업참여를 최대한 보장하겠다는 취지로 홈 앤드 어웨이 방식을 채택해 리그전을 진행한다. 하지만 경기 준비를 위해 시합 전날 수업을 빠지는 경우도 많았다. 대학리그에 참여하는 축구부의 경우도 마찬가지였다. 2012년 1학기 매주 금요일에 대학리그 경기 일정이 잡혀있는 축구부가 제출한 출석인정 요청서는 10개에 이른다. 이는 전체 수업 일수 중 2/3가 넘는다. 시합 및 훈련으로 인한 '출석인정 요청서' 이외에도 부상으로 인해 병원에 가기위한 요청서를 발급하는 경우도 있었다.

A대학교 학생선수에게 운동과 수업에 대한 생각을 물어보면 "더 중요한 것과 아닌 것", "빠질 수 없는 것과 있는 것"이라고 대답한다. "굳이 오전에 수업 들어가서 운동시간에 피곤할 것은 아니다"고 말하는 학생선수도 있다.

이러한 수업참여 여부는 운동부 지도자에 의해 결정된다. 수업을 들어가고 싶어도 운동부 감독의 허락 없이는 수업에 참여할 수 없다. "너희 프로 가는 게 우선이지 수업은 무슨… (수업에 들어가지 않아도) 너희 졸업은 다 할 수 있다."고 이야기 하는 코치, 감독의 말은 이들에게 "어길 수 없는 법"과 같다.

수업준비는 수업시간에 더 많은 것을 쉽게 잘 배우기 위한 과정이다. 운동부 수업에서 요구되는 준비는 담당교수가 미리 포털에 올려놓은 수업자료를 뽑아오거나, 수업교재와 필기구를 가져오는 것이다. 하지만 이러한 준비를 하는 학생선수는 찾아보기 힘들다. 대부분 준비물 대신 스마트폰을 준비한다. 수업에 필요한 필기구가 없어 담당교수가 펜과 연필을 나눠주는 상황도 발생했다. 대부분의 학생선수가 수업교재를 사지 않아 매 수업시간마다 교수가 직접 교재를 복사해서 학생선수들에게 나눠

주고 수거해 간다. 학생선수에게 나누어 주면 다음 수업시간에 교재를 가지고 오지 않는 경우가 많기 때문이다.

박○○ : 영어수업은 교재가 있어요. 애들 책 안사죠. 제가 볼 때는 수업 들어가라고 하면 쉬러 들어가는 경우가 대부분이고요. 그런 애들이 수업에서 대부분이니까 교수님들도 수업을 하겠어요? 100명중에 99명이 안 듣는데... 운동할 때 운동화, 유니폼을 안가지고 가면 시합을 할 수가 없잖아요? 총알이 없는데 어떻게 싸울 수 있어요? 수업에 책하고 필기도구를 가지고 들어가는 거는 당연한 거죠. 근데 대부분 안가지고 들어가죠.

대부분 '맨몸'으로 수업에 참여하기 운동부 수업에서 교재와 필기구를 준비하는 행위는 단순한 수업 준비 이상의 의미가 있다. 이는 수업준비인 동시에 '맴몸'이 대부분인 운동부 교실에서 '공부의지'가 있는 사람으로 자신을 드러내는 방식이기도 하다.

2.2.2.1.2 수업내용 : "어차피 잘 몰라요"

대학입학 전까지 운동이 주가 된 삶을 보낸 학생선수들은 대학수업내용을 어떻게 받아들일까? 이들이 수업내용에 대해 가장 많이 언급하는 단어는 "넘사벽[7]"이다. 한 학생선수의 표현을 빌리면 '넘사벽'은 "시작조차 할 수 없는 것"으로 포기하는 수업을 일컫는다. 대상에 따라 같은 수업 내용이지만 '넘사벽'수업으로, 너무나도 '쉬운', 혹은 '웃긴' 수업이기도 하다.

최○○ : 1학년 때 영어수업 듣고 되게 실망을 많이 했어요. 되게 웃기기도 했고요. 내가 초등학교 때 배웠던 거 배우고, 막 과거형 현재진행형 이런 걸 하니까… '내가 시간 뺐기면서 뭐하는 짓인가?'란 생각도 들었어요. 진짜 너무 쉬운 걸 하니까 대학이 맞나 그런 생각도 들었어요.

임○○ : 맨 처음에 수업에 들어갔는데 아무것도 모르겠는 거예요. 이거 진짜 기초인데, 저한테는 기초가 아니에요. '아무리 공부를 안 해도 초·중·고를 나오면

7) '넘을 수 없는 사차원의 벽'이란 말의 줄임말이다. 아무리 노력해도 자신의 힘으로 격차를 줄이거나 뛰어 넘을 수 없는 상대를 가리키는 말이다. 자신의 무력감을 표현하기 위해 잘난 상대방을 두드러지게 사용하는 언어이다(김기란, 최기호, 2009).

이정도 기본은 당연히 알거다'라는 가정을 하고 수업을 진행하는데… 근데 저희는 모르잖아요. 진짜 아무것도 모르겠는 거예요. 진짜 '넘사벽'이었습니다. 아 그래서 정말 이거를 어떻게 공부하나? 고민을 많이 했죠.

Academic English Ⅰ과 Ⅱ는 1, 2학기에 걸쳐 개설된다. 이 수업을 담당한 황교수는 학생선수들의 수준을 고려해 수업내용을 선택하는 것이" 너무 어려웠다"고 이야기 한다. 학생선수들의 학업 수준이 너무나도 다양하기 때문이다.

학업격차는 일반학생들과 같이 수강하는 교직수업[8]에서 더욱 심해진다. 많은 학생선수들이 운동부 수업과는 다른 진지한 수업분위기에 참여가 불가능하다고 이야기한다. 훈련 등으로 인해 자주 참여할 수 없는 교직수업에서 팀 프로젝트에서 제외되는 것은 학생선수들에게 '당연한 일', '익숙한 일'이다. 일반학생들의 말하는 방식, 수업에 임하는 진지한 태도 등 적응할 수 없는, 진도를 따라갈 수 없는 교직수업은 대부분의 학생선수들에게 또 다른 '넘사벽'이다.

A대학교 운동부 수업에서 수업내용은 자주 반복된다. 제2외국어를 배우는 공통교양 수업에서 가장 많이 발생한다.

임○○ : 막상 수업에 들어가면 저 포함해서 3명만 들어와요. 그런데 다 기초에요. 1, 2학기 다 똑같은 것만 배워요.

연구자 : 내가 1학년 Academic English 수업관찰을 하는데 2학기 내용이 1학기 때 했던 거라 하더라. 바뀐 게 있다면 1학기 때는 분반이었는데, 2학기에는 합반이 된 것 정도?

임○○ : 네 저희 때는 분반이었습니다. 근데 일본어 수업이었어요. 저 지금 듣고 있어요. 1학기에도 들었고, 지금 2학기에도 듣고 있고, 근데 (수업내용이)똑같습니다.

다음으로는 출석과 관련된 이유다. 각 운동부 별로 훈련 및 시합 일정이 다르고, 이에 따른 결석일도 다르기 때문이다.

최○○ : 애들이 계속 빠져서 수업진행이 계속 안 되니까 했던 얘기 또 하고… 수업

---

8) 체육교육과에 소속 학생선수들은 운동부 교육과정에 포함된 수업이외에 교직과목을 이수해야한다. 대부분의 교직수업은 오후시간에 개설되어있다. 오후에 운동을 참여해야 하는 학생선수들은 대부분 교직수업에 빠지고 있었다.

을 통해 핵심적인 부분을 못 배워 놓은 거 같아요. 당연히 배워야할 게 많은 것 같은데… 빈껍데기만 있고 정작 내용은 없는 것 같아요.

Academic English 수업을 진행했던 황교수에게 당시 대부분의 학생선수가 수업에 빠질 수밖에 없는 상황은 "속상한 일"이었다. 보건교육론 수업담당 문교수는 저조한 출석률로 인해 "수업내용이 연결되지 않는 것을 가장 힘든 점"이라고 했다. 수업내용을 이해하지 못한다는 학생선수의 얼굴표정 또한 문교수를 힘들게 하는 이유이다. 반복되는 내용을 통한 수업 전개는 학생선수와 교수자 모두에게 힘들고, 괴로운 일이다. 하지만 이는 학생선수의 교실에서 되풀이되고 있다.

수업내용이 모두가 어렵고 이해할 수 없는 것은 아니다. 운동과 관련 있는 수업내용은 A대학교 학생선수들에게 좋은 수업내용이다. 대부분 자신들의 운동경험과 직접적으로 연관 지을 수 있는 심리학, 생리학 수업을 특히 좋아한다. 이들에게 좋은 수업 내용이란 "운동하면서 사용할 수 있는 것", "운동에 적용 가능한 것"을 의미한다.

임○○ : 생리학 수업하고 진로교육수업이 가장 좋았던 수업입니다. 생리학수업은 이론적으로 들어간 게 아니고, 운동선수가 운동할 때 물이나 이온음료를 마시면 몇 분 만에 소화되는지, 이런 식으로 저희 현실에 맞춰서 해주니까 좋았습니다. 진로교육 수업 같은 경우에는 일단 운동선수가 제일 문제인 게 '내가 운동 그만두면 뭐하지?'인데 운동선수 출신 선생님들 모셔 와서 수업해 주셨잖아요. (운동 그만두고 경험했던)얘기 들으면서 그게 되게 흥미 있었어요.

2.2.2.1.3 수업참여 : "앞으로 오세요", "여기가 편해요"

수업시간에 학생선수들이 교수의 질문에 대답을 하지 않는 이유는 대부분 수업내용과 관련 없는 일을 하기 때문이다. 웅~웅~웅 스마트폰의 진동음만이 책상 위, 주머니 속, 손바닥 위에서 쉴 새 없이 울려댄다. 거의 모든 학생선수들이 교수보다는 스마트폰과의 소통이나 잠을 선택한다. 이러한 학생선수들이 대부분인 교실에서 교수에 질문에 대답하는 것은 쉬운 일이 아니다. 한 학생선수는 "남의 시선이 신경쓰여서", "한 번도 해본 적이 없어서" 수업시간에 답하기 어렵다고 말한다. 몸을 움직이는 것이 더 익숙한 이들에게 교실에서 교수의 질문에 답하는 행위는 낯설기만 한 일이다. 이러한 소극적인 수업참여 형태는 수업시간에 학생선수의 앉는 자리를 통해서 더욱 잘 드러난다.

최○○ : 일반학생들은 일찍 (수업에)들어와서 좋은 자리 잡으려고 하잖아요? 앞에 앉아서 필기하고 경청 할텐데, (학생선수들)저희는 안 그러거든요. 앞에는 절대 안가, 다 뒤로가. 다 뒤로 가서 자려고해요. 교수님이 "너희 앞으로 와서 앉아"라고 해도 안 움직이지. 뭐 운동 그만 둔 애들이나 조금 앞에 앉던지 하죠. (교수가 말을 해도)아무도 안 움직이니까 되게 힘들어 하세요.

연구자 : 그럼 앞에 앉는 게 싫어서 수업에 늦게 들어가는 건가? 일찍 가면 앞에 앉아야 하니까?

최○○ : 음… 앞에 앉겠다는 그런 개념이 아예 없어요. 그런 개념이 없고 그냥 다 뒤로 가요.

학생선수들은 교수자의 시선에서 비교적 자유로운 뒷자리를 선호한다. 거리를 뒤며 자유로워지고 싶은 욕구를 선택한 결과이다. 뒷자리에 앉은 학생선수들은 대부분 스마트폰을 이용하거나 잠을 청한다. 잠을 자는 형태도 다양하다. 양손을 책상위에 올리고 엎드려서 잠을 자거나, 앉은 자세에서 눈만 감고 자는 학생선수도 있다. 후드티를 눌러쓰고 얼굴을 가리고 자는 경우도 있다. 운동부 교실에서 담당교수가 수업시간에 학생선수의 얼굴을 보는 것은 쉬운 일이 아니다.

11시. 거의 모든 학생선수들이 엎드려 자거나 스마트폰을 보고 있자 교수가 수업을 멈추며 이야기한다. "내가 정수리만 보고 있네. 너희들 나중에 누군가를 가르칠 때 정수리만 보고 있다고 생각해봐. 네가 이야기하고 있는데 상대방이 정수리만 보여준다고 생각해봐. 이야길 할 의욕이 사라지겠지? 나도 열심히 공부해 와서 열심히 이야기하고 있는데 너희들이 정수리만 보여주고, 계속 자고, 반응도 없고… 그러면 분노가 치밀어. 그럼 난 또 자기 암시를 걸겠지. '애들은 운동이 힘들어서 자는 거야'라고"

- 2012년 11월 23일 금요일 운동학습 및 심리 수업관찰일지 중

교실에 있지만 수업에 참여하지 않는 학생선수에게 수업에 들어오는 이유를 물으면 "졸업 해야죠"라고 대답한다. 대부분 수업에 빠지는 운동부 수업에서 출석만으로도 성적을 받을 수 있을 것이란 믿음이 있기 때문이다. 이들에게 수업시간은 운동하기 위해 '쉬는 시간', 졸업하기 위한 '참여해야하는 시간'일 뿐이다. 열정적으로 참여하는 학생선수도 있지만 대부분의 학생선수는 수업이 끝나는 시간에 오거나, 쉬는 시간을 최대한 이용하거나, 수업 중에 조용히 교실을 떠나는 경우도 있었다.

A대학교 학생선수들이 수강하는 수업은 크게 '학생선수끼리 듣는 수업'과 '일반학생과 같이 듣는 수업'으로 분류된다. 우선 학생선수끼리의 수업에서는 다수의 하

지 않으려는 자들에 의해 수업 분위기가 결정된다.

> 10시 24분. 10분의 쉬는 시간 이후 교수는 학생선수들에게 설명했던 비만에 대해 다시 설명을 하며 조별 토론을 지시한다. 초등학교 5학년 비만 여아에 대한 운동치료 프로그램을 구성하는 것이다. 한 조를 제외하고 다른 조는 토론 시도조차 하지 않는다. 10분 정도의 토론 이후 조별로 발표한다. "K-POP star 내보내요", "새벽운동 시켜요", "지방흡입 시켜요", "엄마, 아빠가 잘못했네. 근데 그 나이에 돼지였던 애들은 커서도 대부분 돼지던데"라며 하지도 않은 조별 토론내용을 발표한다. 한 학생선수가 이야기 한다. "아 선생님 진짜 짜증나시겠다."
>
> - 2012년 11월 21일 보건교육론 수업관찰 일지 중

운동부 수업에서 수업 분위기가 '이상하게' 형성되는 이유를 학생선수들에게 물어보면 "개념 없는 대답"이 시발점이라고 대답한다. 이는 "장난으로 대꾸하기", "욕하기", "못 듣는 척하기"등의 행동으로 이어진다. 운동부 수업분위기는 공부하기에 적절하지 않다는 것이 가장 핵심적인 문제라고 이야기하는 학생선수가 많다. 아무도 필기를 하지 않는 교실에서 혼자 수업에 참여하는 것이 어렵다는 것이다.

교직수업은 학생선수들이 4년간 일반학생과 함께 수강하는 유일한 수업이다. 이 수업에서 학생선수들은 수업에 참여하더라도 교실 내에서 마치 투명인간과도 같다. 대부분 아무것도 하지 않는 학생선수들끼리의 수업분위기와는 대조적인 수업분위기에 위축되기 때문이다. 수업 내용에 대한 기초 지식이 없고, 운동 일정으로 인해 지속적인 수업참여도 불가능하다.

> 최○○ : 교직수업에서는 운동부 수업처럼 못하죠. 일단 분위기가. 모르는 사람들이랑 있으니까 은근히 낯을 많이 가리더라고요. 그래서 그냥 조용히 가만히 있는 애들이 많은 것 같아요 … 운동부끼리 (수업)들으면 애들이 떠들기도 하고 막 딴 짓도 할 수 있는 분위기가 형성되는데, 일반학생들하고 있으면 분위기 자체가 안 그렇거든요. 수업을 들어야 되고, 딴 짓도 못하게 되고.

이들은 일반 학생과 함께하는 교직수업에서 진진한 수업분위기에 적응하기 어렵고, 산만한 학생선수끼리의 수업에서는 수업에 참여하는 것이 어렵다고 하소연한다. 대부분의 A대학교 학생선수들은 '필기하지 않는 것', '대답하지 않는 것', '이상하게 대답'하는 운동부 분위기에 자신도 모르게 '동조'되고 있다.

2.2.2.1.4 시험과 학점 : "죄송합니다. 교수님"

5시에 시작되는 교직수업은 오후 운동시간과 중복된다. A대학교 학생선수들에게 교직수업은 시합이 아니어도 대부분 참여하기 어렵다. 수업내용을 전혀 모르는 학생선수들을 일반학생과 같은 과제나 시험문제를 통해 평가할 수도 없는 상황이다. 대부분의 교직수업에 빠져야만 했던 한 학생선수는 배우지도 않은 수업내용으로 치러지는 시험은 "당연히 백지"로 낼 수밖에 없었다고 이야기한다. 기회가 없기 때문에 배우지 못 했고, 쓸 수 있는 것도 한정되어 있다. 이들에게 정상적인 수업참여와 시험을 강요하는 것은 옳은 것일까?

A대학교 학생선수들은 졸업자격 요건 중 하나인 공인 영어성적을 대신해 대체강좌 이수한다. 이 수업 역시 정상적으로 운영되지 않는다. 다른 학생선수는 교직수업 담당교수가 운동부만의 별도의 과제가 주어졌을 때만 과제를 할 수 있었다고 이야기 한다.

최○○ : 방학 때 저희는 졸업대체 영어수업을 받거든요.
연구자 : 아 그건 애들이 잘 들어갔니?
최○○ : 안 들어왔죠. 많이 들어와 봤자 6명? 대부분 저하고, ○○이 형하고, 그렇게 2명밖에 없어요 … 수업 전에 얘기를 해요. 운동 때문에 자주는 못 들어간다고. 그러면 교수님이 되게 착하셔. 번역을 하래요. 이메일로 보내면 된다고. 그러니까 들어올 수 있는 애들도 다 안 들어오죠. 번역도 자기가 안 해요. 할 수가 없어요. 할 수 없는 내용이야.

'무엇을 기준으로 학점을 줘야할까?' 학생선수들의 성적은 담당교수들에게 큰 걱정거리다. 대부분의 학생선수가 수업에 빠질 수밖에 없고, 일반학생에 비해 수준도 낮은 상황이다.

윤조교 : 야구부 1학년 애가 흥분해서 연락이 왔어요. 이번학기에 재활중이어서 병원 가는 날 빼고는 수업에 빠진 적이 없다 그런데 축구부 같은 경우에는 시합 때문에 빠지는 날이 많았어요. 자기는 축구부보다 훨씬 출석을 많이 했는데 개는 A가 지는 B가 나왔데요. 자기는 이해할 수 없다고 따지더라고요. 담당 교수님께 연락해봤더니 수업에서 과제로 출석을 대체하는 기준이 있었어요. 그런데 축구부애가 과제를 다 내서 출석은 비슷해요. 갈린 게 리포트였어요. 사실 사고와 표현이다 보니까 글쓰기에서 특기자 애들이 너무

> 딸리잖아요. 교수님이 보시기에는 이 수업에서 A+ 받은 애도 일반학생으로 생각한다면 B도 줄 수 없는 글짓기 실력이다. 이중에서 어쩔 수 없이 줘야 해서 준 게 A받은 축구부 학생이라는 거예요. 야구부 학생은 만약 일반학생이라면 점수를 줄 수 없는 수준이라는 거죠. 그나마 운동선수니까 자기가 양보하고 해서 준 게 B다. 그 이상은 양심상 점수를 못 주겠다.

A대학교 학생선수에게 좋은 학점은 어떤 의미일까? 교수는 강의계획서에 제시한 평가기준으로 학생들을 평가한다. 학생선수들은 평가영역과 기준에 대한 이해가 부족하다. 출석이 좋은 학점의 절대기준이 아니다. 그러나 많은 학생선수들은 출석만 잘하면 좋은 점수를 받을 수 있다고 생각한다. 출석은 눈에 보이는 성실성의 지표로 인식되어 왔다. 개인적 노력에 의해 보고서를 작성하고 시험공부를 하는 것은 또 다른 시간과 노력의 영역이다. 운동의 외길을 걸어 '전문운동선수의 길'로 진입하려는 학생선수들에게 출석만으로 좋은 성적을 받고, 운동에 전력하는 것이 자신들의 삶에 더 도움이 된다고 믿고 있다. 하지만 운동이후의 또 다른 삶은 준비하는 몇몇의 학생선수에게 자기 학점에 대한 주인의식은 매우 의미 있는 변화이다.

대학교 학생선수는 학생과 선수이기 전에 하나의 사람이다. 하나의 인격체이며 누구나 동등한 개인의 권리를 가진다. 학생선수는 개인·학생·운동선수로서의 권리를 가지고 있음에도 스스로조차 자신을 '운동하는 존재'로만 압축하여 인식한다. 교실에 있다고 하더라도 운동과 관련 없다고 판단되는 공부에는 소극적으로 참여한다. 이는 지도자의 결정에 의해 강제되지만, 학생선수의 의지에 의해 소극적이 되기도 한다.

아주 자세히 들여다본 학생선수의 수업일상이다. 무엇이 문제일까? 학업병행을 위해 모든 수업은 오전으로 배치했고, 점심식사 이후 오후를 운동시간으로 활용도록 했다. 학생선수들이 듣고 싶은 수업을 조사하고, 교육과정에 반영했다. 특별한 경우를 제외하고 박사학위 소지자 및 교수에게만 강의를 배정했다. 그들의 수준에 맞는 별도의 강의도 개설했다. 학업 전담 조교도 배치했다. 숙소 내 개인용 책상과 의자도 배치했다. 그동안 관행처럼 이루어지던 '학점고쳐주기'도 폐지했다. 학생선수의 학업관련 연구물들이 학생선수의 학습권 보장 및 회복을 위해 제언한 것들이 적용되었다. 무엇이 문제일까!

학습은 벽돌 쌓기나 집짓기와 같아서 기초 위에 새로운 것을 더해가는 과정이다(조용환, 2009). 때문에 초석이 되는 기초, 그 기초위의 기초를 쌓아가는 것은 교육에 있어 매우 중요한 기반이다. 중·고등학교 운동부 시절부터 운동이 주가 된 일상은 학생선수들에게 학업기초의 결여란 결과로 다가온다. 이로 인해 학생선수들은 필연적으로 학업에서의 지속된 실패경험을 한다. 공부를 '나와 별개의 것', '일반학생들이 하는 것'이라고 규정한다. 자신들이 '할 수 없는 것'으로 구분한다. 이들은 대부분 하려는 시도조차 하지 않는다.

이러한 학생선수들의 문화적 특징을 '학습된 무기력(learned helplessness)'으로 요약할 수 있다. 성공경험은 실행을 위한 동기로서 자기효능감을 강화하는 역할을 한다. 반면 지속된 실패경험은 자기효능감의 결여란 결과로 나타난다. 부족한 수업경험. 학업에서의 지속된 실패경험. 학업에서 낮아진 자기효능감. 누적된 수업결손의 결과이다.

이러한 학생선수가 대부분인 수업에서는 독특한 교실문화가 존재한다. 일반학생의 교실문화와는 확연히 구분되는 '교실 섬 문화'이다. '다수의 하지 않으려는 자'와 '소수의 하려는 자'의 무리로 확연히 구분되는 수업에서 수업분위기는 '다수의 하지 않으려는 무리'에 의해 결정된다. 이러한 직·간접적인 집단의 영향을 또래 압력(peer pressure)이라 한다(Kate, 2009). 주 연구참여자 중 한 명의 말을 빌리자면, 학생선수 수업에는 학업에 긍정적인 영향을 주는 무리와 반대의 무리가 있다. 문제는 학업에 부정적 영향을 주는 무리가 운동부 수업에 대다수란 것이다. 학생선수만을 위한 별도의 교육과정은 '교실 섬 문화'라는 학생선수 수업문화와 학생선수들의 '학습된 무기력'과 만나게 되었을 때 '무력화(無力化)'되고 있었다.

'잘 지어진 거대한 도서관이 있다. 그러나 학생선수들이 이용할 수 있는 시설은 없다. 잘 차려진, 그리고 맛있어 보이는… 하지만 먹지 못하는 그림 속 음식과 같다.' 박사학위 논문을 진행하며 지속적으로 가졌던 생각이다. 학생선수의 현실과 그들의 생활, 문화 맥락을 고려한 조치와 제도가 필요하다. 연구결과에도 나타나듯 학생과 선수 신분과 역할의 소통을 위해서는 가야할 길이 멀다.

2.3 운동부 중도탈락

> 선수를 그만두면 자연히 학생이 되는 줄 알았다. '학생선수'에서 '선수'란 글자만 빽을 뿐인데 무엇이 나를 이렇게 힘들게 했을까? 나를 잘 대변해주는 단어 '농구선수'는 더 이상 나를 위한 수식어가 아니었다(임용석, 2014, p, 114).

수업결손, 폭력, 성폭력 등 그동안 사회적으로 문제시 되어왔던 운동부의 구조적인 문제는 운동부 내에 있을 때에는 큰 문제가 되지 않는다. 이러한 운동부의 반 교육적 문제가 학생선수에게 직접적인 영향을 주는 시기는 운동을 그만두게 된 시점부터이다(임용석 외, 2010). 운동부에 속한 학생선수가 운동을 그만두는 것을 '운동부 중도탈락'이라한다. 하지만 운동을 그만 둔 학생선수들은 스스로를 중도탈락자라고 이야기 하지 않는다. '탈락'이란 이야기가 나올 때면 "저 '탈락'한 거 아닌데요, 제가 운동 그만 둔거에요."라고 강하게 부정한다. 어떠한 일 도중에 그만두는 것을 위미하는 중도탈락이란 용어 중 '탈락(脫落)'이란 단어가 내포하는 부정적 의미 때문일 것이다(임용석 외, 2014).

일반 교육학 분야에서 중도탈락은 교육기관인 학교를 그만두는 현상이며, 학업을 포기하는 행위를 포괄하는 개념이다(김재현, 2006; 양경화, 2006; 황선미, 2007; Fine, 1991). 교육적 목적을 달성하지 못해, 사회에서 이탈하는 것으로 해석하기도 한다(오지혜, 2007). 체육학 분야에서는 운동참여를 포기하거나 중도에 낙오되는 것, 운동부 체제에서 탈락하는 것으로 정의한다(강신욱, 강미선, 1999; 김현준, 2006; 이명훈, 이근모, 이남미, 2003; 임용석, 2005). 지도자와의 불화, 구타, 차별, 경제적 이유 등 운동을 그만두는 이유는 다양하다. 이는 체제에서 탈락 혹은 이탈한 것이며, 수동(탈락)과 능동(포기)적 개념을 포괄한다. 2.3 절에서는 운동부 중도탈락 실태를 알아보고, 중도탈락의 경로 및 구조파악을 통해 운동부 중도탈락의 의미에 대해 알아본다.

2.3.1 운동부 중도탈락 실태

대한민국에는 68,248명[9]의 학생선수가 존재한다. 대부분의 학생선수들은 고등학교까지는 대학에 가기 위해, 대학에 입학해서는 프로팀(실업팀)에 가기위해 운동만 한다. 하지만 모든 학생선수가 프로팀 진출에 성공하는 것은 아니다. 이들 대부분 운동을 그만둬야 하는 현실이지만 관심의 대상은 아니다. 얼마나 많은 학생선수들이 운동을 그만두는 지에 대한 정확한 통계조차 나와 있지 않은 현실이다. 얼마나 많은 학생선수들이 직업선수의 꿈을 이루지 못하고 운동을 그만두고 있는 것일까?

2009년 체육과학연구원은 '학생선수의 진로경로연구'과제를 통해 학생선수의 운동 중단율 추이를 발표했다. 2004년부터 2008년까지 대한체육회에 등록된 선수등록 자료를 바탕으로 성별, 연령별, 지역별, 종목별 중도탈락 현황을 조사했다. 기존 신규선수의 지속적인 등록 및 종목 간 이동을 파악하지 못한다는 한계점을 해결하기 위해 〈표 3〉과 같이 3가지 트랙으로 구분해 학생선수의 중도탈락(진로경로) 실태를 분석했다.

표 3 ▸ 운동부 중도탈락 트랙의 설정 범위(체육과학연구원, 2009)

등록년도	2004년	2005년	2006년	2007년	2008년
1트랙	초4학년 (만10세)	초5학년 (만11세)	초6학년 (만12세)	중1학년 (만13세)	중2학년 (만14세)
2트랙	중1학년 (만13세)	중2학년 (만14세)	중3학년 (만15세)	고1학년 (만16세)	고2학년 (만17세)
3트랙	고1학년 (만16세)	고2학년 (만17세)	고3학년 (만18세)	대1학년 (만19세)	대2학년 (만20세)

1트랙은 2004년 당시 재학 중인 초등학교 4학년을 기준으로, 2트랙은 중학교 1학년을 기준으로 시작된다. 3트랙은 고등학교 1학년을 기준으로 시작되어 2008년까지 누적자료를 2008년까지 시계열로 제시했다. 3트랙을 분석한 결과는 그림 1과 같다.

트랙별 운동중단 비율은 몇 가지 특성으로 정리할 수 있다. 첫째, 운동중단 비율이 가장 높은 시기는 초등학교 6학년(48.8%), 고등학교 3학년(44.4%)이다. 초등학교 6학년은 중학교로 진학하는 시기에 취미활동의 개념으로 운동부에 소속되어 있던 학생선수들이 운동을 그만 둔 것으로 볼 수 있고, 고등학교 3학년의 경우 운동특기생으로 대학에 진학하기 어려운 상황을 추정할 수 있다.

---

9) 대한체육회 선수등록 현황(2015년 1월 25일 기준).

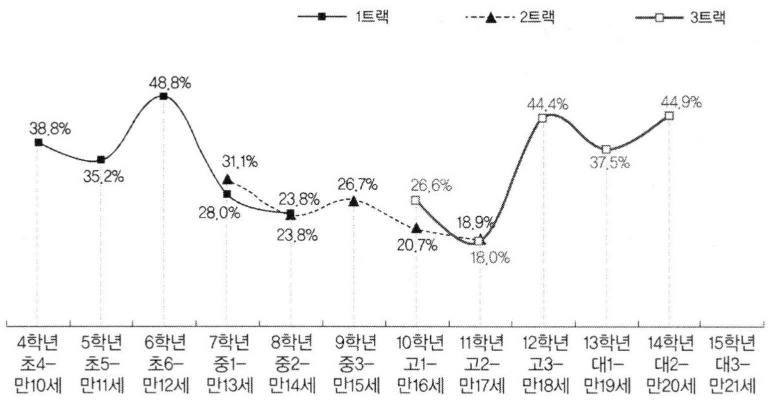

그림 4 ▸ 학생선수의 시기별 운동중단 비율(체육과학연구원, 2009)

둘째, 중학교 1학년부터 운동중단 비율(1트랙 : 31.1%, 2트랙 : 28.0%)이 급격히 감소하는 추세를 보인다. 이는 고등학교 2학년까지 지속된다는 것은 운동특기생으로 고등학교 진학이 대학입학에 비해 수월하다는 것과 초등학교에는 취미활동에 가까운 운동부 활동이 중학교 2학년부터 전문선수의 영역으로 전환한다는 것을 해석된다.

셋째, 대학교 1학년(37.5%)과 2학년(44.9%)에서 운동중단 비율이 높게 나타나고 있다. 이는 두 가지 측면에서 해석이 가능하다. 우선 대학입학이 목적이었던 학생선수의 중단과 전문운동선수로써 미래 직업선택이 불투명한 학생선수의 중단이다. 넷째, 극소수의 학생선수만이 대학교 3학년까지 운동을 지속하고 있다. 예를 들어, 중학교 1학년 학생선수가 10,000명이고, 이후 학생선수가 추가되지 않는다고 가정보자. 체육과학연구원의 연구결과에 따른 운동중단비율에 따르면 이들 중 대학교에 진학하는 학생선수는 약 750명(7.5%) 정도이다. 대학교 3학년까지 운동을 하는 학생선수는 250명(2.5%)에 불과하다. 즉, 중학교 입학을 기점으로 47% 이상의 학생선수가 중도탈락을 경험하며, 중학교 시절 학년별로 25%이상, 고등학교 시절 학년별로 15~20%, 대학입학을 전후로 약 40% 이상의 학생선수가 중도 탈락한다.

이를 종합하면 운동을 통해서 대학에 입학하는 것이 쉽지 않지만(44.4%), 중학교부터 대학입학 전까지 비교적 낮은 운동중단 비율(15~25%)을 고려했을 때 운동으로만 대학에 입학해야만 하는 학생선수의 현실을 추론할 수 있다. 이는 상급학교로 진학할수록 전문영역으로 운동부의 의미가 변화하는 것을 의미한다. 대학입학 이후 40%이상의 학생선수가 운동을 그만두고 있다는 것은 주목해야할 점이다.

2.3.2 운동부 중도탈락의 문제점

> 그런 7년이 지났다. 그리고… 나는 입단에 실패했다. 그제야 비로소 주름진 아버지가 보였고, 총기 잃은 눈빛의 어머니가 보였다. 바둑돌을 떨구는 그 순간, 세상은 허물을 벗었다. 나에게만 감춰졌던 세상이 갑자기 나타났다(윤태호, 2012, pp, 19-21).

차안대를 차고 결승점을 향해 달리는 경주마처럼 대한민국의 학생선수들은 훌륭한 운동선수가 되기 위해 달리고, 달리고, 또 달린다. 최고가 되기 위한 최선의 노력. 운동부 내에서 큰 문제가 되지 않았던 문화, 인간관계형성, 학업은 운동을 그만두면서 큰 문제로 다가온다. 운동부 중도탈락자들은 운동부 시절 운동 공간(운동장, 체육관 등)에서, 훈련시간표에 따라 생활을 했다. 인간관계 역시 그들의 주생활 (운동장, 숙소)공간과 (훈련)시간을 공유할 수 있는 사람으로 한정된다(임용석 외, 2010). 또한 상명하복의 철저한 위계관계를 유지하기 위해 폭력이 일상화 된 문화와 훈련 및 시합출전으로 인한 수업결손을 경험했다(류태호, 이주욱, 2004; 임용석, 2005). 이들의 운동부입문부터 중도탈락 이후까지를 총체적으로 살펴보면 〈그림 5〉와 같다.

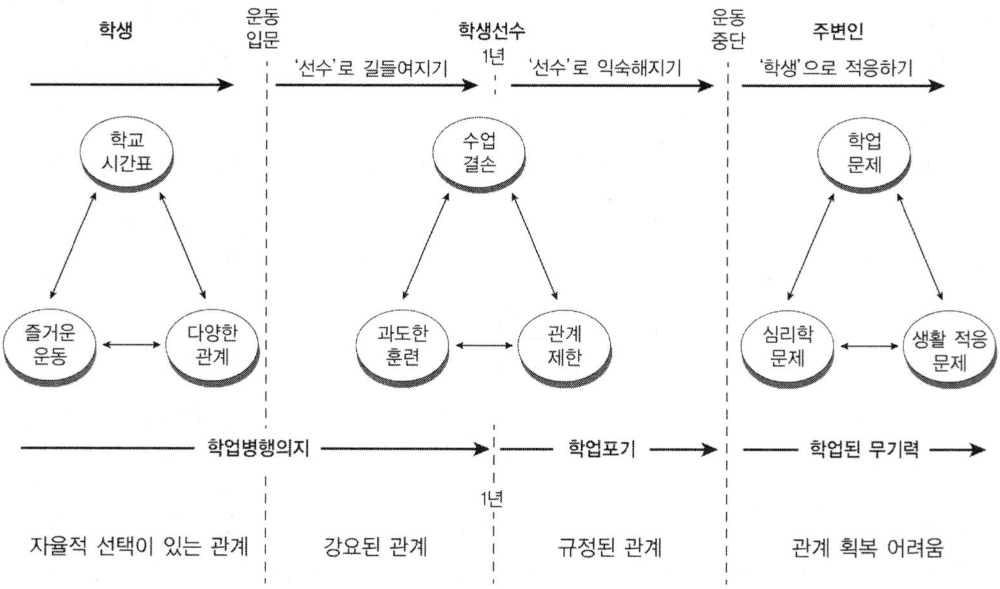

그림 5 ▸ 학생선수의 중도탈락 생애과정(국가인권위원회 2009보고서에서 재구성)

운동부 중도탈락자의 운동 생애 과정은 '학생→학생선수→중간인'의 과정으로 볼 수 있다. 운동부에 입문하면서 '선수'로 길들여지고, '선수'로 익숙해지는 과정을 거친다. 하지만 운동을 그만두면서 '학생'으로 적응하고자 하지만 쉽지 않다. 운동부 입문 전, 이들은 학교 시간표, 즐거운 운동, 다양한 관계가 존재하는 생활을 했다. 관계, 학업 등의 선택이 주체적으로 가능했다. 운동을 시작하면서, 학생선수들은 수업결손, 과도한 훈련, 운동부만의 제한된 인간관계형성을 경험한다. 이때 1년이라는 시간적 전환점을 지남에 따라, 낯선 운동부 문화는 익숙해진다. 이 시기를 기점으로 운동과 학업의 의미는 변화한다. 훈련 및 시합출전으로 인해 누적된 수업결손은 학업포기로 이어지고, 운동을 통한 상급학교 진학에 더욱 열중하는 결과로 다가온다. 부상, 지도자와의 불화, 경제적 문제, 폭력, 성폭력 등의 이유로 운동을 그만두게 되면서 이들은 다양한 어려움에 직면한다. 운동부 시절 항상 접했지만 체감하지 못했던, 운동부 밖으로 나왔을 때만 보이는 불가사의한 것이다. 이들은 운동을 그만두며 학생도 선수도 아닌 중간인, 주변인으로서 정체성에 대한 혼란과 학업에 대한 어려움을 경험한다. 다음은 운동시작 전, 운동 중, 운동을 그만 두 후 시기로 구분해 중도탈락 학생선수의 학력을 비교한 것이다[10].

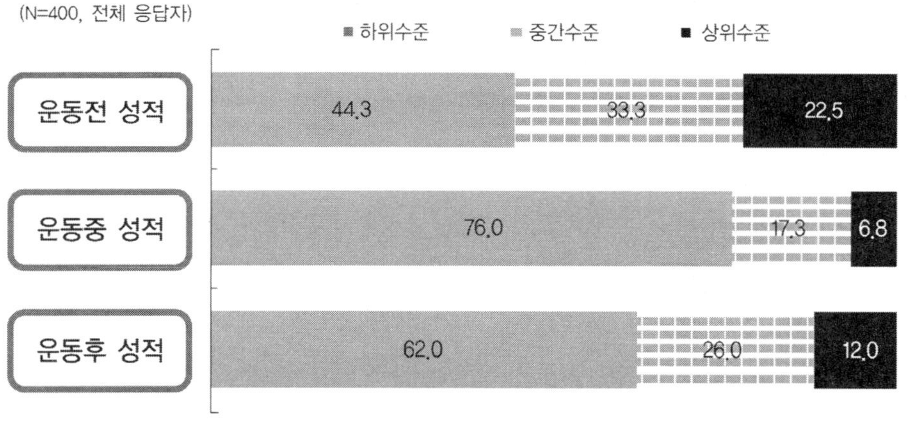

그림 6 ▸ 중도탈락 학생선수의 시기별 학업성적 비교(국가인권위원회, 2009)

10) 2009년 국가인권위원회의 '중도탈락'학생선수 인권상황 실태조사에 따르면, 운동을 시작하면서 학업성적이 급격히 떨어지며, 운동을 그만 둔 후에도 그 비율은 정상적으로 회복되지 않는 것으로 나타났다. 운동 전 성적이 상위 수준에 응답한 비율은 90명(22.5%), 중위 수준에 응답한 비율은 133명(33.3%), 하위 수준에 응답한 비율은 177명(44.3%)으로 나타났다. 운동 중 성적은 상위 수준에 응답한 비율은 27명(6.8%), 중위 수준에 응답한 비율은 69명(17.3%), 하위 수준에 응답한 비율은 304명(76%)으로 나타났다. 또한 운동을 그만둔 후 성적에서는 상위 수준에 응답한 비율은 48명(12%), 중위 수준에 응답한 비율은 104명(26%), 하위 수준에 응답한 비율은 248명(62%)으로 나타났다.

학생선수들에게 운동부 중도탈락은 학생, 선수, 개인으로서의 복합적 상실을 의미한다. 첫 번째는 학교생활을 대표하는 '학업의 상실'이며, 두 번째는 운동생활을 의미하는 '운동의 상실'이다. 마지막은 학생으로 돌아가기 위해 경험하는 상실로, 개인적인 '삶의 상실'이다(임용석 외, 2010). 대한민국서 운동부에 입문할 때는 '운동만 할 각오', '선수로서 어떤 것이던 참아야할 각오', '운동을 그만 뒀을 때 많은 문제를 개인이 감당해야할 각오'를 해야 한다.

류태호(2007)는 오직 운동만을 강요하는 운동부의 단선적 구조를 비판했다. 운동부의 단선적 구조가 있기에 운동부 중도탈락의 문제는 더 심각해진다. 이러한 운동부 구조의 문제점을 제도적, 교육적 관점으로 구분한 것은 다음 〈표 4〉와 같다.

표 4 ▸ 학생선수 육성을 보는 관점(류태호, 2007).

<table>
<tr><td colspan="4">운동이냐? 공부냐? 병행은 없고 한 길만 있다 → 이분법적 구조
오직 학교운동부를 통한 성장을 강요하는 구조 → 단 선 적 구조</td></tr>
<tr><td rowspan="6">국가적 지원</td><td>학생선수</td><td>중도포기·탈락
(부상, 문화갈등, 제도적 필터링)</td><td rowspan="6">국가 정책 부재</td></tr>
<tr><td>• 훈련중심의 학교생활 : 학습권 침해</td><td>• 학습 진입의 어려움</td></tr>
<tr><td>• 주변인으로서 학교생활</td><td>• 학교생활의 주변인</td></tr>
<tr><td>• 제로섬(Zero-sum)문화 : 승리지상주의 이데올로기</td><td>• 학습된 무기력</td></tr>
<tr><td>• 전체주의 문화 : 합숙생활과 휴가</td><td>• 소외문화 : 운동부, 가족, 동료, 학교</td></tr>
<tr><td>• 섬 문화 : 학교안의 다른 학교</td><td>• 관계적 섬 문화 : 또 다른 분리</td></tr>
<tr><td rowspan="2">사회 진출의 한계</td><td>직업선수·지도자</td><td>사회적 부적응</td><td rowspan="2">재교육 부재</td></tr>
<tr><td>• 진학, 직업의 희소성
- 새로운 경쟁의 시작
• 학생선수 생활의 연장선
- 반복되는 운동선수문화
• 또 다른 경쟁
- 스타선수에 대한 상대적 소외감
• 연합적 경쟁 구조
- 불안정한 생활</td><td>• 선택권의 부재
• 전문성 결핍으로 인한 사회진출의 한계
• 사회부적응
- 문화적 갈등
- 지적 결핍
- 정서적 이질감
• 명성에 대한 그리움</td></tr>
</table>

학교 운동부의 문제들은 학생선수들이 '운동만 해야 하는 단선적 구조'에 놓여있기에 발생한다. 고립된 섬으로 비유되는 학교 운동부 문화(류태호, 이주욱, 2004) 내에서, 훈련중심 운동부 생활은 한다. 반면 학교생활에서는 주변인이 된다. 훈련중심 생활, 수업결손 등은 운동부의 단선구조를 유지시키는 기재로 작용하고 있다. 이를 통한 경기력 향상은 '운동성공과 직업적 성공'으로 연결되지만, 직업선택의 폭을 운

동으로만 한정하는 결과가 되었다. 이와 같은 어려움을 공유하는 운동부 중도탈락자들은 제도적 사각지대에 놓여있는 현실이다.

학교 운동부에 소속된 운동선수를 '학생선수'라 한다. 이러한 측면에서 운동을 그만두면 자연스럽게 학생의 신분이 되어야한다. 이는 이들이 교육의 논리에 의해 운영되는 학교라는 공간에서 학생의 신분을 유지해왔기 때문이다. 하지만 운동을 그만둔 후 학생이 되는 길은 순탄치 않다.

월드컵, WBC(World Baseball Classic)등의 국제스포츠 이벤트는 대한민국을 하나로 뭉치게 하는 원동력으로 작용했다. 거리응원이라는 새로운 문화를 만들어냈다. 이러한 경기에 참여했던 선수들은 스포츠 스타이자 국민적 영웅으로 표현된다. 이들에게 부와 명예는 덤이다. 소수의 엘리트 운동선수를 국가주도로 압축·성장시킨 결과이다. 화려하고 거대한 1%에 꿈꾸다 사라져간 99%의 학생선수들이 있다는 것은 간과해선 안 될 것이다.

2.4 소결

1972년 '체육특기자 제도'의 도입을 기점으로 자리매김한 대한민국의 엘리트 스포츠는 국제대회에서 많은 성과를 가져왔다. 올림픽과 아시안게임에서 세계 10위권 성적을 유지하고 있는 스포츠 강국이 되었다. 하지만 엘리트 스포츠의 화려한 성과 이면에 많은 문제들이 발생하고 있다. 되짚어보면 우리나라의 학교체육은 비정상적인 발전을 거듭해왔다. 학교체육이나 생활체육과 연계되어 전문체육은 이루어져야 한다. 총체적 관점에서 체육을 나무에 비유하자면, 학교체육은 나무의 뿌리라고 볼 수 있다. 생활체육은 뿌리(학교체육)를 기반으로 나무의 몸통 및 줄기역할을 해야 한다. 뿌리의 양분과 몸체의 굳건함을 바탕으로 전문체육은 나무의 열매역할을 해야 한다. 하지만 우리 체육현실은 그렇지 않다(안민석, 2002).

학생선수의 신분은 선수 쪽에 지나치게 치우쳐 있다. 사회적, 국가적 기대 역시 동일하다. 그들의 일상은 운동을 중심으로 대부분의 것을 좌지우지된다. 운동부 공동의 목적을 이루기 위해 그들만의 독특한 운동부 문화를 형성하며 살고 있다. 개인의 삶에 대한 주체의식 없이 수동적으로 일상을 보낸다.

학교는 학업과 운동을 병행하는 학생선수들에게 최소한 두 가지 역할을 해야 한다. 첫째, 교육기관으로써 사회구성원으로 살아갈 수 있는 역량을 준비할 수 있도록 기회를 제공하는 것. 둘째, 운동선수로서 소질을 개발, 증진하여 전문 운동선수로 살아갈 수 있는 역량을 준비하도록 지원하는 것이다.

운동선수로서의 소질 개발은 충분하다. 이제 균형을 맞출 시기이다. 사회구성원으로서 삶에 필요한 역량. 스스로 통제하는 힘. 스스로 계획하고 실행하는 힘, 학생선수 스스로의 자력화(empowerment)가 필요하다. 이는 개인과 개인을 둘러싸고 있는 환경 속에서 발생하는 상호작용이기도 하다. 자신의 삶을 주체로서 살기 위해 가장 필요한 역량이다. 이는 학교 운동부의 문화적 특성과 학생선수들의 현실을 이해하려는 노력이 전제되어야 가능하다. 운동과 공부, 두 가지를 함께하기에 '특별한 관리의 대상'이란 인식. 이들을 바라보는 사회적 관점의 변화가 필요하다. 이들에게 두 역할 수행을 위한 도움은 절실하다.

인간의 모든 소통은 '작용(action)'과 '반작용(reaction)'이 거듭되는 상호작용(interaction)의 연쇄이다(조용환, 2009). 학생선수들의 현실을 '이해'한 상태에서 '소통'이 이루어질 때 학생과 선수 신분의 바람직한 공존이 비로소 가능할 것이다.

교자채신(教子採薪) 이란 말이 있다. 무슨 일이든 장기적인 안목을 갖고 근본적인 것을 우선적으로 해야 한다는 뜻이다. 장기적인 안목에서 학생선수의 미래를 고려한 도움과 교육을 기대해본다. 물고기를 잡아주는 것보다 물고기 잡는 방법을 아는 것이 더 중요하다.

:: 참고문헌

강신욱, 강미선(1999). 운동선수의 학업태만과 중도탈락에 관한 일례. 한국스포츠사회학회지, 12(1). 57-70.

곽은창, 김용규, 주병하(2011). 우리나라 중·고교 학생선수들의 학습환경 실태 분석과 제도적 개선방안. 한국스포츠교육학 회지, 18(1), 1-16.

교육인적자원부(2003). 학교체육 정책에 관한 제도개선 연구. 교육인적 지원부 교육정책연구 2003-지정-08.

국가인권위원회(2006). 학생운동선수 인권상황 실태조사: 초등학교를 중심으로. 국가인권위원회.

국가인권위원회(2008). 운동선수 인권상황 실태조사 : 중·고등학교 학생선수의 학습권, 폭력, 성폭력 실태를 중심으로. 국가인권위원회.

국가인권위원회(2009). "중도탈락" 학생선수 인권상황 실태조사. 국가인권위원회.

국가인권위원회(2010). 운동선수 인권상황 실태조사: 대학교 학생선수를 중심으로. 국가인권위원회.

김기란, 최기호(2009). 대중문화 사전: 300개의 키워드로 읽는 한국 대중문화 20년. 현실문화연구: 서울.

김동현(2011). 무엇이 그들의 학업을 포기하게 만들었나?: 대학교 체육특기자 학사관리의 문제점 및 대안. 체육과학연구, 22(3), 2155-2171.

김동현(2012). 나에게 운동은 무엇이었나?: 운동선수로서의 삶과 그 의미에 관한 내러티브 탐구. 체육과학연구, 23(2), 343-359.

김양종, 정구영(2002). 대학운동선수의 학업능력과 선수-학생 역할만족도 및 역할현저성의 관계. 한국스포츠사회학회지, 15(2), 471-482.

김재현(2006). 개인, 교육기관, 사회적 변인이 전문대생의 중도탈락의도 결정에 미치는 영향. 미간행 석사학위논문. 고려대학교 교육대학원, 서울.

김정효, 남궁영호(2009). 엘리트스포츠에 대한 문화철학적 고찰. 한국체육철학회지, 17(1), 83-100.

김현준(2006). 중도탈락한 체육특기자의 자아정체성 형성. 미간행 석사학위논문. 강원대학교 교육대학원, 강원.

류태호(2007). 학생운동선수 학습권 보장을 위한 개선방안. 국가인권위원회 학생운동선수 인권상황 실태조사 결과발표 및 정책토론회 자료집. 55-64.

류태호, 이주욱(2004). 운동선수의 학교생활과 문화. 한국체육학회지 43(4), 271-282.

손천택(2009). 체육특가자제도의 문제점 및 제도적 개선방안. 국가인권위원회, 문화체육관광부, 교육과학기술부, 제2회 스포츠인권정책포럼, 학원스포츠 정책의 인권친화적 전환방안 (pp. 15-37). 서울: 국가인권위원회, 문화체육관광부, 교육과 학기술부.

신영균(2010). 대학운동선수들의 학습권 침해 인식과 개선 방안. 한국체육학회지, 15(2), 161-177.

안민석(2002). 한국스포츠시스템 개선방안. 2002한국스포츠사회학회 정기학술대회주제발표원고.

양경화(2006). 잠재적 중도탈락학생의 적응강화를 위한 단기집단상담 프로그램 개발과 효과 연구. 미간행 석사학위논문. 전북대학교 대학원, 전라.

오지혜(2007). 4년제 지방대학 재학생의 중도탈락 원인 분석. 미간행 석사학위논문. 전주대학교 대학원, 전라.

윤태호(2012). 미생1: 아직 살아 있지 못한 자, 착수. 위즈덤하우스, 경기.

이명훈, 이근모, 이남미(2003). 중등학교 체육특기자들의 중도탈락 영향 요인 분석. 한국사회체육학회지, 19(1), 157-172.

이은송(2001). 21세기를 향한 한국 엘리트스포츠의 발전방안. 체육사학회지, 7, 49-55.

이주욱(2003). 체육특기생의 학교생활과 교육. 미간행 석사학논문, 고려학교 대학원, 서울.

이혁기, 임수원(2010). 학업과 운동을 병행하는 운동부 문화와 사회적 함의. 한국스포츠사회학회지, 24(1), 1-24.

임식, 허진석(2009). 2p3공화국 스포츠-체육 정책 연구사의 비판적 검토. 한국스포츠엔터테인먼트학회, 12(1), 105-130.

임용석(2005). 운동특기생 중도탈락 이후 사회적응과정. 미간행 석사학위논문, 고려대학교 교육대학원, 서울.

임용석(2013). 대학교학생선수의 수업일상에 관한 질적연구. 미간행 박사학위논문, 고려대학교 대학원, 서울.

임용석(2014). 학생과 선수신분의 공존과 소통을 위한 제언: '학생'과 '선수'로 살아온 나의이야기. 한국스포츠교육학회 춘계학술대회 자료집.

임용석, 김준성, 한만석(2014). 중도탈락 학생선수의 경험을 통해 바라본 학업의 의미. 한국사회체육학회지, 57, 91~104.

임용석, 류태호, 이규일(2010). 중도탈락 학생운동선수들의 상실과정. 교육인류학연구, 13(3), 37~69.

임용석, 한만석, 김준성(2014). 학생선수의 중도 탈락 경로 분석. 체육과학연구, 25(3), 450~466.

조광민(2007). 대학운동부 정상화를 위한 제언: 선수학생에서 학생선수로. 한국체육학회보, 90, 10-16.

조용환(2009). 고등학생의 학업생활과 문화 연구. 한국교육개발원.

체육과학연구원(2009). 학생선수의 진로경로연구. 체육과학연구원.

황선미(2007). 진로적응 훈련 중인 학교중도탈락 청소년의진로준비행동, 진로장애 및 진로 결정수준의 관계모형 검증. 미간행 석사학위논문. 전남대학교 대학원, 전라.

대한체육회, 2015-1-26, 선수등록현황. http://sportsg1.or.kr/stat/#textMinus

Brackenridge, C. H. (1987). Ethical problems in women's sport. Coaching Focus, eeds: National Coaching Foundation, Summer, 6, 5 7.

Fine, M. (1991). Framing dropouts: Notes on the politics of an urban public high school. Albany, NY: State University of New York Press.

Kate, S. C. (2009). Handling peer pressure. New York: Chelsea House.

한국일보 2009-9-21. 박철우 구타사건 '일파만파'.
2015-1-19
http://news.naver.com/main/read.nhn?mode=LSD&mid=sec&sid1=139&oid=038&aid=0002029531

경향신문 2007-5-29. 사건·사고'성폭행 미수' 前 女프로농구감독 구속영장 청구
2015-1-19
http://news.khan.co.kr/kh_news/khan_art_view.html?artid=200705291610351&code=940202

한국일보 2003-10-13. '감량 사망 고교생' 수사 착수
2015-1-19
http://news.naver.com/main/read.nhn?mode=LSD&mid=sec&sid1=102&oid=038&aid=0000202845

The Independent(1995-9-28). Former Olympic coach gets 17 years for sex attacks : Swimming scandal: Top trainer who led British athletes to medal success is found guilty of two rapes and series of assaults.
2015-1-23
http://www.independent.co.uk/news/former-olympic-coach-gets-17-years-for-sex-attacks-1603214.html

3

체육의 부정적 인식

‘운동해서는 먹고 살기 힘들다’는 말이 있다. 승자독식이 유난히 심한 스포츠계의 현실을 감안하면 수긍할 부분이 없는 것도 아니다. 대부분의 사람들도 동의한다. 하지만 이러한 이야기는 ‘운동만 한 사람이니까’, ‘배운 게 운동밖에 없으니까’란 전제가 있기에 가능하다. ‘전제’란 외면에 드러나 있지는 않지만 담화 안에서 당연시되는 가정을 의미하는 것으로, 어딘가에서 ‘미리 만들어진’ 요소(정재희, 2009)이기 때문이다. ‘체육’에 대한 ‘전제’는 무엇일까?

언제부터인가 한국사회에는 체육에 대한 부정적 담론[1]이 유행처럼 번지고 있다(한만석, 이지은, 류태호, 2014). 체육에 대한 부정적 담론의 전제는 체육인이 ‘지적으로 열등하고’, ‘이성적이기보다는 감정적이고’, ‘사회·경제적으로 낮은 지위’라는 인식이다. 이러한 인식에 기초한 담론은 국지적인 사건이나 태도라기보다는 사회적으로 만연해서 의식조차 할 수 없는 것이다.

‘체육에 대한 부정적 담론’을 구성하고 있는 논리는 크게 두 가지로 나누어 볼 수 있다. 첫째, 체육은 주로 신체적 행위와 관련 있기에 지적영역과는 관련이 없다는 논리이다. 둘째, 체육 문화는 이성적 판단보다 행동중심이며 폭력적 하급문화라는 것이다. 즉, 결핍과 폭력이라는 논리가 체육에 관한 부정적 담론의 중심에 자리 잡고 있다(한만석, 이지은, 류태호, 2014). 이러한 논리에 의해 형성된 체육에 대한 부정적 담론은 대중으로 하여 검증 전의 사실을 자연스럽게 받아들이게 하며, 체육인을 대상으로 하는 현상분석에 있어 개인적 변인을 ‘체육인’ 전체의 변인으로 치환하는 등 개인의 문제를 집단의 문제로 확산시킨다. 체육에 대한 부정적 인식은 이미 대중 매체에 의해 널리 확산되어 누구도 의심하거나 문제를 제기하지 않는다.

그렇다면 이러한 체육에 대한 부정적 인식은 어디에서 기인했으며, 어떤 과정을 통해 일반적인 통념으로 자리 잡게 된 것일까? 이러한 문제의식을 바탕으로 본 장에서는 비판적 담론분석(Critical Discourse Analysis)[2]의 관점에서 체육의 부정적 인식의 관계성에 대해 분석해 보고자 한다. 비판적 담론이론은 특정 사회 내의 권력과 지배 그리고 사회적 불평등을 주로 다루는데, 그 중 비판적 담론분석은 이러한 주제들을 다루는 특정 담론의 형성과 수용과정을 사회적 맥락에서 접근하는 동시에

1) 담론은 중요한 사회적 이슈에 대한 특정한 시각이나 입장을 담고 있는 발화나 진술문으로, 사회에서 형성되고 유통되는 텍스트나 발화의 집합을 지칭한다(Phillips & Jorgensen, 2002; Barker & Galasinski, 2001; 양운덕, 2003; 이기형, 2006)

2) 본 장에서 실시한 담론분석이란 언어 속에 명시된 지배, 차별, 권력과 통제의 투명하거나 불투명한 구조적 관계를 규명하는 것에 관심을 갖는 연구방법(Fairclough & Wodak, 1997)이다. ‘비판적’이라는 용어는 권력관계에 의해 은폐된 원인이나 연결 고리를 가시화 하는 것과, 이러한 현실에 대한 개입을 의미한다(Fairclough, 1992).

사회적 불평등의 대상이 되는 집단에 대한 관심과 배려를 포함하기 때문이다(이기형, 2006).

이와 같은 방식으로 '체육에 대한 담론[3]'은 체육인이라는 집단을 함축한다. 체육인 역시 특정한 담론을 주도적으로 형성 하거나 기존의 부정적 담론을 긍정적인 방향으로 변화시켜 나갈 수 있으며, 그렇게 해야 할 의무가 있다. 이는 체육에 대한 부정적 인식의 발생원인 규명이 전제될 때 가능하다. 따라서 본 장에서는 각종 미디어 분석을 통해 체육에 대한 부정적 인식 형성 원인과 과정을 규명하고, 이로 인해 파생되는 여러 가지 사회현상을 고찰하고자 한다.

---

3) 홀(Hall, S., 1997)에 따르면 담론이란 "특정한 순간, 특정한 주제에 관한 지식을 재현하는 방식으로서, 무언가에 대하여 말할 수 있도록 언어를 제공하는 일련의 진술들의 집합"을 의미하기 때문에, 같은 맥락에서 '체육'이라는 말을 매개로 하는 모든 논의와 진술의 체계는 '체육담론'이라 정의할 수 있다.

3.1 체육 담론의 성격(정치, 사회, 인권, 복지)

담론이란 단어는 '앞뒤로 움직임' 또는 '이리저리 뛰어다님'을 뜻하는 라틴어 'discurrere'에서 나왔다(강내희, 1990). 어원상 담론은 고정되지 않은 유동적인 개념이다. 미쉘푸코(Michel Foucault)는 담론은 일상적인 이야기나 논의, 체계를 갖춘 종교적 정치적 담론들부터 과학적 명제에 이르기까지 모든 언어체계를 포함하는 의미로 사용되고 있다(백선기, 2005). 이러한 관점에서 담론은 사회적·문화적 언어체계가 자리 잡히면서 발생했다고 볼 수 있다. 담론은 다양한 인과관계, 연결망, 연구분야의 특성에 따라 다양한 의미로 사용되고 있다.

담론은 일반적으로 긴 의미의 집합체를 의미하며, 발화되거나 문자화된 텍스트가 담고 있는 의미론적 요소들이 초점이 된다(Crossley, 2005; 이기형, 2006). 말이나 글이 단순히 의미를 지시하거나 재현하는 도구가 아니라, 특정한 방식으로 의미를 형성하고 우리의 생각과 행동을 특정한 방식으로 지배함을 의미한다. 말과 글을 통해 전달되는 견해나 사상 자체가 주체의 자율적 의식의 산물이라기보다는 개인의 의견이나 사상을 지배, 형성하게 하는 요인이다.

담론은 최근 10여 년간 문화연구와 문화비평의 주도 아래 인문학과 사회과학 분야에서 부상하기 시작하였다. 이에 따라 담론에 대한 논의가 활발히 이루어졌으며, 담론을 정의하는 방식은 훨씬 더 포괄적으로 이루어지고 있다. 이러한 입장에서 담론은 글이나 말로 구성된 진술을 통해 중요한 사회적 이슈에 대한 특정한 시각이나 입장을 담고 있으면서, 사회 내에서 형성되고 유통되는 크고 작은 종류의 이야기나 텍스트 혹은 발화의 집합을 지칭하기도 한다(Barker & Galasinski, 2001; Phillips & Jorgensen, 2002; 양운덕, 2003). 즉 현실에서 이루어지는 사적인 대화, 체계성이 부각되는 정부문서, 언론의 기사나 사설, 정치인이나 기업가의 공식석상에서의 발언이나 연설문, 의사나 엔지니어 같은 전문가의 진단서나 소견서와 같은 다양한 형태와 형식, 그리고 의미화와 권력 작용을 발휘하는 담론들이 존재하는 것이다(이기형, 2006).

담론은 독립적으로 존재한다기보다는 다른 언술들과 예측 가능한 형태로 결합되어 존재한다. 이는 담론이 특정한 발화와 언술에 의해 사회적으로 유통되는 과정에서 일련 규칙들의 통제를 받는 것을 의미한다. 이에 따라 언술이나 발화는 경우에 따라 사회적으로 광범위하게 전달되기도 하고 제한된 범위에서 전해되기도 한다. 푸코는 이러한 담론의 전달 공간을 규정해주는 규칙성을 드러내려는 시도를 하였다(강은영, 2009). 이러한 의미에서 담론은 복잡한 사회적 관행과 밀접한 연관성을 가지기 때문에 내적 일관성이 있는 언술의 집합체가 아니다. 일련의 관행으로 인해 어떤 담론은 계속해서 사회적으로 유통되는 반면에 그와 경쟁관계에 있는 다른 담론은 억제되거나 아예 배제되기도 한다(Mills, 1997). 이는 보이지 않는 힘의 균형유지나 중단을 위해 담론이 유통되는 과정에 개입하여 촉진시키거나 탄압하는 과정을 거치기도 하는데 이러한 과정의 규칙성을 이론화하고 규정하는 시도가 학자들에 의해 지속되고 있다.

국내에서 담론 분석의 이론적인 체계화에 지속적으로 노력한 학자인 이정우(2005)의 말을 빌리면, “하나의 담론은 하나의 사회적 집단을 함축한다. 담론의 다양성은 사회집단의 다양성을 함축하며, 또 새로운 담론들의 출현은 새로운 사회집단의 출현을 함축하는 것이다. 담론을 통해서 하나의 집단이 만들어지기도 하고, 하나의 집단이 특정한 담론을 만듦으로써 자신들의 존재를 표현하기도 한다.” 한국 사회에서도 사회적 분위기와 맞물려 다양한 담론을 통해 집단의 형성 및 의견교환이 있어왔다. 1987년 이후 담론의 시대가 다원화의 시대인 것 또한 조금도 우연이 아니다(이정우, 2005).

이처럼 담론은 주도적으로 사회제도에서 발생하여 교환되거나 받아들여진다. 이 과정을 통해 담론은 본래의 의미 외에 복잡한 관계를 형성한다. 찬반이 첨예하게 대립되는 사항이나 쟁점 등이 조직적인 움직임과 맞물려 사회에서 담론을 형성하거나 증폭시키는 과정을 거치기도 하고 현실에 영향을 미칠 수 있는 발화점으로 폭발할 소지를 내포하기도 한다.

다양한 사회세력들은 중요하고 비중 있는 사회적 문제에 대해 자신의 이해관계를 보다 공공성 있는 사안으로 포장하거나 공론을 이끌어 내기 위해서 담론을 생산하거나 유포하기도 한다. 이러한 과정은 대립되는 사안이나 지배적인 담론에 분열을 만들어 담론을 형성하는 과정 자체에서 세력싸움을 만들기도 한다. 이처럼 사회현상에서 담론은 대부분의 특정 사회적 의제나 이슈에 대한 담론을 형성하며 이는 주로 언론과 정부 혹은 지식인에 의해서 주도되는 경향이 있다.

3.1.1 스포츠와 정치

스포츠는 속성상 일시적인 사회통합에 기여하는 기능과 역할을 한다(허정민, 1998). 사회지배층은 '대중의 통합'이란 명제 아래 자신들의 정치적 목적을 위한 수단으로 스포츠를 사용기도 한다. 이는 국가 간 대립, 혹은 체제 비교 등의 수단으로 사용될 수가 있다.

이러한 맥락에서 스포츠는 정치인의 목적달성을 위한 가장 효율적 수단이며 방법이다. 스포츠를 통한 공정한 경쟁은 다양한 정치적 수단으로 대중에게 표출된다. 자국 국가대표선수는 외교관으로, 때론 무장한 군인으로 정치논리에 의해 연출된다. '최선의 노력을 통한 공정한 경쟁'이란 스포츠의 본질은 정치논리와 의미가 부여될수록 왜곡된다.

최영원(1989)은 여대생의 인식 연구를 통해 스포츠참여와 정치태도의 관계에 대하여 다음과 같은 결론 냈다. 첫째, 운동선수는 일반학생에 비해 국민 일체감, 시민의무감, 정치 효능감, 정치신뢰감, 정치참여의식 등 정치태도 전 요인에서 유의하게 높은 정치적 성향을 갖고 있다. 둘째, 운동선수는 운동경력이 짧을수록 정치효능감에서 유의하게 높은 경향을 나타냈다. 셋째, 운동선수의 참여스포츠유형에 따라 개인스포츠에 참여하는 사람은 대인 또는 단체스포츠에 참여하고 있는 사람에 비하여 국민일체감에 대한 태도에서 유의하게 높은 경향을 나타냈다. 따라서 이러한 스포츠의 특성으로 인해 사회통합에 기여할 수 있으나 정치적 의도와 결합하여 역기능을 나타낼 수도 있다.

오기애(1987)는 국제 스포츠 이벤트가 스포츠에 미치는 영향과 미디어와의 관계를 연구했다. 연구결과 '86아시안게임 결과를 평가하는 데 있어서 주목할 점은 국제적 스포츠가 단순한 스포츠발전 및 국제적 친선도모의 차원을 넘어서 정치적 의미를 내포하고 있다. 연구결과 '86아시안게임의 신문보도내용에는 정치적 성격이 강하게 나타났고, 이와 관련된 내용은 기존의 질서유지와 갈등을 표출시키지 않는 양상을 보인다. 국가에 대한 충성심과 국민간의 일치단결 및 안보의 중요성 등을 강조함으로써 정치적 신화를 제공하고 있는 것으로 나타났다.

3.1.2 스포츠와 사회

공정한 경쟁 원리 표방하는 스포츠는 대중에게 평등사회 구연을 위한 견인차 역할을 한다. 스포츠는 이를 통해 산업사회의 새로운 가치관을 확장하고 강화한다. 사회적 문제에 대한 합의와 갈등해소는 스포츠의 또 다른 기능과 역할이다. 반면, 스포츠의 상품화는 많은 역기능을 산출한다. 각 지방의 연고지를 둔 팀의 경기는 지역주의를 강화하고 그 밖의 경기는 배타성을 조장한다. 국제 스포츠 이벤트를 통한 국가 대항전은 사회에 민족주의 이데올로기를 강요한다. 이는 지나친 경쟁을 강조함으로써 비인간적 가치를 확립하고 메이저리티(majority) 혹은 적자생존의 경쟁만 강화하는 집단 가치관을 강요했다.

최근 여가 스포츠는 신체활동으로부터 소외된 현대인에게 인간으로서의 주체성과 존엄성을 회복하는 기능을 한다. 하지만 이 역시 산업화와 자본주의의 영향으로 인해 대중화, 몰 개성화, 상품화 속에서 대중을 조직하고 마취시키고 있다.

해방직후 우리나라 사회체육정책은 민주체육의 형태로 서서히 발전했지만, 6.25사변 이후 모든 정치, 사회, 경제적 여건이 악화되면서 체육전반에 관한 정책이 등한시되었다. 이후 60년대부터 체육을 국가발전의 기본바탕으로 인식했고, 체육의 최종목적은 국위선양이 되었다. 특히 선수들의 경기력향상에 중점을 둠으로써 70년대까지는 엘리트스포츠의 육성에 집중적인 지원을 하게 되었고 상대적으로 사회체육영역은 축소되었다.

그러나 6, 70년대 사회체육정책은 80년대의 확대된 사회체육기반을 제공해주었다는데 의의가 있다. 80년대 이후부터 86, 88 올림픽대회를 정점으로 국민의 관심이 사회체육에 집중되기 시작했다. 88 서울 올림픽 직후 정부에서도 사회체육발전을 한국체육의 최대과제로 인식, 한국체육의 정책을 엘리트 스포츠육성에서부터 사회체육진흥까지 확장을 시도했다. 즉 사회체육진흥을 위한 보다 강력한 정책이 제시, 운영되었다(김민경, 1993).

3.1.3 스포츠와 인권

한만석, 최정웅, 임용석(2014)은 스포츠인재육성을 위한 기능 고찰을 주제로 한 연구에서 학교의 스포츠 참여에 대한 불평등 구조를 밝혔다. 이러한 결과는 소수의 학생선수가 대부분의 학교체육시설을 독점하고, 다수의 일반학생은 스포츠에 참여하지 못하는 결과를 낳았다. 이는 '학생은 공부', '학생선수는 운동'만 주로 해야 한다는 담론 형성에서 기인한다. 학생은 공부로, 학생선수는 운동으로 상급학교에 진학할 수 있기 때문이다.

1970년 '학교체육교육 강화방안'이 발표되면서 이러한 담론은 가시화되었다. 이 시기에 학교에서 운동부를 집중적으로 육성하기 시작했다. 1972년 제정된 '체육특기생제도'는 '학생=공부', '학생선수=운동'이란 담론을 강화했다. 이 제도는 운동부를 통해 육성된 학생선수들이 학업성적과 상관없이 운동실적만으로 상급학교 진학을 보장하는 제도이다. 이전까지만 해도 운동재능만으로 상급학교 진학이 어려운 학생선수가 적지 않던 시절이다. 체육특기생제도의 도입 취지는 스포츠에 소질이 있는 학생이 학업 정진과 스포츠 재능 증진을 병행하도록 스포츠 영재교육의 차원에 도입되었지만 결과적으로 공부와 운동 중 하나만을 선택해야하는 학교체육의 이분법적 구조를 강화시키는 결과를 가져왔다.

이러한 구조형성을 통해 등장한 엘리트스포츠는 국가의 존재를 구체적으로 과시하고, 남·북한 체제경쟁의 수단으로 작용했다. 특히 1978년 레슬링의 양정모선수가 몬트리올 올림픽에서 획득한 첫 금메달은 제 3공화국 스포츠 정책의 가시적 성과로 평가된다. 한국 엘리트체육의 초석은 당시 스포츠 정책의 최종적인 결실이었다(임식, 허진석, 2009). 국제대회 메달리스트들은 체육연금, 병역해택 등의 보상을 받았고 이는 현재까지 유지되고 있다. 즉 운동만 잘하면 명예, 돈, 상급학교 진학을 담보하는 구조를 유지하고 있다.

1980년대엔 86 아시안 게임과 88 올림픽을 유치하며 대회의 성공적인 개최를 위해 엘리트선수를 위한 혜택을 추가했다. 군 입대로 인한 엘리트선수의 경기력저하를 방지하기 위해 1984년 1월 4일에 국군체육부대를 창설했다. 1982년 프로야구, 1983년 프로축구 출범은 엘리트스포츠의 구조를 더욱 강화했다.

1990년에는 전국대회 4강에 입상해야 상급학교로 진학할 자격을 획득 할 수 있는 체육특기생제도를 개편해 대학에 선수선발의 전권을 부여했다. 이는 엘리트스포츠의 전문성 측면에서 운동부 감독이 선수선발에 대한 전권을 가지는 계기가 되었고, 선수의 입시와 관련된 많은 비리가 발생했다.

2000년에는 체육특기생의 '체육 동일계 진학 조치'가 발표되었다. 이는 학생선수의 학업정상화를 목적으로 시행되었지만 결과적으로 학생선수들의 학업선택권을 원천적으로 봉쇄하는 정책이 되었다.

1970년대 이후 체육특기생제도를 통해 '선수는 운동만'해야 하는 구조는 점진적으로 강화되고 지속되었다. 이와 함께 학교운동부, 학생선수와 관련된 폭력, 성폭력, 학습권에 대한 문제는 지속적인 사회문제로 대두되지만 사회적인 인식의 변화는 쉽지 않았다.

2000년 한 중학생 여자 수영선수의 학습권 및 운동참여권 박탈 사례를 통해 학생선수의 인권의 문제가 사회적으로 큰 파장을 일으켰다. 당시 중학교 2학년이던 장희진선수는 학업병행을 위해 태릉선수촌에서의 합숙을 고사했다. 개인 훈련 계획서를 제출하며 촌외 훈련을 요구했지만 대한수영연맹은 도움대신 대표선수자격을 박탈했다. 2003년 8명이 숨지고 16명이 부상을 입은 천안초등학교 화재사건은 장희진 사건과 함께 학생선수들의 인권차별에 대한 사회적 문제의식 형성의 시발점이었다.

2007년 방영된 KBS 시사기획 쌈 '스포츠와 성폭력에 관한 인권보고서'는 폭력, 성폭력이 일상화되어있는 엘리트스포츠의 병폐를 집중 조명했다. 이를 계기로 국가인권위원회(이하 인권위)에서는 2006년부터 2007년까지 대대적인 학생선수인권상황 실태조사[4]를 실시했다. 인권위는 이를 기반으로 2011년 스포츠 헌장, 스포츠 폭력 예방, 스포츠 성폭력 예방, 학습권 보호 등 4개 부분으로 구성된 '스포츠 인권 가이드라인'을 발표했다. 2013년에는 '학교체육진흥법안'이 시행되면서 학생과 학생선수의 스포츠 참여와 인권보호를 위한 법적근거가 제정되었다.

3.1.4 스포츠와 복지

한 시대의 지배담론은 사회적 맥락 속에서 사회적 기능을 주장하는 권력의 주체에 의해서 형성된다(심규성, 2012). 앞서 논의한 한국 스포츠의 정치적, 사회적, 인권적 기능담론 형성에서도 알 수 있듯 1990년 이전의 한국 스포츠는 사회적 맥락 속에서 권력의 지배담론을 강화하기 위한 수단과 역할로서 기능을 했다. 그러나 1990년 이후 형성된 여가중심담론은 그 이전 담론들과 형성된 과정과 성격이 다르다. 즉, 현대사회의 사회적, 문화적 문제를 해소하기 위한 목적으로 국가의 체제 안정 및 국민의 삶의 질 개선을 위한 형태의 담론이 확산되었다.

20세기의 스포츠가 국가발전의 원동력과 국위선양의 수단으로 발달되었다면 21세기의 스포츠는 국가보단 개인차원에서 건강하고 행복한 삶을 위한 도구이다. 여가활동의 핵심적인 도구인 스포츠는 국민에게 생활의 만족과 풍요로움을 제공함으로써 개인의 삶을 질적으로 향상시키는 복지적 수단으로 작용했다. 이는 스포츠가 사회적

4) 국가인권위원회는 2006년부터 2010년까지 2007년을 제외한 총 4권의 학생선수 인권상황실태조사를 실시했다. "2006년 초등학교 학생선수 인권상황 실태조사, 2008년 중·고교학생선수 인권상황 실태 (학습권폭력, 성폭력 실태를 중심으로), 2009년 "중도탈락" 학생선수 인권상황 실태, 2010년 운동선수 인권상황 실태조사(대학교 학생선수를 중심으로)"

으로 복지 기능을 하는 국민의 요구가 반영되었다. 이는 스포츠복지의 개념 형성의 계기를 마련했다.

이러한 이유에서 현재의 스포츠는 국민들의 의식, 경제적 발전, 자발적 참여 분위기 그리고 글로벌한 사회 분위기 속에서 형성된 다양한 정보들을 통해 국민들의 에피스테메(episteme)를 미리 예측하고, 그러한 예측은 결국, 스포츠복지라는 개념이 형성되게 된 계기를 마련하였다고 할 수 있다. 스포츠복지의 개념은 이러한 사회적 맥락 속에서 형성되었다. 스포츠복지개념이 형성된 배경은 오늘날 국민들이 추구하는 삶의 질을 개선하기 위해 사회적 노력의 산물이기도 하다.

스포츠복지라는 개념이 등장하고 자리매김을 하고 있지만, 사회적으로 합의가 이루어진 못하고 있다. 그렇다고 스포츠복지에 대한 개념이 전혀 없는 것은 아니다. 국가, 스포츠, 복지, 언론분야에 상관없이 스포츠복지의 목적이 궁극적으로 인간다운 삶의 실현이고, 건강하고 행복한 삶을 누릴 수 있도록 하는 역할을 한다고 보고 있다. 하지만 취약계층을 중심으로 접근하는 좁은 의미의 스포츠복지와 일반대중을 상대로 접근하는 넓은 의미의 스포츠복지로 그 개념이 혼재된 양상을 보이고 있다. 이러한 스포츠복지를 보는 견해들과 사회적 분위기들을 바탕으로 스포츠복지의 개념을 다음과 같이 해석할 수 있을 것이다. 스포츠복지란 스포츠 소외계층과 일반국민들이 스포츠를 통해 건강하고 행복한 삶의 영위를 위한 자발적이고 일상적인 스포츠 활동을 권장·육성하는 복지적 활동들이다.

3.2 체육 담론

> 어떤 사회에서든 담론의 생산을 통제하고, 선별하고, 조직화하고 나아가 재분배하는 일련의 과정들이 존재한다(Foucault, 이정우 역, 1998, p.13).

푸코는 특정한 시대를 지배하는 인식의 무의식적 체계, 혹은 특정한 방식으로 사물들에 질서를 부여하는 무의식적인 기초를 에피스테메라 칭했다. 이는 한 사회에 널리 퍼져있는 대상이나 현상에 관한 인식들을 뜻하는 것이다. 본 절에서는 이러한 관점을 기반으로 체육에 관한 다양한 영역에서 에피스테메를 살펴보고 인식 형성의 원인과 그 결과로 나타나는 인식의 구조를 파악하고자 한다. 또한 이를 위해 페어클로(Fairclough)가 제시한 비판적 담론 분석의 개념을 적극적으로 차용할 것이다.

'체육이 무엇이냐'는 질문에 대부분의 사람들은 명료하게 대답하지 못한다. 체육은 한 마디로 정의내리기 어려운 다양한 명암(明暗)을 지니고 있기 때문이다. 본 연구자는 수많은 긍정과 부정을 반복하며 발전하는 사회적 구성물인 체육과 그에 대한 인식의 구조를 규명하고자 하였으며, 이를 위해 우리 사회에서 다양한 모습으로 존재하는 체육이 갖는 개념적 의미를 탐색하였다.

그러나 사회의 전 영역에 걸쳐 모든 체육담론을 분석하기에는 물리적 한계가 있으므로 학교교육, 학원스포츠, 스포츠 조직, 계층·계급, 일탈행위, 젠더논리의 6가지 분야를 영역으로 한정하였다. 이는 스포츠를 사회적 시각에서 설명하고자 할 때 주로 다루는 영역(이창섭, 남상우, 2010)이기 때문에 담론화 과정이 가장 활발하게 진행될 것으로 판단하였기 때문이다.

자료는 온라인 포털, 신문사 및 방송사의 공식 웹사이트를 통해 6개 담론 영역에 걸쳐 192개의 신문기사를 수집했다. 이를 대상으로 기사의 반복성, 대표성, 신뢰성을 검토하여 내부 기준에 부합하는 기사 95개를 추려 원자료로 사용하였다. 단, 최근 기사 및 조회수가 높은 기사가 중점적으로 노출되는 검색엔진 알고리즘의 특성상 2010년 이후 기사의 비중이 높다는 사실을 밝혀둔다.

페어클로(1995)는 담론 분석의 틀을 담론의 세 가지 차원에 맞추어 제시하고 있다. 그의 분석틀에 따르면, 담론 분석은 텍스트 분석 즉 텍스트가 갖는 성격을 묘사하는 것과, 과정 분석 즉 담론 실천과 텍스트 간의 관계를 해석하는 것, 그리고 사회적 분석 즉 담론 실천과 사회 문화적 실천 간의 관계에 대해 설명하는 것으로 이루어진다.

텍스트 분석에서 텍스트는 구어와 문어를 가리키기 때문에 본 연구에서 지칭하는 텍스트는 문어 곧 신문기사를 가리킨다. 그러나 현대 신문에서 언어는 사진, 지도, 도식 등과 함께 사용될 뿐 아니라 지면의 레이아웃과 관련한 시각적 효과 역시 중요해지고 있기 때문에, 신문기사는 언어적 텍스트인 동시에 시각적 텍스트라고 할 수 있다. 따라서 텍스트 분석은 사진을 비롯한 시각적 자료의 이미지, 지면의 레이아웃에 대한 분석 등을 포함하는 다기호적(multisemiotic) 분석일 필요가 있다(Fairclough, 1995). 이러한 다기호적 분석을 수행하기 위해서는 서로 다른 기호적 방식들의 성격, 이들이 의미를 만드는 상호작용 과정과 미학에 대한 심도 깊은 연구가 동시에 이루어져야 하지만 이는 본 연구의 범위를 넘어서는 것이라 판단된다. 따라서 본 연구에서는 시각적 이미지의 기호적 측면보다 텍스트의 언어적 측면에 초점을 맞춰 분석을 진행할 것이다.

과정 분석은 텍스트와 사회적 실천을 중재하는 역할을 한다. 이러한 과정분석은 크게 사회·제도적 측면과 관련된 것과 상호텍스트적 분석으로 나눌 수 있지만, 본 연구자는 과정 분석에 있어 텍스트의 생산, 분배 및 소비와 관련된 사회·제도적 측면의 분석은 시도하지 않을 것이다. 이러한 분석은 텍스트의 상호작용적 측면 즉, 대중이 텍스트의 해석을 위해 어떠한 문화적 자원에 의존하는가에 초점을 맞추는 본 연구의 관심과 직접적인 연관을 갖는다고 보기 어렵기 때문이다.

사회적 분석은 하나의 '담론적 사건'을 헤게모니와 이데올로기의 관점에서 바라보고 해석하는 것을 의미한다. 언어의 미시적 분석 자료로부터(텍스트 분석) 담론의 흐름을 거쳐(과정 분석), 사회적 실천(사회적 분석)으로서의 담론 효과를 보여줄 수 있는 비판적 담론 분석의 마지막 단계라고 할 수 있는 사회적 분석은 사회 및 조직의 상이한 수준 즉, 상황의 맥락, 제도의 맥락, 광범위한 사회적 맥락에서 수행된다(Fairclough, 1992).

본 연구에서는 여러 가지 제한점에도 불구하고[5] 광범위한 사회적 맥락에서 사회

---

5) 사회 문화적 실천의 분석에서는 맥락이 어느 정도까지 담론적 실천에 관련되는가를 결정하는 것 즉 담론의 사회적 효과와 관련한 난점이 있다. 즉, 담론의 사회적 효과가 무엇인지를 상세히

적 분석을 수행하고자 한다. 페어클로가 지적한 바 있듯 광범위한 사회 문화적 맥락은 매우 중요한 방식으로 담론적 실천을 형성하는 동시에 그 자체가 담론적 실천에 의해 누적적으로 형성되기 때문이다. 또한 엄밀한 수용자조사를 수반하지 않는 연구라 해도 잠재적인 이념적 효과와 관련한 문제는 언제든 제기할 가치가 있고, 제기되어야 하기 때문이다(Fairclough, 1995).

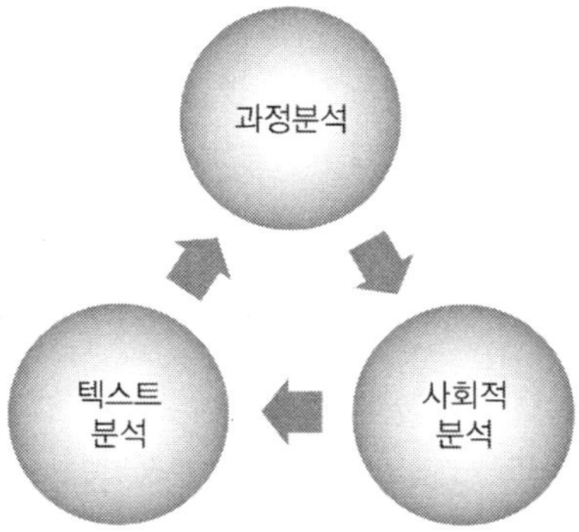

그림 1 ▸ 비판적 담론분석의 구성 요소와 순환적 분석과정

분석은 텍스트 분석, 과정 분석 그리고 사회적 분석의 순서로 진행하였다. 먼저, 텍스트 분석을 통해 체육에 대한 부정적 인식이 어떻게 의미화 되는지 구체적으로 살펴본 후 과정분석을 통해 구체적인 텍스트가 어떻게 담론화 되고 어떠한 맥락에서 사회적 실천과 이어지는지 파악하였다. 마지막으로 사회적 분석을 통해 이러한 인식이 광범위한 사회 문화적 맥락 속에서 어떻게 논의되는지 살펴보았다. 물론 실제 분석은 다른 질적 연구와 마찬가지로 앞서 언급한 세 차원의 단계가 순환적으로 이루어졌다.

다만 본 연구자는 비판적 담론분석이 단일한 방법론을 특정하지 않는 하나의 패러다임(Fairclough & Wodak, 1997)이라는 견해와 텍스트를 해석하는데 절대적인 법칙이란 존재하지 않는다(황인숙, 2010)는 견해를 받아들여, 비판적 담론 분석의 과정에 귀납적 범주분석의 개념을 적극적으로 차용하여 담론의 범주를 나누고 그 구조를 밝히고자 한다. 이는 첫째, 본 연구의 시작점은 '체육에 대한 대중의 부정적 인

알기 위해서는 사람들이 그 기사를 읽는지, 어떻게 읽는지에 대한 수용자조사를 할 필요가 있다. 수용자조사가 엄밀히 이루어지지 않은 상황에서는 이념적 효과를 담론선택의 필연적인 결과로 가정하기 어렵다. 이 같은 어려움으로 인해 많은 분석가들은 보다 직접적인 상황의 맥락에 초점을 맞추면서 제도적 맥락의 일부 요소들을 참조하는 정도에 그치고 광범위한 사회 문화적 맥락에 대해서는 거의 언급하지 않는 경향이 있다(정재희, 2009)

식은 어떻게 형성되었는가?'라는 질문이었다. 하지만 전통적인 비판적 담론 분석 기법으로는 부정적 인식을 유발하는 개별 사례를 구조화하는데 한계가 있어, 귀납적 사례들을 범주화하여 체육담론의 구조를 규명하는 작업이 선행되어야 했기 때문이다. 둘째, 이는 또한 체육에 대한 부정적 인식을 추적하는데 있어 각 담론 영역별 '담론적 사건'을 규정하는 일이 현실적으로 불가능하기 때문에, 체육담론을 구조화하여 '담론적 사건'에 준하는 '하위담론'을 도출할 필요가 있었기 때문이다.

따라서 이번 장에서는 체육담론이 의심 없이 주고받을 만큼 정확한 것인지 묻고 답하고자 한다. 이를 위해 우선, 수집한 신문기사가 텍스트 내에서 어떤 의미를 가지는지 텍스트 분석을 통해 파악하였다. 이후 과정분석 기법 중 하나인 상호텍스트적 분석을 통해 대중이 이러한 텍스트를 생산하고 소비할 때 어떤 문화적 자원에 의존하는지 규명하였으며, 이 과정에서 각각의 담론을 구성하는 '인식'을 기준으로 담론적 실천을 도출하였다. 또한 하나의 기사가 전체담론을 대표할 수 없다는 한계를 극복하기 위해 다각도 분석방법 중 동료 간 검토와 전문가 조언을 사용하여 기사군(群)의 신뢰성과 타당성을 확보 하였다.[6]

3.2.1 학교 교육 담론

표 1 ▸ 학교교육 영역에서의 기사

목차	연도	기사제목	출처
1	2014	'마마도' 이태곤 군대조교 포스로 초등학교 체육수업	뉴스엔미디어
2	2014	체육 교과서 정말 필요 합니까	중앙일보
3	2013	체육수업이 '건강한 마음' 만든다	헤럴드경제
4	2013	체육 시간을 '즐거운 시간' 으로 만들 방법도 함께 고민해야	조선일보
5	2013	집중이수제 탓에 교육 현장서 예체능 홀대	연합뉴스
6	2013	학생 인성 다듬기, 학교체육에 답 있다	중앙일보
7	2013	학교에서는 못 해요	KBS
8	2013	조기유학생도 방학특강	KBS
9	2013	학교체육 이렇게 바꾸자!	KBS
10	2013	〈독일〉 체육도 수능 주요 선택과목	한국교육신문

6) 온라인을 통해 6개 담론 영역에 걸쳐 192개의 신문기사를 수집하였으며, 이를 대상으로 기사의 반복성, 대표성, 신뢰성을 검토하여 내부 기준에 부합하는 기사 95개를 추려 원자료로 사용하였다.

11	2013	푸코의 렌즈로 비춰 본 싱가포르의 초등체육	교수신문
12	2013	학교 체육, 시간 늘어난 만큼 재미도 주길	중앙일보
13	2013	유영환강남교육장 "강남아이들, 운동은 못할 것 같죠?"	조선일보
14	2012	방과 후 예체능 교육, 효과는 글쎄…	뉴시스
15	2012	집중이수제 개선안이 아니라 전면 재검토해야	국제신문
16	2011	고등학교 체육시간은 왜 붕괴 되었는가	경향신문
17	2011	체육수업은 아이들을 통제하는 수단이 아니다!	스포츠동지
18	2008	영어 땜에 체육교사인 내가 짤린다구?	세계일보

대부분의 학부모는 학창시절 체육수업에 대한 기억이 그다지 좋지 않다. 체육이라면 '시간 때우고 노는 과목으로 여긴다'라고 기술하고 있으며 '또한 부모와 교사가 예체능 활동에 부정적인 시각을 보내는 것도 불만 이었다'라는 초·중·고생들의 입장을 전하고 있었다. 이는 모두 부모세대가 체육에 대해 갖고 있는 부정적 인식을 잘 설명하고 있다.

〈표 1〉의 1번 기사 역시 출연자가 체육수업의 근간이 억압, 통제, 규율로 상징되는 군대문화와 동일하다고 인식함으로써 일어난 해프닝을 전하고 있다. 이러한 부정적 인식은 출연자 개인에 국한된 문제가 아님을 시사한다. 이렇듯 과거 체육수업에 대한 경험이 체육 수업을 규정하는 인식으로 이어져 그것이 한 개인의 평생에 영향을 준다는 측면에서 볼 때, 부모세대가 체육에 대해 갖는 부정적 인식은 심도 있게 논의할 필요가 있다. 그렇다면 학생들은 체육교과를 어떻게 인식하고 있을까?

8번 기사는 최근까지 고등학교 체육시간이 제대로 운영되지 않고 있었다는 사실을 밝히고 있으며, 체육수업의 평가방법에 대해 문제점을 제기하고 있다. 9번 기사 역시 체육 시간에 줄넘기, 매트 운동, 달리기 등 평가하기 쉬운 종목을 집중적으로 배우며 축구, 농구 등 복합적 능력이 요구되는 종목을 다루더라도 평가 항목은 슛 넣기, 패스 정확도 등 단순한 기능을 측정하는 경우가 많았다고 하여 오로지 평가 자체와 그 편의성을 위해 체육교과가 구성되는 현실을 전달한다.

이렇듯 학생들이 학교 체육에서 흥미를 느끼지 못하는 이유는 틀에 박힌 수업과 일률적인 평가체계, 그리고 부실한 시설 등에서 그 이유를 찾을 수 있는데, 결국 학생 개인의 문제가 아닌 구조적인 문제 때문에 체육수업에 대한 부정적인 인식이 커져가고 있음을 알 수 있다. 16번 기사 역시 이와 동일한 시각으로 학교교육 담론을 바라보고 있다.

학교마다 학년마다 차이는 있지만, 고등학생들의 평균적인 체육 시간은 일주일에

2시간 남짓이다. 그나마도 체육활동을 하기보다 책을 들고 나와 자습을 하거나, 친구들끼리 부족한 수다를 떠는 학생들이 많다. (중략) 학생들이 체육 시간에 참여하지 않는 이유는 체육 활동 자체의 어려움, 체육 시간의 부족으로 인한 연습 부족으로 흥미 저하, 체육시간의 입시화로 인한, 스트레스, 체육 담당 교사의 관리 부재 등으로 압축할 수 있다. 즉, 체육 시간에 참여하지 않는 이유가 학생 개개인의 문제를 넘어서, 잘못된 교육 전반적인 구조에서 비롯되었다는 점이다.

오랜 시간에 걸쳐 여러 가지 비정상적인 '현상'이 굳어진 것을 '구조'라고 봤을 때, '현상'의 개선에 대한 사회적 공감대와 담론이 충분히 형성되지 않아 '구조'가 더욱 공고해 질 수 있었다고는 볼 수 있다. 학교교육 담론을 구성하는 또 하나의 요인은 정부의 입장을 대변한다고 볼 수 있는 스포츠 정책기구의 인식이다.

한 학기에 특정 과목을 몰아서 수업하는 '집중이수제' 탓에 예체능 교육이 홀대받고 있다는 주장이 나왔다. (중략) 김정훈(가명) 체육교사는 "체육수업과 스포츠 활동 시수 확대가 중학교에 한정돼 고등학교에서는 파행적인 체육수업이 빈번하게 발생한다"고 지적했다.

그렇다면 왜 이런 일이 벌어진 것일까? 11번 기사는 이에 대해 '우리 사회에서 학교체육은 체육을 잘 알고 잘 행하는 사람들에 의해 지켜지는 영역이 아니라, 체육을 잘 알지 못하고 잘 행하지 않는 사람들에 의해 지켜지는 영역이었기 때문이다'라며 전문성이 부족한 인력들로 채워진 스포츠 정책결정기구를 비판한다. 여기서 한 가지 짚고 넘어가야 할 부분은 정부가 체육교육 부문 인사를 결정함에 있어 전문성을 중요한 임명 기준으로 따지지 않았다는 것인데, 체육교육은 정책결정에 있어 전문성이 없거나 다소 떨어지더라도 문제가 없는 분야라는 정부의 편견을 알 수 있는 대목이다. 물론 위 12번 기사처럼 최근 체육활성화 대책을 통해 체육교육을 정상화 하려는 시도가 있다는 점은 긍정적으로 평가할만하다. 또한 6번 기사가 지적하듯 인성교육이 체육교육의 주요한 목적 중 하나라는 사실 역시 주목할 필요가 있다. 기사는 과거 체육을 도외시하고 지식만 주입하는 교육 때문에 우리 사회가 황폐해지고 원칙과 기준이 허물어지고 있으며 이러한 원인으로 '도덕 불감증과 나눔과 배려의 정신이 사라지는 건 지(知)·덕(德)·체(體)가 조화를 이루지 못한 교육 시스템 때문'이라고 분석했다.

학교교육 담론을 구성하는 마지막 요소는 초등학교 교사 및 중고등학교 체육교사의 인식이다. 17번 기사는 초등학교 교사들이 타 수업 시간에 떠들면 다음 체육 시간에는 자습을 시키겠다며 체육수업을 아이들의 통제 수단이자 상, 벌로 활용하는 초등학교 교사들을 비판한다.

하지만 다음 13번 기사를 통해 학교교육에서 체육교육의 비중이 늘어나고, 사회적 기대 역시 높아지고 있음을 확인할 수 있었다. 이는 사회적 문제로 대두되고 있는 학생들의 비만, 학교폭력, 생활 및 인성지도, 좌식 여가활동 등을 해결하기 위한 유력한 대안으로써 체육을 바라보고 있는 시대적 상황과 무관하지 않다(류태호, 양진예, 정연학, 한만석, 2013; 류태호, 한만석, 이지은, 2014; 한만석, 김매이, 2013). 즉, 교육적 관점에서 체육의 위상이 높아지고 있다는 것이며, 체육에 대한 사회적 기대 역시 신체발달에 국한되었던 과거와는 달리 보다 폭 넓은 관점에서 받아들여지고 있다는 것이다.

유 교육장은 "그동안 예체능 교육이 학교에서 홀대받아왔어요. 요즘 학교체육에선 바람직한 흐름이 이어지고 있습니다. 우리끼린 '체육선생님들이 빛 보는 시대가 왔다'고 농담을 합니다"라며 웃었다.

학교교육 영역에서는 체육이 구성 주체인 학부모, 학생, 교사 및 정부의 인식을 중심으로 논의되고 있었다. 학부모 세대에 일반적인 '체육은 노는 교과'라는 인식은 차츰 변화하고 있었으며, 학생은 개인적인 이유가 아닌 정책 구조적인 이유로 체육수업으로부터 소외되고 있음을 알 수 있었다. 체육교사가 스스로 느끼는 무기력함은 체육의 역할과 비중이 커지는 현 시점에서 점차 긍정적인 방향으로 변화할 것임을 예상할 수 있었고, 정부 역시 체육교육의 중요성을 인식하기 시작하는 등 많은 면에서 긍정적인 변화의 과정이 진행되고 있었다.

3.2.2 학원스포츠 담론

표 2 ▸ 학원스포츠 영역에서의 기사

목차	연도	기사제목	출처
1	2014	'운동선수야, 군인이야?' 군대문화 악습 못 끊는 체육계	머니투데이
2	2013	야구 특기생 부정입학 비리의 구조적 원인은	OSEN
3	2013	대학 축구감독의 "새 車 좋네" 한마디에… 고교 감독 "형님이 타세요" 키 건넨 뒤 체육특기생 부모가 車할부금 내게 해	조선닷컴
4	2013	한국 스포츠의 근간 대학스포츠 '존폐 위기'	SBS뉴스
5	2013	위기의 대학스포츠 살릴 대안은	SBS뉴스

6	2013	체육인이 무식하다는 말은 옛말… 글로벌 인재로 거듭	MOOKAS
7	2012	체육계는 여전히 '폭력 중독'	프레시안
8	2011	승부조작, 원인은 '합숙' 문화에 있다	헤럴드 경제
9	2011	'글러브' 와 한국의 스포츠 지도자	동아일보
10	2011	성적? 걱정 마세요… 우린 공부하는 축구 선수예요	국민일보
11	2009	'체벌 악순환' 고리를 끊자	한겨레
12	2009	외계인 만드는 학원스포츠	한겨레
13	2005	아이들 안 때리고 수업도 꼭 참가 시키죠	한겨레
14	2000	체육특기자는 운동기계라는 인식 깨려면	동아일보

14번 기사는 대학 입학과 관련, 체육특기자에 대한 일반인의 시각을 어학특기자 우대와 비교하여 분석하고 그 차이점이 어디에서 기인했는지 밝힌다.

국제화시대이니 만큼 어학특기자의 우대는 대체로 '그럴 수 있겠다'고 받아들여진다. 그렇다면 체육특기자에 대한 일반의 시각도 마찬가지일까. 안타깝게도 그렇지 않은 것 같다. 같은 특기자인데 왜 운동선수에 대한 인식은 부정적일까. (중략) 나는 그것이 수학능력에 대한 불신에서 비롯된다고 믿는다.

즉, 많은 이유가 있겠지만 대중이 체육특기자에 대해 갖는 의구심 중 가장 큰 비중을 차지하는 부분이 바로 학업을 따라갈 수 있는 능력인 수학능력이라는 것이다. 이와 관련하여 6번 기사에서는 이러한 현상을 과거형으로 기술하고 있지만, 아래 12번 기사가 취하는 태도처럼 현재진행형이라는 입장도 있다.

현재 대한체육회에 등록된 초·중·고교 및 대학교 학생 선수는 10만 여명이다. 전체 학생 1%가량에 해당한다. 이들 등록 선수는 학생 신분이면서도 대부분 학습 기회를 박탈당한 채 방치돼 있다. 더욱 염려스러운 것은 학생 선수들이 학습에 대한 무력감을 스스로 내재화시키고 있다는 것이다. 또한 다른 학생들에게 내신을 깔아주는 운동기계로 전락하고 있다.

또한 10번 기사처럼 학업과 운동을 병행하는 최근의 흐름을 보도하며 '최근까지 초·중·고교생들이 축구나 야구 등 학교 운동부에 들어간다면 대부분 학부모·시민들의 반응은 "운동을 하면 공부를 못한다. 공부 못하면 운동해야한다"는 생각에 운동부 가입에 부정적'이었지만 이러한 인식이 나아지고 있다고 보도하는 경우도 있었다. 반면 일반학생과 비교했을 때 학생선수들의 학업능력이 떨어진다는 판단이 일반인 뿐 아니라 교사들에게서도 만연해 있음을 밝힌 아래 13번 기사는 학생선수의 수학능력에 대한 부정적 인식의 형성과 유포에 있어 교사들조차 자유롭지 못하다는 사실을 알 수 있게 한다. 선수들을 수업에 꼬박 참여시키자 처음에는 "없는 게 낫다" "수업 안 된다"는 선생님들의 말에 속이 상했다.

이렇듯 학생선수의 수학능력에 대한 부정적 인식 외에 지도자에 대한 부정적 인식도 짚고 넘어갈 필요가 있다. 이와 관련하여 9번 기사는 지도자들이 어떻게 가르쳐야 할지를 모르다 보니 때려서라도 훈련시키려는 잘못된 행동이 나오기도' 하며, '유독 국내에서 선수 구타 사건이 많이 발생하는 것도 결국 지도자 문제'라고 기술하여 지도자 교육의 중요성을 강조한다. 또한 11번 기사의 저자는 운동선수 출신 교수로 과거 학원스포츠를 지배했던 가치관이 '폭력'이었음을 회고하지만 이러한 폭력에 대해 '팀을 운영하는 학교나 기업의 입장에서도 구타를 모르는 채 눈감아 주었다'는 점을 밝혀 효율에 쫓겨 불합리를 용인해왔던 사회적 배경 역시 동시에 고려하는 등 균형 잡힌 시각을 보이고 있다. 아래 7번 기사는 지도자의 교육 정도 및 사회적 배경과 더불어 체육계 인사들의 전근대적 인식을 주요한 원인으로 꼽는다.

이와 같은 문제가 개선되지 않는 이유는 체육계 관계자들의 전근대적인 인식이 좀처럼 개선되지 않는 점도 영향을 미치는 것으로 풀이된다. 지난 2010년 서울대에서 체육 선수와 지도자, 학부모를 대상으로 조사한 선수 폭력 실태조사 결과를 보면, 지도자의 29.9%, 학부모의 27.6%가 "구타가 필요하다"고 답했다.

물론 지도자의 1/3 가량이 구타의 필요성을 인정했다는 점에서 필자가 주장하는 '전근대성'이 부분적으로 설명될 수 있다고 해도, 학부모 역시 근소한 차이로 체벌을 인정하고 있다는 사실은 눈여겨 볼 필요가 있다. 즉, 학부모들 역시 일정 부분 체벌을 긍정하는 현 상황에서 선수 구타 문제의 책임을 모두 체육계 관계자들에게 전가하는 것은 무리가 있는 것으로 보인다는 것이다.

학원스포츠 담론을 구성하는 또 다른 요인은 운동선수 및 체육단체 비리의 원인으로 지목 받는 특유의 폐쇄적 문화에 대한 인식이다. 그렇다면 이러한 특정한 관계는 어떤 절차를 통해 형성되는 것일까? 1번 기사는 체육계의 군기문화라는 논지를 통해, 8번 기사는 합숙문화의 분석을 통해 그에 대한 대답을 제시하고 있다.

전문가들은 체육계의 비상식적 군기문화에 대해 위계질서와 단합을 강조하는 조직 특성이 반영된 것이라고 분석했다. 이창섭 체육개혁을 실천하는 교수연대 대표(충남대 체육교육과)는 "소속감과 긴장감을 필요로 하는 집단 특성이 부당한 인권침해로 발현된 것"이라고 분석했다.

즉, 군대문화를 참고삼아 만들어진 군기문화는 개별적 내면화를 통해 공고해지게 되며 앞서 언급한 '특정한 관계'의 바탕이 되는 것이다. 더불어 8번 기사는 이러한 군기문화 형성의 직접적인 기여요인으로 합숙문화를 꼽는다. 합숙소라는 공간은 동일한 장소, 내용, 방법, 지도자에 의해 교육이 이루어진다. 이런 가운데 사회전반의 문화적 추세를 받아들이며 정상적 자아정체성을 갖고 성장하는 것은 무리다. 이런 환경 속에서 개인은 운동부에서 추구하는 가치에 대해 취약해질 수밖에 없다. 다시 말해, 운동만을 강요하는 분위기가 운동부를 고립시켜 학생선수들로 하여금 운동부 문화란 무조건적으로 따라야 하는 규범으로 인식하게 하고, 이러한 '벙커 멘탈리티'의 형성에 있어 합숙이 '벙커'를 더욱 강화하는 촉매제로 역할 한다는 것이다.

학원스포츠 영역에서는 체육이 학원스포츠를 구성하는 주체인 학생, 지도자와 그 구조적 특성 및 사회적 인식의 변화를 중심으로 논의되고 있었다. 학생은 수학능력이 현저하게 떨어지며, 지도자는 폭력적이라는 부정적 인식을 읽을 수 있었고 학원스포츠 특유의 폐쇄적 문화는 운동선수 및 체육단체 비리의 원인으로 지목 받고 있음을 알 수 있었다. 또한 엘리트 대학스포츠에 대한 대중의 인식 변화에서 앞으로 변화의 방향을 가늠할 수 있었다.

3.2.3 스포츠조직 담론

표 3 ▸ 스포츠조직 영역에서의 기사

목차	연도	기사제목	출처
1	2014	'페어플레이 정신' 내던진 체육단체, 존재 이유 없다	세계일보
2	2014	빅토르 안, 또 세계 휩쓴 날… 옷 벗은 '쇼트트랙대부'	중앙일보
3	2014	'개혁 무풍지대' 체육단체	동아일보
4	2014	횡령·조직 사유화… '비리의 온상' 체육단체들	SBS CNBC
5	2014	진통 겪는 체육계 내부 변화 시급하다	스포츠동아
6	2014	복지부, 경찰청, 방통위 반부패경쟁력 '꼴지'	경향신문
7	2014	회장 아들이 선수통장 관리…훈련수당 '꿀꺽'	한경닷컴
8	2014	채용도 운영도 비리로 얼룩 체육단체들 스포츠맨십은 없었다	한국아이닷컴
9	2014	'안현수=피해자' 는 맞는 것일까? 체육계 꼬인 매듭 어떻게 풀어야 하나	조선일보
10	2014	빙상연맹 전면감사? 또 흐지부지	YTN
11	2014	체육계만 '출신 대학 제한' 필요한가	한겨레
12	2014	체육계, 뼈를 깎고 거듭나야	중앙일보

13	2013	누구를 위한 개혁인가? 무리한 정관개정 강요로 체육계 진통	스포츠서울
14	2011	"대한민국 사회는 썩었다" 87.5%	시사저널
15	2007	체육계 전문가 "심판판정 비리 없다" 에 41.5%에 그쳐	노컷뉴스

소치 동계올림픽 기간 단연 화제의 중심에는 안현수 선수가 있었다. '화려하게 부활해 자신을 버린 빙상연맹을 응징하는' 영화 같은 스토리를 많은 언론이 앞 다투어 보도했다. 박근혜 대통령조차 올림픽 기간 중 "안 선수의 문제가 파벌주의와 줄 세우기, 심판 부정 등 체육계 저변에 깔린 부조리와 구조적 난맥상에 의한 것은 아닌지 되돌아봐야 한다"고 지적하는 등 안현수 문제는 스포츠계의 문제를 떠나 사회문제화 했다.

하지만 이러한 균형 잡힌 시각과는 달리 대다수의 언론은 사실관계의 확인 없이 경쟁적으로 여론을 호도하여 '안현수=피해자' 즉, 파벌싸움의 희생양이라는 등식을 대중에게 각인 시켰으며 이러한 일련의 과정에서 빙상연맹을 가해자로 묘사했다. 물론 안현수 귀화 사태의 원인을 제공한 빙상연맹 파벌 문제는 분명 척결해야할 대상이다. 하지만 대중이 체육단체에 대해 부정적 인식을 갖게 하는 단초를 제공했다는 점에서 여론의 책임을 묻지 않을 수 없다. 8번 기사는 이와 더불어 현재의 엘리트 선수육성에 있어 협회체제의 실효성 문제를 제기한다. 스포츠 에이전트인 장달영(45) 변호사는 "우리나라 엘리트 스포츠 단체는 시스템이 아닌 일부 세력에 의해 좌지우지되고 있는 만큼 궁극적으로는 스포츠 엘리트 육성 시스템을 검토해야 한다"는 견해를 밝혔다.

부조리로 대표되는 체육계에 대한 인식에 이어 스포츠조직 담론을 구성하는 두 번째 요인은 체육단체에 대한 인식이다.

체육단체 비리에 대한 기사들은 1번, 3번, 4번, 7번 기사처럼 자극적이고 선동적인 제목을 사용하거나 아래 1번 기사처럼 그 논조에 있어 과격한 경우가 많았지만, 대부분 사실관계를 중점적으로 전달하고 있었다.

속살을 드러낸 체육단체의 부조리는 상상을 초월한다. 편파 판정, 공금 횡령, 조직 사유화, 직권 남용이 곳곳에서 행해졌으니 일일이 열거하기가 힘들 정도다. 썩은 내가 진동한다.

12번 기사는 체육계 내부인사가 기고한 글로 '사실 체육계에 대한 국민의 신뢰가 흔들리기 시작한 것은 한두 해의 일은 아니었다'고 하여 체육계 내부의 현실 인식을 전달하고, '박근혜 정부 들어 체육계의 비정상적 관행을 바로잡는 정부의 노력이 본격적으로 시작되었다'는 사실을 '다행'이라고 서술했다. 또한 체육계 스스로의 자정

노력을 촉구하며 '개혁이 요구될 때 억울함을 호소하며 뒤로 숨는 것이 아니라 스스로 앞장서 투명해지고 변화하는 모습을 보인다면 국민의 신뢰와 정부의 지원이 더욱 높아질 것이다'라고 하여 자정노력에 수긍하는 체육인의 상황인식을 전한다. 두말 할 나위 없이 체육단체의 비리는 척결 대상이다. 하지만 보도된 관련 기사의 양과 내용에 있어 체육계의 자정노력이나 문체부의 반부패 경쟁력 등 대중으로 하여금 긍정적 인식을 형성하게 할 만한 논조의 기사를 찾아보기 어렵다는 점은 아쉽다. 더욱이 문제의 본질은 앞서 살펴본 '빙상연맹=가해자'라는 담론이 형성될 때와 마찬가지로 언론이 체육단체에 대한 부정적 인식을 과도하게 확대 재생산 했다는데 있다.

14번 기사는 한국사회의 부패정도에 대한 전문가집단 서베이에 관한 것으로 조사결과 '매우 부패하다'가 37.5%, '부패하다'가 50.0%로 집계 되어 총 87.5%가 '한국사회는 부패하다'라고 생각하는 것으로 드러났다. 흥미로운 사실은 15번 기사에서 언급된 '체육분야 투명성 인식조사'에서 '체육관련 단체와 협회의 투명성'을 묻는 질문에 일반국민의 13.4%가 공감한다고 답하여 '투명하지 않다'고 생각하는 비율이 86.6%(모름/무응답을 선택한 비율을 제외하면 79.9%)로 드러났다는 것이다. 즉, 국민들이 인식하는 한국사회의 부패정도에 비해 체육분야의 투명성이 결코 낮지 않음에도 불구하고 언론은 불필요하게 여론을 호도한 측면이 있는 것이다. 역시 가장 부패한 직업인으로 정치인(30.1%), 기업인(16.1%), 법조인(15.2%), 행정공무원(13.1%), 교육자(11.4%) 등이 뽑힌 반면 문화·체육인에 대해서는 0.2%만이 부패한 직업인이라고 응답한 사실에서도 언론과 일반인의 인식차이를 읽어낼 수 있다. 스포츠조직 담론을 이루는 마지막 요인은 체육정책을 입안하는 정부의 인식으로 체육단체의 독립성과 자율성이라는 문제를 주로 다룬다.

스포츠조직 영역에서 체육은 주로 체육단체의 비리, 체육계의 부조리와 관련된 문제를 중심으로 논의되고 있었다. 체육단체는 비리의 온상으로 그려지고 있었고, 유독 편향적인 잣대를 적용하게 된 언론의 보도행태를 읽을 수 있었다. 또한 문제 해결에 임하는 정부의 태도나 정책의 방향에서 조차 체육계에 대한 부정적 인식을 찾아볼 수 있었다.

3.2.4 계층·계급 담론

표 4 ▸ 계층·계급 영역에서의 기사

목차	연도	기사제목	출처
1	2013	운동은 사람을 변화시킵니다!	한국교육신문
2	2013	"교양 체육 없앨까" 서울대의 역주행	머니투데이
3	2013	반 평균 상승시키는 운동부 학생들?	문화체육관광부 정책브리핑
4	2013	[박근혜 정부 이래야 성공한다] 〈6〉스포츠 정책-강준호 서울대 교수	동아일보
5	2013	연계성 없는 체육정책은 꿈나무 죽이는 일	충북일보
6	2012	현대사회의 스포츠 정신	광주일보
7	2012	'경기도 생활체육대축전' 대한민국의 희망이다	경기신문
8	2012	'체육계의 마이클 샌델' 전병관 경희대 교수	경기일보
9	2012	이에리사 전 선수촌장, 새누리당 비례 9번 이목집중	조선일보
10	2012	문대성, '양학선법' 발의	뉴시스
11	2012	바보야, 복지는 체육이야	뉴스천지
12	2011	프로농구선수 출신 이학박사 국민대학교 김세중 교수	매거진 점프볼
13	2011	'탁구여왕' 현정화	스포츠서울
14	2010	수학·과학 용어 쉬워야 학습도 쉽다	동아일보

계층·계급 담론을 이루는 첫 번째 요인은 체육을 불필요한 과목이라 판단하는 대중의 인식이다. 13번 기사는 '체육을 신체활동으로 인식하는 사람들이 아직도 적지 않다'는 지역체육계 인사의 발언을 통해 체육은 지적활동이 아니라고 생각하는 대중의 인식을 전달한다. 이와 관련하여 7번 기사는 '학교 다닐 때 체육은 안 해도 되는, 성적을 위해서는 안해야 하는 과목으로 인식하고 홀대했기 때문이다'라고 그 이유를 밝힌다. 교양 교육 과정을 관리·운영하는 서울대 기초교육원이 2014학년도 1학기부터 교양 체육 과목을 정식 교과목에서 제외해 사실상 없애는 '비교과화' 방안을 추진한 것이다.

2번 기사는 체육이 지적(知的)교과가 아니라는 학계의 인식에 관한 것으로, 대학교육은 지적영역 발전에 기여하는 것이 목표이기 때문에 교양체육은 불필요하다는 서울대 기초교육원의 입장을 전한다. 물론 같은 기사에서 재정적인 이유나 다른 문제로 교양체육인 우선순위에서 밀렸을 가능성이 언급되지만, 문제의 본질은 체육이

지적영역의 발전에 관련 없다는 관리·운영주체의 인식과 정책결정이 대중의 부정적 인식형성을 촉진할 가능성이 높다는 것이다.

12번 기사는 프로농구 선수 출신으로는 최초로 박사학위를 취득한 한 교수와의 인터뷰 내용이다. 그는 '운동선수 출신이 뭘 알겠냐라는 편견이 싫어 이를 악물고 공부'했으며, '자신으로 인해 운동선수에 대한 인식을 바꿀 수 있다는 책임감도 갖게 됐다'며 운동선수의 지적능력에 대해 대중이 갖는 의구심에 대해 언급한다. 3번 기사는 체육인의 경제적 능력과 사회성에 대한 편견이 언제 어떻게 형성되었는지 서술한다. 13번 기사 역시 현정화선수의 인터뷰를 빌려 "아버지가 탁구 선수셨어요. 어머니는 딸을 운동시키지 않으려고 하셨죠. 그런데 4관왕을 하고 오니까 받아들이셨어요.(웃음) 당시에는 운동선수에 대해 '배고프다', '머리가 나쁘다' 등 부정적인 이미지가 강했죠"라고 하여 과거 체육인의 경제적 능력에 대한 의구심이 대중에게 만연했었음을 밝힌다. 그렇다면 지금은 어떨까?

문대성 의원은 "축구 등 인기종목 선수들을 제외하면 대부분의 국가대표 선수들이 낮은 훈련비 등 열악한 환경에서 어려운 생활을 하고 있는 실정"이라며 "런던올림픽 체조에서 금메달을 딴 양학선 선수 같은 세계적인 수준의 국가대표 선수도 하루 훈련비 4만원 외에는 별다른 지원금이 없다"고 현 상황을 설명했다.

계층·계급 담론을 구성하는 또 다른 요인은 체육인 스스로에게 내면화한 자아부정인식으로, 이는 앞선 세 가지 담론에 의한 피해경험이 반복되며 피해의식화한 결과 형성된 것으로 보인다. 체육과 체육인에 대한 부정적 인식은 사회 구조적 차원에서 논의될 필요성이 충분함에도, 위 6번 기사는 대중이 체육과 관련하여 부정적인 연상을 많이 하는 이유 중 가장 큰 비중을 차지하는 것으로 체육계 개개인의 노력부족을 꼽아 개인적인 차원에서 논의의 선을 긋고 있다.

계층·계급의 영역에서 체육은 지적교과인지의 여부를 중심으로, 체육인은 지적능력, 경제적 능력, 사회성, 내면의식이라는 주제를 중심으로 논의되고 있었다. 체육은 지적영역을 가르치는 교과가 아니라는 인식이 일반대중과 학계 전반에 걸쳐 광범위하게 받아들여지고 있었고, 체육인은 지적 능력이 떨어지고 경제적으로 취약하며, 그 사회성도 문제가 있다는 편견 역시 널리 퍼져 있음을 알 수 있었다. 또한 체육인에게 내재한 피해의식 역시 찾아볼 수 있었다.

3.2.5 일탈행위 담론

표 5 ▸ 일탈행위 영역에서의 기사

목차	연도	기사제목	출처
1	2014	한국 체육계, 최경주 이정표 세워라	이투데이
2	2014	스포츠계 성폭력 문제 원인과 대책은?	YTN 뉴스
3	2014	존폐 논란, 경찰야구단 유지 시키는게 낫다	조선일보
4	2013	채무자 폭행·주점 행패 '조폭' 검거	부산일보
5	2013	부산경찰, 국가대표 출신 20대 해결사 동원 폭력 휘두른 토착 폭력배 등 무더기 적발	노컷뉴스
6	2013	'연예병사' 처럼 군기 빠진 체육병사…휴대전화에 호텔 외박	조선일보
7	2013	대한체육회, 선수위 성폭력 관련규정 개정 시급하다	스포츠조선
8	2013	승부조작, 대입 비리 … 숙제 쌓인 한국 스포츠	중앙일보
9	2013	유명인, 부유층 자녀 … 병역 집중관리 한다	중앙일보
10	2013	국가대표 선수들, 체육요원 편입기준 강화안에 반발	MBC 뉴스
11	2013	경찰청 스포츠단 해체 안 된다	조선일보
12	2013	선수성추행, 시각이 달라져야 한다	스포츠조선
13	2012	전직 운동선수 '어둠' 에 스카우트 되다	헤럴드경제
14	2011	같은 실수에 다른 반응… 사람 차별하는 이유 있다	시사저널
15	2010	[발언대] 박찬숙 "부풀려진 체육계 성폭력 실태 바로잡아야"	스포츠서울
16	2009	폭력에 우는 학교체육, 지도자 교육이 해결책	동아일보

〈표 5〉의 13번 기사는 운동선수 출신자들은 쉽게 범죄의 유혹에 빠진다는 전제하에 논조를 전개한다. '쉽게 돈을 버는 걸로' 알기 때문에, 혹은 '사회를 잘 몰라서' 그렇다는 것인데 이러한 이유가 운동선수 출신자들에게만 국한되지 않음에도 기사는 시종일관 '대입·프로行 실패 땐 진로 좌절 범죄의 길로', '체격 검증된 선수출신 조폭서 유혹의 손길' 등 자극적인 헤드라인과 왜곡된 삽화를 사용하여 스스로 보도의 중립성과 객관성을 훼손하고 있다.[7] 3번과 4번 기사 역시 '폭력'이라는 사건의 본질을 벗어나 '전직 운동선수들'의 폭력 사건으로 불필요하게 논리를 비약하고 있다.

이러한 일탈행위 전반에 대한 인식에 이어 일탈행위 담론을 구성하는 두 번째 요인은 성폭력에 대한 인식이다. 12번 기사는 '선수를 바라보는 인식이 근본적으로 달

7) 이러한 헤드라인과 삽화는 사람들의 독해를 한 방향으로 강력하게 프레이밍(framing)함으로써 이후 기사들을 그와 관련하여 해석하도록 만든다(서덕희, 2003).

라져야 한다'며 인식의 변화를 촉구한다. 성적지상주의에 경도된 '운동기계'논리 대신 인격체로써 선수를 인정하자는 것이다. 목표에 모든 것이 묻히는 지금의 시스템에서는 '비인간적 행위'가 발생할 가능성이 높아지기 때문이다.

일탈행위 담론을 이루는 마지막 요인은 학습된 무기력이다. 이는 앞서 계층·계급 영역의 마지막 담론인 '내면화된 자아부정인식'과도 연결되는 주제로 '캐면 안 걸리는 게 어디 있느냐는 게 일선 지도자들의 자조적인 반응이다'라고 밝힌 8번 기사는 체육계 인사들에게 내재해 있는 자포자기적인 시각을 드러낸다. 3번 기사 역시 존폐의 기로에 서있는 경찰 야구단에 대해 '일부에선 경찰야구단이 폐지될 경우 다시 병역 비리 브로커가 등장할 가능성도 배제할 수 없다고 보고 있다'고 하여 경찰야구단의 폐지와 병역비리 브로커의 재등장을 논리적 인과관계로 보고 있을 정도의 소극적인 현실인식을 보이고 있으며, 두 가지 경우 모두 개인의 힘으로 어쩔 수 없는 큰 흐름이라는 관점으로 체육인의 일탈을 바라보고 있다.

일탈행위 영역에서 체육인은 일탈행위 전반에 대한 대중과 체육인 스스로의 인식, 성폭력 및 병역문제를 중심으로 논의되고 있었다. 체육인과 범죄조직은 불필요하게 그 연결점이 강조되고 있었고, 체육인 스스로에게 내재한 소극적 현실인식을 읽어낼 수 있었다. 성폭력 관련 이슈에서는 의도적인 통계의 왜곡과 해결책에 대해 하위 담론이 형성되고 있었으며, 병역과 관련한 담론에서는 체육인의 '병역 혜택'이 주로 다뤄지고 있었다.

3.2.6 젠더논리 담론

표 6 ▸ 젠더논리 영역에서의 기사

목차	연도	기사제목	출처
1	2014	독일·스웨덴서 여자축구대회 성비하 논란 '시끌'	YTN
2	2014	스웨덴 여자축구 비하 발언에 즐라탄까지 가세 '비난' 고조	메트로
3	2014	안근영 누구? 김연아와 인증샷…아이돌미모 '화제'	머니투데이
4	2014	절치부심 안신애, 미니스커트 패션 싹 바꾼다	뉴스엔미디어
5	2014	미녀 아이스하키선수 안근영 "아직은 멀었구나" … 왜?	머니투데이
6	2013	[집중 인터뷰] 이에리사 "박 대통령, 라켓 경기 힘쓰는 법 알아"	JTBC
7	2013	[집중 인터뷰] "승리 지상주의가 음모 낳아…박은선 짓밟아"	JTBC
8	2013	여성체육 전문 교육과정 개설	중앙일보

9	2013	정녕 필드에서 짧은 치마가 보고 싶나요	중앙일보
10	2013	'당구얼짱' 차유람, 10볼 결승 진출	YTN
11	2012	세계에서 가장 섹시한 골퍼는 '산드라 갈'	스포츠조선
12	2012	'연봉 대박' 메시, MLB에선 10위…최고 몸값 스타는?	SBS
13	2012	결승 오른 日여자축구 '좌석 업그레이드'	YTN
14	2011	그린섹시女 "이제는 실력도 짱~"	아시아경제
15	2011	獨 산드라 갈, 섹시+실력 갖춘 여성 골퍼 화제	TV REPORT
16	2007	'올림픽 수영金' 비어도 누드 논란..플레이보이 모델 제의 OK!	조선일보
17	2004	[아테네에 뜨는 별] 〈5〉 체조 스베틀라나 호르키나	동아일보
18	2004	누드모델 나서는 여성 올림픽 선수들	내일신문

젠더논리와 관련한 기사를 갈무리 한 결과 주로 여성을 중심으로 한 부정적 인식이 사회 전반에 걸쳐 형성되고 있음을 확인할 수 있었다. 성별의 차이에 기인한 인식에 이어 젠더논리 담론을 구성하는 가장 주된 요인은 성의 상품화로 대변되는 '성의 자본논리에 대한 인식'이다. 위 17번 기사는 여자선수를 소개하며 '러시아판 플레이보이지에 토플리스 차림으로 등장'한 이력을 빗대 '토플리스의 요정'이라 지칭하며 주의를 끈다.[8] 그 선수의 경력을 보면 그럴 필요가 없어 보이는데도 말이다. 16번 기사 역시 금메달리스트인 미국 수영선수의 누드촬영과 관련한 것으로, '스위밍월드 매거진 닷컴'에선 비어드의 플레이보이지 등장에 대해 갑론을박이 벌어졌다. '여성 스포츠를 지나치게 상품화한 것'이라는 비난과 더불어 '플레이보이에 등장하는 것은 개인의 자유이자 여성의 권리'라는 찬성 글이 팽팽히 맞서고 있다'고 소개하는 등 성의 상품화에 대해 대중을 중심으로 활발한 논의가 이루어지고 있음을 알 수 있다.

18번 기사는 많은 선수들이 이러한 흐름에 적극 동참하는 이유에 대해 경제적 이익이라고 밝히고 있다. 기사에 따르면 미 여자축구팀 주장이 1999년 중국과의 여자 월드컵 결승에서 페널티킥을 성공시킨 후 자신의 유니폼을 벗어 던지고 속옷차림으로 골세레머니를 보여줬을 때만 해도 미국 전역이 운동선수들의 섹스어필에 대한

8) 이는 미디어의 보도 기법 중 하나인 한계화 기법(marginalization)으로도 설명될 수 있지만 본 저자는 넓은 범주에서 이를 '성의 상품화'로 다루어 보고자 한다. 한계화 기법이란 보도하려는 대상의 핵심을 건드리는 것이 아니라 그 주변의 것, 다시 말해 별로 중요하지 않은 속성을 부각시켜 보도 대상의 성장 잠재력을 사전에 차단하는 기법을 말한다. 즉, 대중이 이 선수의 연기를 마주하게 되면 '체조'라는 본질 이전에 '토플리스'라는 속성을 먼저 떠올려 단지 해당 선수를 '토플리스 차림으로 플레이보이지에 나왔었던 선수'로 받아들이게 한다는 것이다.

논란에 휩싸였었지만 지금은 미국 올림픽 위원회조차도 여성 선수들의 노출에 반대하기는커녕 은근히 반기고 있다는 것을 알 수 있다. 즉, 선수개인도 스포츠단체도 또한 이를 즐기는 대중도 서로 손해 볼 것이 없는 현재의 상황에서 성의 상품화 논리는 더욱 공고해지고 있는 것이다.

젠더논리 담론을 이루는 또 다른 요인은 여자선수에 대한 배척으로 대표되는 남성중심의 스포츠계 문화에 대한 인식이다. 여성스포츠계의 유명 인사들과의 인터뷰를 다룬 6번과 7번 기사는 국내 스포츠계에 답습되고 있는 남성중심의 문화에 대해 언급한다. 고질적으로 여성을 지휘부, 지도부에 기용하지 않으려고 하는 풍토가 있음을 밝히는 등 국내 체육계에 만연해 있는 여성에 대한 배척을 다루고 있다.

젠더논리 영역에서 체육은 성별에 따른 대중의 상이한 평가 기준, 성의 상품화, 남성중심 문화와 여성배척 및 여성에 대한 성차별과 성비하를 중심으로 논의되고 있었다. 남자선수는 실력, 여자선수는 외모로 그 평가 기준이 상이함을 알 수 있었고, 성의 상품화 논리가 더욱 공고해지는 현재 스포츠계의 구조 역시 확인할 수 있었다. 또한 스포츠계에 만연해 있는 남성중심의 문화와 이로 인한 여성의 소외와 관련한 담론을 찾아볼 수 있었으며, 이러한 문화에서 파생했다고 볼 수 있는 성차별과 성비하 사례도 파악할 수 있었다.

3.3 체육 담론의 틀과 구조

본 장에서는 체육 담론의 성격에서 규명한 담론적 실천들이 각각, 혹은 통합적으로 관계 맺고 작동하는 구조를 파악하기 위하여 귀납적 범주분석을 실행하였다. 그 결과 어떠한 담론적 실천이 부정적 인식 형성에 기여했는지 밝히는 과정과 각각의 부정적 인식이 갖는 공통점을 추출하는 과정을 통해 '사회·문화', '경제', '교육'의 세 가지 담론 요인을 기반으로 하는 '담론의 틀'과 이를 구체화 한 '담론의 구조'를 도출하였다.

또한 분석에 있어 체육계를 둘러싼 긍정적 변화나 체육계 스스로 수긍할 만한 부분은 제외하고 부정적 인식만을 정리하여 연구의 목적에 충실하고자 하였으며, 언론의 호도나 편향적인 보도관행 등은 담론의 형성과 유포 전반에 걸쳐 드러나는 '현상'일 뿐, '인식' 자체가 아니었기 때문에 분석요인에서 제외하였음을 밝힌다.

3.3.1 사회·문화적 담론

2000년대 이후 사회·문화적 담론의 근간이 되는 네 가지 부정적 인식은 '폐쇄적 문화', '폭력적 문화', '도덕성 결여', '여성성 훼손'으로 나타났으며 담론의 범주에는 앞 장에서 분석한 하위 담론 중 5개 영역이 포함되어 있었다〈표 7〉. 체육계의 폭력성은 학원스포츠 담론만을 중심으로 논의되고 있었던 반면, 폐쇄성은 학교교육과 학원스포츠, 도덕성은 학원스포츠와 스포츠 조직, 마지막으로 여성성은 일탈행위, 젠더논리 및 학원스포츠 담론을 중심으로 이루어지는 등 하위 담론들이 통합적으로 관계를 맺고 부정적 인식을 형성하는 데 기여하고 있음을 확인하였다.

다만 사회·문화적 담론의 구조를 파악함에 있어 네 가지 부정적 인식이 모두 학원스포츠 담론과 관련 있다는 점은 주목할 필요가 있다. 즉, 지금껏 여러 가지 긍정적 가치들에 의해 학원스포츠가 발전할 수 있었던 반면, 이에 대한 부작용으로 부정적 인식 역시 형성, 유포되었다는 것이다.

표 7 ▸ 사회·문화적 담론의 구조

담론의 틀 요인	부정적 인식	담론적 실천	하위담론 영역
사회·문화	폐쇄적 문화	군대문화	학교교육
		합숙문화	학원스포츠
	폭력적 문화	군기문화	학원스포츠
		지도자교육 부족	학원스포츠
		전근대적 인식	학원스포츠
	도덕성 결여	체육단체 비리	학원스포츠
			스포츠 조직
		체육계 부조리	스포츠 조직
		자정 불가능한 집단	스포츠 조직
	여성성 훼손	성폭력	일탈행위
		성차별, 성비하	젠더논리
		여성지도자 배척	젠더논리
			학원스포츠

3.3.1.1 폐쇄적 문화

'폐쇄적 문화'라는 부정적 인식을 구성하는 담론적 실천 요인으로 '군대문화'와 '합숙문화'를 들 수 있다. 우리나라의 경우 군사정권 시대 이후 많은 조직 규범이 군대 문화를 참조하였는데, 체육계 역시 마찬가지였으며 그로 인해 대중이 억압, 통제, 규율로 상징되는 군대문화를 체육수업의 근간이라고 인식하게 된 것이다. 합숙문화 역시 이러한 체육계의 폐쇄성을 공고히 하는 기제로 작용하였다고 볼 수 있는데, 합숙소라는 특정한 공간에 고립된 학생선수는 개인의 자아보다는 조직의 규범을 따르도록 강요받게 되며 이러한 경험이 지속되며 그 폐쇄적 속성을 스스로 강화하여 조직에 과동조(overconformity) 하게 된다.[9]

9) 피할 수 없거나 극복할 수 없는 환경에 반복적으로 노출된 경험으로 인하여 실제로 자신의 능력으로 피할 수 있거나 극복할 수 있음에도 불구하고 스스로 그러한 상황에서 자포자기하는 것을 의미함(특수교육학 용어사전, 2009)

3.3.1.2 폭력적 문화

'폭력적 문화'라는 부정적 인식을 구성하는 담론적 실천 요인은 '군기문화', '지도자 교육 부족' 그리고 '전근대적 인식'이다. 앞서 언급한 합숙문화와 함께 체육계 비리의 원인으로 지목받고 있는 군기문화는 위계질서와 단합을 강조하는 조직 특성이 반영된 것으로, 강한 소속감과 긴장감을 필요로 하는 조직의 특성이 개인의 가치관으로 내면화될 경우 폭력을 용인하게 된다고 본다. 또한 유독 국내에서 선수 폭행 사건이 많이 발생하는 이유는 결국 지도자 문제일 가능성이 크다고 볼 수 있는데, 이는 어떻게 가르쳐야 할지 모르기 때문에 '때려서라도' 훈련을 시켜야 하는 상황을 의미한다. 물론 과거 체벌이 교육방법으로 받아들여지던 때의 관행이 이어지는 부분도 간과할 수는 없으며, 이렇듯 체벌에 관대한 체육계 인사들의 전근대적인 인식 역시 체육계의 폭력성을 심화하는 요인이라고 할 수 있다.

3.3.1.3 도덕성 결여

본 연구에서는 분석 과정에서 대중이 '체육단체 비리'와 '체육계 부조리'를 반복적으로 접하며 체육계를 '자정 불가능한 집단'으로 판단하게 되는 부정적 인식의 형성과정을 파악하였다. 체육계 비리는 학원스포츠와 스포츠 조직 담론에 걸쳐 드러나고 있었으며, 부조리는 주로 스포츠 조직을 중심으로 나타나고 있었다. 이러한 담론에 반복적으로 노출 되며 결국 대중은 체육계를 비도덕적 집단이라고 낙인찍게 되는 것이다.

표 8 ▸ 경제적 담론의 구조

담론의 틀 요인	부정적 인식	담론적 실천	하위담론 영역
경제	경제력 결핍	가난함	계층·계급
		수학능력 부족	학원스포츠
		열악한 처우	계층·계급
	사회적 고립	범죄유혹에 취약	일탈행위
		사회적응 어려움	계층·계급
	성의 자본논리	평가기준 상이	젠더논리
		성의 상품화	젠더논리

3.3.1.4 여성성 훼손

‘여성성 훼손’이라는 부정적 인식은 ‘성폭력’, ‘성차별, 성비하’ 및 ‘여성지도자 배척’이라는 담론적 실천 요인을 기반으로 형성되고 있었다. 우선 체육계는 성폭력이 만연한 곳으로 인식되고 있었으며, 이를 해결하기 위해서는 선수를 인격체로 보는 등 사고의 전환이 필요하다고 할 수 있다. 또한 체육계 내부에서 조차 여자선수들에 대한 차별을 당연시하고 있었으며, 남자선수와는 달리 여자선수들은 조롱과 비하의 대상이 되고 있음을 확인할 수 있었다. 마찬가지로 체육계의 여성 지도자에 대해서도 공공연한 배척과 견제가 있음을 알 수 있다.

3.3.2 경제적 담론

경제적 담론을 이루는 세 가지 부정적 인식은 ‘경제력 결핍’, ‘사회적 고립’ 및 ‘성(性)의 자본논리’로 드러났다. 성관련 이슈는 젠더논리 담론만을 포함하고 있었던 반면, 체육인의 경제력은 계층·계급과 학원스포츠 담론을 중심으로, 사회성은 일탈행위와 계층·계급 담론을 중심으로 논의되는 등 하위 담론들의 유기적인 관계 하에 부정적 인식이 형성, 유포되고 있음을 확인하였다. 특히 ‘경제력 결핍’이 많은 부분 ‘사회적 고립’과 ‘성의 자본논리’와 관련한 부정적 인식 형성에 있어 전제조건으로 작용하고 있음이 나타났으며, 경제적 담론의 구조를 파악함에 있어 계층·계급 담론이 부정적 인식에 큰 영향을 미치고 있음을 확인하였다〈표 8〉.

3.3.2.1 경제력 결핍

체육인의 경제력과 관련한 부정적 인식은 ‘가난’, ‘수학능력 부족’과 ‘열악한 처우’라는 담론적 실천 요인에 의해 유발되는 것으로 드러났다. 운동선수가 가난하다는 편견은 취업의 기회로 운동을 택했던 과거의 사실에, 무식하다는 편견은 공부 대신 훈련에 집중했던 과거의 사실에 근거하는데, 문제는 이러한 경제적 의구심과 수학능력에 대한 불신이 현재까지 이어지고 있다는 것이다. 또한 체육인이 이루어내는 성과에 대한 사회적 저평가 역시 개선되지 않아 실제 체육인의 처우는 열악한 실정으로, 이러한 요인들이 상호작용하며 ‘체육인은 가난하다’는 부정적 인식을 이끌어내고 있다.

3.3.2.2 사회적 고립

체육인의 사회성과 관련한 부정적 인식은 '범죄유혹에 취약'과 '사회적응 어려움'이라는 담론적 실천 요인으로 설명할 수 있는데, 체육인이 범죄의 유혹에 취약하다는 인식은 앞서 살펴본 '경제력 결핍'에 기인한다. 즉, 프로입단에 실패한 어린 선수들이나 기타 생계유지에 어려움을 겪는 운동선수들이 범죄조직으로 빠질 가능성이 높아 사회로부터 고립되는 구조를 의미한다. 또한 운동선수 대부분이 젊은 시기에 은퇴함에도 불구하고 대부분의 경우 은퇴 후 구직활동이나 사회적응에 어려움을 겪는 등 역시 경제적 요인으로 인한 사회적응 문제가 엘리트스포츠계 전반에 걸쳐 발생하고 있다는 사실 역시 알 수 있다.

표 9 ▸ 교육적 담론의 구조

담론의 틀 요인	부정적 인식	담론적 실천	하위담론 영역
교육	흥미결여	평가만을 위한 재미없는 과목	학교교육
		시간 때우고 노는 과목	학교교육
	인식결핍	지적영역 발달과 무관	계층·계급
		안해도 되는, 안해야 하는 과목	계층·계급
		전문성이 결여되어도 무관	학교교육
	위상추락	주지교과를 위한 통제수단	학교교육
		교사의 무력감	학교교육

3.3.2.3 성의 자본논리

'성의 자본논리'는 젠더논리 담론을 축으로 해석할 수 있다. 섹스어필을 부추기는 사회구조의 시작은 성별에 따라 각각 다른 잣대를 들이대는 대중의 평가 기준에 있다고 할 수 있다. 즉, 남자선수는 연봉으로, 여자선수는 외모로 해당 선수의 가치를 평가한다는 것인데, 이러한 상이한 평가기준에 의해 '운동선수'라는 본질이 '예쁜 선수'라는 인위적인 시각에 가려지는 것이다. 많은 여자선수들이 금전적 이유로 이러한 흐름에 동참하고 있으며, 스포츠단체 역시 이를 방조 내지는 독려하고 있었다. 대중 역시 이를 비판 없이 즐기는 등 세 주체가 서로 손해 볼 것 없는 현재의 상황에서 성의 상품화 논리는 강화되고 있다.

3.3.3 교육적 담론

교육적 담론은 '흥미결여', '인식결핍' 및 '위상추락'의 세 가지 부정적 인식을 통해 형성되고 있었다〈표 9〉. 분석 결과 체육교과에 대한 인식의 결핍으로 인해 잘못된 정책의 방향이 설정 되었고, 이러한 흐름 속에서 체육수업은 재미없고 무의미한 시간으로 전락함과 동시에 그 위상 역시 흔들리고 있음을 알 수 있었다.

교육적 담론은 하위 담론 중 2개 영역을 중심으로 논의되고 있었는데 체육교과에 대한 인식은 계층·계급 담론과 학교교육 담론을 중심으로 논의되고 있었던 반면, 체육교과의 성격과 그 위상은 학교교육 담론만을 중심으로 논의되고 있었다. 하지만 앞서 언급 하였듯 부정적 인식 간 인과관계를 확인하여, 교육적 담론 역시 부정적 인식 간 상호관련성을 기반으로 형성 및 작동되고 있음을 밝혔다.

3.3.3.1 흥미결여

체육교과의 흥미와 관련한 부정적 인식은 수요자인 학생을 중심으로 형성되고 있었다. 학생들에게 체육시간은 줄넘기, 매트 운동, 달리기 등 평가하기 쉬운 종목을 집중적으로 배우는 시간이며, 축구, 농구 등 복합적 능력이 요구되는 종목을 다루더라도 평가 항목은 슛 넣기, 패스 정확도 등 단순한 기능을 측정하는 것이 대부분인 재미없는 과목이었다. 더욱이 학교에 있는 운동기구와 시설로는 충분히 연습할 수 없으며, 기본기조차 제대로 가르쳐 주지 않는 경우가 많아 소위 '아나공 수업'에 대한 불만이 현재까지도 부정적 인식 형성의 중요한 요인으로 작용하고 있었다. 이렇듯 학생들이 학교 체육에서 흥미를 느끼지 못하는 이유는 학생 개인의 문제가 아닌 구조적 차원의 문제임을 알 수 있다.

3.3.3.2 인식 결핍

체육교과에 대한 인식 결핍과 관련한 부정적 인식은 개인적 차원을 벗어나 사회·정책적 구조 안에서 논의되고 있었으며 앞서 언급한 '흥미 결여'라는 부정적 인식과 논리적 인과관계를 이룬다. 분석 결과 사회적으로 체육교과는 안 해도 되는 과목인 동시에 성적을 위해서는 안 해야 하는 과목으로 여겨지고 있었고, 고등교육기관인 대학교조차 체육이 지적 영역의 발달에 기여하지 못하는 과목이라 전제하고 있었다. 또한 이러한 인식은 많은 부분 정책적 오류에서 파생하였음을 알 수 있었는데 즉, 비전문가들이 체육교과에 대한 정책을 오랜 기간 동안 제정, 집행함으로써 대중에게 주입된 체육경시 인식이 결국 사회 전반에 걸친 체육경시 담론으로 발전되었던 것이다.

3.3.3.3 위상 추락

체육교과의 위상과 관련한 부정적 인식은 교과에 대한 교사의 인식과 교사의 자아인식을 중심으로 논의할 수 있다. 초등학교 교사들이 타 수업 시간의 학습 분위기를 통제하기 위해 체육수업을 이용하는 등 교사들조차 교과 자체의 의미보다는 다른 교과를 위한 수단으로서 체육교과를 대하고 있었다. 또한 이러한 환경적 영향으로 인한 체육교사들의 무력감 역시 파악할 수 있었는데, 앞서 계층·계급 담론과 일탈행위 담론에서 도출된 체육인의 자아부정인식이나 학습된 무기력과 마찬가지로 교사의 무력감 역시 구조적 차원의 문제라는 사실이 밝혀졌다.

3.4 체육 담론의 주요 쟁점

본 장에서는 생성, 수정, 유지·강화, 폐지·약화라는 담론의 생애주기 요소를 근거로 시대별 체육 담론의 변화과정을 추적하고 변화의 근거를 찾아낼 것이며, 동시에 전 장에서 도출한 바 있는 '담론의 틀' 안에서 해당 담론이 갖는 의미를 논의할 것이다. 이후 Ⅳ장에서 밝힌 '담론의 구조'에 따라 부정적 인식의 형성에 있어 주도적 역할을 하는 하위담론을 규명하고 이데올로기와 헤게모니의 관점에서 해당 담론을 조명하고자 한다. 세 번째로 체육에 대한 부정적 인식 형성의 과정에 있어 미디어의 개입효과를 밝히고, 그로 인해 미시적 차원에서 이루어진 텍스트적 실천이 담론적 실천을 통하여 현존하는 헤게모니를 어떻게 재구성하고 재구조화하는지 규명할 것이다.

3.4.1 시대별 체육담론의 변화

> Natan(1969)은 "현대 스포츠에서 정치적인 암시는 피할 길이 없으며, 정치성이 배재된 스포츠 조직이란 존재하지 않는다"고 주장하였다. 이러한 명제는 19세기 이후 급격한 사회 변동과 함께 정치와 스포츠가 밀접한 관련성을 맺으면서 발전해 왔는데, 이렇듯 스포츠는 의례적으로 사회적 상호작용을 위한 강력한 구성요소가 되어 정치적 목적을 달성하기 위한 수단으로 작용해 왔다(허정민, 1998).

1890년대 이후 IOC가 선수 선발을 위한 예선 시합을 국가에 요구하는 과정을 통해, 개인은 조국의 대표 자격으로 올림픽에 참가하게 되었으며(정성태, 김창규, 1984), 이에 따라 개인의 성과가 국가의 성과로 치환되는 논리의 발판이 마련되었다. 당시의 열강은 "스포츠가 현존하는 계급 불평등을 재생산하고, 지배 계급에게 이익을 제공하며, 일반적으로 국가 자본주의의 지배계급 문화를 강화시킨다"(Brohm, 1978; Hargreaves, 1986)는 인식 하에 정치운동의 이데올로기를 전파하기 위해 스포츠 조직을 적극적으로 이용하였던 것이다(Hoberman, 1984, 1993).

이렇듯 많은 국가들이 스포츠를 이데올로기적 선전 수단으로 활용하여 국가 정체성을 확립하고자 하였고 정치적 영역을 넘어 사회, 경제, 문화 등과 연결되어 성적이 개인과 국가의 명예와 우월성을 측정하는 바로미터가 되어 왔다. 이러한 현상은 "올림픽 경기는 정치적이고 언제나 정치적이어 왔다"는 Edward(1984)의 언급을 통해 더욱 상징적으로 확인할 수 있으며, 특히 20세기에 접어들며 국제 관계의 복잡성이 증가함에 따라, 스포츠는 각국의 정치 및 외교 분야에 더욱 큰 영향을 미치게 되어 정치와 스포츠의 관련성은 한 층 강화되었다.

한국 근, 현대사에도 스포츠는 60년대 이후 국가주의(sports nationalism) 흐름에 편승하여 꾸준히 발전해 왔다. 특히 80년대 정부 주도의 스포츠 활성화 정책이 우민화의 일환이라는 비판을 받기도 하였는데, 이러한 비판은 스포츠가 그 자체의 영역에서 머무르는 것이 아니라 정치와 밀접한 관계에 있고(오기애, 1987), 모든 스포츠에는 정치적 복선이 깔려 있음을 시사한다(김범식, 1988; 김상구, 김범식, 1984).

이처럼 현대사회에서 스포츠와 정치를 분리시켜 개별적으로 논의할 수 없게 됨에 따라, 스포츠의 정치적 도구화에 대한 위험성과 구조기능 주의적 측면의 논의가 공존하게 되었다. 동일한 맥락에서 스포츠와 정치에 관한 연구들이 다수 이루어졌으며, 이러한 연구들을 바탕으로 스포츠의 정치적 측면은 70~90년대를 꿰뚫는 대표적인 체육담론으로 자리 잡았다.

그러나 본 연구에서는 분석을 통해 스포츠의 정치적 담론이 과거에 비해 현격히 줄어들었음을 확인하였다. 이는 우선 국제관계에 있어 이념 경쟁에 몰입했던 냉전과 신냉전시대의 논리가 폐기되고, 경제력과 외교력을 앞세운 이익 충돌의 시대가 도래하였기 때문으로 볼 수 있다. 또한 국내정치에 있어서는 과거 군사정권이 제일의 가치로 여겼던 정권유지 및 사회질서 확립이라는 정치적 명제가 점차 개인의 행복 및 안녕이라는 명제로 전환되며 발생한 자연스러운 현상으로 볼 수 있다. 이처럼 70~90년대를 이루던 대표적 담론이었던 정치는 폐지·약화된 반면 최근에는 스포츠의 사회·문화적 측면과 교육적, 경제적 측면에서의 담론이 새롭게 생성, 수정되는 동시에 유지·강화되었다〈그림 2〉.

첫째, 사회·문화적 측면에서의 담론들은 과거 숭문주의와 가부장제 문화를 여전히 포괄한 채 기존의 담론들을 유지·강화하고 있었다. 체육은 지적 능력 함양과 무관한 교과라는 인식, 단순히 몸을 쓰는 행위 이상으로 보지 않는 인식 등 과거의 부정적 인식들이 숭문주의를 대표하고 있다고 볼 수 있으며, 지도자의 전근대적 인식, 여성 지도자 배척이나 성과 관련된 일탈행위 등은 가부장적인 체육계 문화를 대표

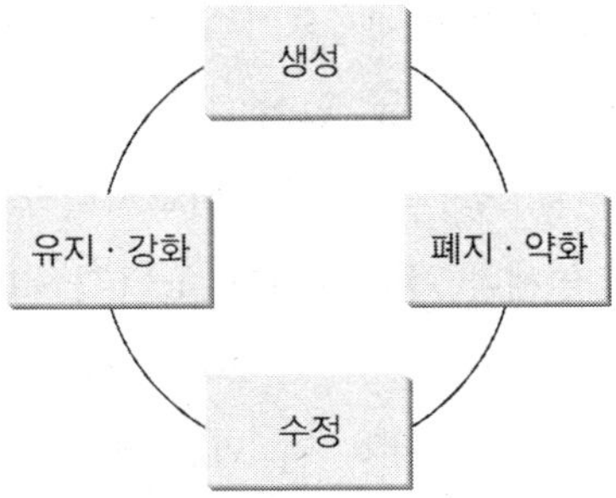

그림 2 ▸ 담론의 생애주기 요소

한다고 볼 수 있다.

둘째, 경제적 측면에서는 체육인의 무능력과 성의 자본논리와 관련된 담론이 새롭게 생성 되었다. 체육인의 경제력 결핍에 대한 부정적 인식은 실제로열악한 처우와 맞물려 진리효과를 갖게 되었고, 여성을 상품으로 대하는 자본시장의 논리는 스포츠의 상업화라는 흐름 안에서 새롭게 생성 되었다. 상업스포츠는 필연적으로 '선수'가 아닌 소비자로써 '관중과 스폰서'를 지향하게 되는데, 이때 발생하는 선수소외가 바로 여성의 상품화가 시작되는 지점이다.

셋째, 교육적 측면에서는 신자유주의(neoliberalism)에 근거한 교육담론의 수정이 있었다. 2000년대 초반까지 교육 및 체육교육을 둘러싼 신자유주의 담론[10]이 교육의 수월성에 집중했었다면 본 연구 결과 드러난 담론의 핵심은 '체육에 대한 대중의 인식 왜곡 및 결핍'으로 인한 '교과의 위상 추락' 및 '비인기 교과화'였다. 체육을 기능 중심의 교과로 설정하고 학생들의 운동기능을 향상시키는 데 초점을 맞췄던 2000년대 초반까지, 체육은 공부와 관련 없는 주변교과라는 인식과 이를 기반으로 한 담론이 주로 형성 되었다. 그렇기 때문에 자연스럽게 학교체육과 생활체육 보다 기능수준이 높은 엘리트 스포츠 선수들을 대상으로 하는 경기력 향상 측면에 초점을 맞춘 체육 담론이 형성되어 왔다.

그러나 2000년대 이후에는 입시위주의 학교교육에 따른 체육의 비인기 교과화, 주변교과화 현상을 확인할 수 있었고 이로 인해 체육교과의 위상 추락과 관련한 담론이 생성되고 있었다. 이러한 담론의 형성 배경에는 여전한 체육에 대한 인식 왜곡과 이해의 부족이 자리 잡고 있다고 할 수 있다. 이렇듯 현재의 교육 담론은 과거의 담론과 동일한 맥락을 유지한 채 외면적으로 수정된 모습을 보이고 있으며, 이를 통

---

10) 1997년 이후 본격적으로 논의되기 시작한 신자유주의 담론은 시장과 경쟁이라는 가치를 기반으로 효율성을 우선시 한다. 이를 기반으로 하는 교육담론 역시 교육을 하나의 서비스로 보고 학생을 수요자, 학교 혹은 교사를 공급자로 설정함으로써 '교육'을 '상품화'한다(서덕희, 2003).

해 교육적 이데올로기 역시 사회적 맥락에서 적극적으로 여타 담론들과 상호작용하며 변화함을 확인할 수 있다.

3.4.2 계층·계급 담론 분석

1절에서 살펴본 바와 같이 정도의 차이가 있을 뿐 담론은 그 생애주기 요소에 따라 끊임없이 변화하는 과정에 있었지만, 이 과정에서 사회·문화, 경제 및 교육 담론의 주를 이루고 있는 부정적 인식들은 과거에 비해 크게 달라지지 않은 채 2000년대 이후에도 유지되고 있었다. Ⅳ장의 분석을 통해 밝힌 담론의 구조에 따르면, 이러한 체육에 대한 부정적 인식의 시작에는 계층·계급담론과 학원스포츠담론이 자리잡고 있음을 알 수 있다. 하지만 학원스포츠 분야는 관련 연구 및 정책이 활발히 진행, 정립되고 있으며, 학생선수의 인권과 학습권에 대한 사회적 인식도 크게 개선되고 있는 과정에 있기 때문에, 이와 관련해서는 학원스포츠 담론의 영향력과 중요성을 규명한 정도로 본 연구의 목적이 달성 되었다고 보았다.

다만 계층·계급담론은 한 층 더 깊은 사회학적 논의가 필요할 것으로 판단하였는데, 인간의 역사를 살펴보면 어느 사회에서나 사회 구성원의 역할 분담을 위해 (Bennett & Kassarjian, 1972) 어떤 형태로든 사회계급이나 계층이 존재해 왔지만(송한나, 2013), 체육인이 분담하기를 강요받고 있는 역할이 Ⅳ장에서 밝힌 담론의 틀에 따라 이루어지고 있다면 이는 개인 차원을 벗어나 사회 구조적 차원의 문제 즉, 권력의 개입이 있었다고 유추할 수 있기 때문이다.

기존 체육학이 주목한 계층·계급 관련 이슈는 지배계급의 헤게모니가 스포츠를 통해 피지배계급에게 전파, 확산되는 과정 등 매개체로서 스포츠의 역할에 한정되어 있었다. 하지만 본 연구에서는 나머지 5개의 하위담론과 마찬가지로 체육에 대한 부정적 인식을 유발하는 실체이자 주체로써 계층·계급 담론의 역할에 주목 하였다. 사회란 다양한 사회세력들이 현실을 상이한 방식으로 구성하고 의미화한 담론을 생산, 유포하며 헤게모니를 겨루는 곳이기 때문이다(Tuchman, 1995). 이는 또한 체육활동에 대한 한국 사회에 뿌리 깊은 편견과 스포츠와 계층·계급 문제를 구성해 온 불평등의 역사성을 상기 했을 때 논리적으로 타당한 시도라고 볼 수 있다.

이러한 계층·계급 담론의 분석에 있어 첫 번째로 설정한 질문은 '대중은 왜 추신수에 열광하는 동시에 야구백수 담론에 동조하는가?'였다. 과연 이러한 괴리는 어디에서 기인한 것일까? Ⅲ장에서 분석한 야구백수 담론에 따르면 추신수 역시 미래가 불투명한 학생선수였을 뿐이었는데 말이다. 앞서 언급한 바 있듯 계층·계급 담론 영역에서 주로 다뤘던 이슈 중에는 스포츠를 매개로 하는 이데올로기의 재생산 효과가 있다. 대중은 신분상승이라는 막연한 꿈을 좇아 스포츠스타의 위치에 자신의 상황을 대입하는 우를 범하는 것이다. 즉, 나도 열심히만 하면 추신수처럼 성공할 수 있다는 '신화(myth)'를 '현실'인 것처럼 받아들이는 것이며 이러한 관점은 스포츠를 매개화하는 기존의 시각과 정확히 일치한다고 볼 수 있다.

그렇다면 야구백수 담론에 동조하는 대중의 심리는 어떻게 파악할 수 있을까? 바로 이 부분이 본 연구에서 제시한 계층·계급 담론이 대중의 부정적 인식 형성에 있어 하나의 이데올로기로 작용했다는 사실을 미루어 짐작할 수 있다. 서덕희(2003)는 이와 관련하여 "모든 담론이 이데올로기적 성질을 띠고 있다고 말할 수는 없다. 그러나 페어클로에 따르면, 담론적 실천이 권력관계를 유지하고 재구조화하는 데에 기여하는 의미작용(signification)을 통합하는 한 그것은 이데올로기적 성질을 지닌다"고 하여 본 연구자의 견해를 뒷받침하고 있다.

또한 계층·계급 담론이 체육에 대한 부정적 인식의 형성에 많은 부분 기여하고 있다는 사실과 Ⅲ장의 분석을 통해 도출된 '체육인이 스스로 느끼는 부정적 인식' 간 보이지 않는 인과관계가 있을 것이라 가정하였으며, 이를 개인적 차원에서 체육인의 주관적 계층의식 개념을 빌려 해석하였다. 개인이 인정하든 하지 않든 현대사회에도 분명 계급은 존재한다. 베버와 마르크스 역시 사회 불평등을 야기하는 가장 중요한 기제로써 경제력에 기반한 불평등 즉, 계급의 역할을 인정하였듯, 계급논리는 시장화의 흐름 속에서 과거보다 훨씬 더 포괄적인 형태로 우리의 무의식에 관여하고 있다. 마찬가지로 인식은 행위에 많은 영향을 미칠 수 있다는 점에서 계층에 대한 인식 역시 핵심적으로 고려해야 하는 요소이다(차종천, 1995).

따라서 개인의 행위를 이해하려면 개인의 계급적 위치와 주관적 계층의식을 동시에 파악해야 하지만(Veenhoven, 2002), 대중의 소비수준이 증가하면서 물질적 생산수단의 소유여부가 더 이상 계급 간 적대감의 원천이 되지 않는 현실을 고려할 때(오혁제, 2009) 계급보다는 계층, 그 중에서도 구조와 주체의 행위를 매개하는 핵심적인 연결고리(Crompton, 1993; 김병조, 2000)인 주관적 계층의식 개념을 차용하여 이러한 현상의 구조를 파악하는 것이 본 연구의 목적에 더욱 부합하는 방법이라고 판단하였다.

더욱이 주관적 계층의식은 사회성원들의 주관적 및 심리적 요인들에 큰 영향을 받는다는 최근의 관점(이병훈, 윤정향, 2006; 조동기, 2006; Lundberg & Kristenson,

2008; 서광민, 2009)과 주관적 계층의식이 박탈의 경험에 대한 스스로의 평가(Demakakos et al., 2008)나 상대적 박탈의 과정(Schnittker & McLeod, 2005)을 반영한다는 연구 결과는 대중의 부정적 인식이 체육인의 주관적 계층의식의 형성에 깊게 관여하고 있음을 암시한다. 즉, 이러한 현실에서 체육인들은 실패의 원인을 구조적 모순에서 찾기보다 자신의 탓으로 돌리게 되고 현실은 기존의 질서를 그대로 유지할 수 있게 되는 것이며(한태룡, 박보현, 한승백, 탁민혁, 2010), 바로 이곳이 거시적 차원의 사회이데올로기와 미시적 차원의 개인의식이 조우하는 지점이라고 할 수 있다.

3.4.3 미디어의 개입

앞선 분석과 논의를 토대로 체육에 대한 대중의 부정적 인식이 사회 전반에 걸쳐 드러나고 있음을 밝혔다. 미디어 특히, 신문을 필두로 하는 대중매체는 담론을 형성, 유포하는 주요하고도 효과적인 장치로서 기능하는데, 이때 미디어는 특정 사안을 보도함에 있어 그 사안에 내재되어 있는 다양한 속성들에 대한 선택과 배제의 과정을 통해 담론을 구성한다(송희영, 2006). 이렇듯 미디어에 의해 형성, 유포되는 담론은 특정 사안을 둘러싼 현실을 개념화할 수 있는 해석의 틀 뿐 아니라 실천 방향까지 제시할 수 있기 때문에 헤게모니의 획득과 유지에 기여한다.

하지만 미디어가 발휘하는 이데올로기적 효과는 담론의 물질성 즉, 담론이 형성된 배경인 사회·문화적 조건을 숨기는 정도에 달려있다(박해광, 2007; 정재희, 2009). 이는 권력과 이데올로기는 권력관계와 이데올로기를 비가시적으로 만드는 불투명함에 의지하고 있기 때문이며(Fairclough, 1995), 헤게모니는 경제적 이해관계로 환원될 수 있는 것이 아니기 때문이다(Hall, 1997).

우리가 일상생활에서 마주치는 수많은 사람들 중 누가 이러한 담론의 수혜자인지 특정하기 어려운 이유가 바로 이것이다. 그렇기 때문에 미디어를 접할 때 우리는 가치중립적 시각을 배제해야 한다. 모든 미디어는 가치중립적이지 않기 때문이다. 캐나다의 미디어 이론가인 맥루한(Herbert Marshall Mcluhan)은 "모든 사람들이 미디어에 동시에 관여하기 때문에 '대중매체'이다"라는 언급을 통해 미디어의 중립성을 강조한 바 있지만, 현대 사회에서 미디어를 둘러 싼 사회적 맥락은 결코 중립적이지 않다. 오히려 대중매체는 사회적인 권력관계에 의한 여러 관계의 망으로 이루어졌기 때문에 권력, 담론 및 이데올로기가 하나로 응축한 형태를 가질 수밖에 없기 때문이다(이창섭, 남상우, 2013).

신문과 영화 등 미디어를 통해 담론화 된 체육에 대한 인식은 체육에 대한 스키마(schema)의 형성에 적극적으로 기여하게 된다. 신문은 신뢰성이라는 점에서, 영화는 대중성과 공공성이라는 점에서 담론의 형성을 주도할 수 있는 매체라고 볼 수 있는데, 앞선 텍스트 분석을 통해 밝혔듯 신문은 논조와 기사내용의 취사선택을 통해 이러한 대중의 부정적 인식 형성에 기여하고 있으며, 영화 속에 투영된 체육인의 이미지가 '폭력', '결핍', '실패'임을 밝힌 최근의 연구(한만석, 이지은, 류태호, 2014) 역시 대중의 부정적 인식 형성에 있어 미디어의 기여를 시사한다. 미디어의 개입을 보다 정확히 이해하기 위해, 프레임(frame)이 우리의 시각을 어떻게 조형하는지도 고찰해 볼 필요가 있는데, '인식의 틀'로 정의되는 프레임은 헤게모니를 전파하는데 중요한 역할을 하기도 한다(Gitlin, 2003). 대중은 체육인의 범죄와 관련한 기사를 볼 때 범죄를 야기한 원인을 생각하기 이전에 '체육인들은 도대체 왜 저러나?'라는 생각을 먼저 하게 된다. 즉, 미디어의 주도에 따라 '체육인은 원래 저런 사람들'이라는 프레임이 대중의 인식 속에 형성되어 있기 때문에 이후 비슷한 보도를 접할 때마다 익숙한 인식을 기반으로 습관적인 판단을 반복, 강화할 수밖에 없다는 것이다〈그림 3〉.

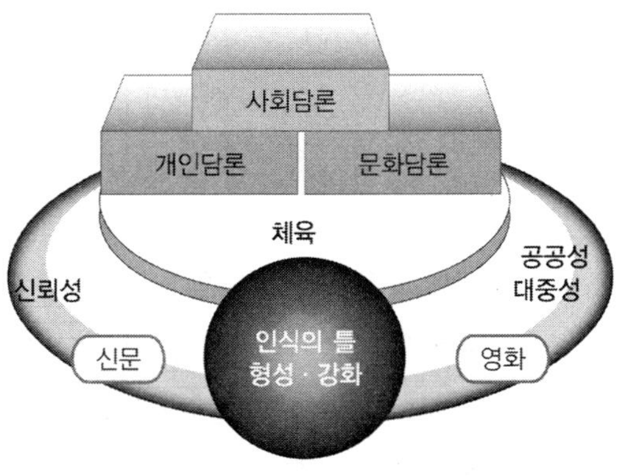

그림 3 ‣ 미디어를 통한 인식 형성 구조

또한 앞 장에서 언급한 바 있는 일탈의 상징적 상호작용론 중 하나인 낙인이론 역시 미디어의 개입에 대한 시사점을 제시한다. 이 이론에 따르면 일탈이 발생하기 위해서는 두 가지 요소 즉, 상징(성폭행, 약물중독 등 행위에 대한 특정한 명칭)과 상호작용(주체들 간의 상호작용)이 필요하다. 이 과정에서 주목할 점은 '상징'을 '어떻게 텍스트화 할 것인지'와 '누가 누구에게 낙인을 찍느냐' 하는 것인데, 상징을 텍스트화 할 수 있는 '사회통제 주관자'는 일반적으로 낙인을 찍는 주체인 언론 즉, 미디어라는 점에서 미디어가 일탈행위 담론의 형성과 유포에 적극적으로 관여하고 있다는 사실을 짐작할 수 있다.

이와 더불어 젠더논리 담론에서도 미디어의 개입은 발견된다. '남자는 연봉, 여자는 외모'라는 식으로 고착화된 보도 경향은 사회 내 만연한 젠더논리를 강화해준다. 대부분의 여성이 남성의 '능력'을 첫 번째 기준으로 꼽은데 반해, 남성은 여성의 '미모'를 최우선으로 생각하는 등 체육과 관련 없는 많은 여론 조사에서도 이러한 개입의 결과물은 나타난다. 즉, 남자선수들의 연봉만을 강조하는 보도행태는 결국 사회 내 젠더논리를 강화하는 촉매로 작용하고 있다고 볼 수 있으며, 이처럼 한 쪽 성별로 치우친 연봉보도는 대중으로 하여금 편향된 '젠더인식'을 갖게 할 가능성이 있다는 점에서 개선이 필요하다.

이렇듯 사회에 만연한 체육에 대한 부정적 인식은 미디어를 통해 이데올로기와 헤게모니의 논리를 관철시킬 수 있다는 점에서 가치중립적이지 않다. 그렇기 때문에 대중의 부정적 인식을 유발하는 체육담론이 일정부분 사실에 근거했다고 해도, 이 '사실'이 미디어를 통해 담론화 되고 대중의 부정적 인식에 영향을 미치는 악순환의 고리는 끊어야 할 필요가 있다. 인식은 부여받는 것이며 형성되는 것이기 때문이다. 또한 주체는 담론의 구성물인 동시에 적극적이고 성찰적으로 담론을 활용하는 행위자(이기형, 2006; 정재희, 2009)이기 때문에, 체육계는 스스로 주도성을 갖고 이러한 문제에 대처해 나아가야 한다.

:: 참고문헌

강내희(1990). “담론의 안팎: 몇 가지 담론이론에 관한 소고.” 인문학 연구 17, 115-132. 중앙대학교 인문과학연구소.

강은영(2009). 푸코의 계보학적 분석을 통한 생활무용의 변동적 특성 분석. 미간행 박사학위 논문, 한국체육대학교 대학원.

국립특수교육원(2009). 특수교육학 용어사전. 서울: 하우.

김민경(1993). 해방이후 한국 사회체육의 변천과정에 관한 연구. 미간행 석사학위 논문. 이화여자대학교 대학원.

김범식(1988). 스포츠를 통한 정치 사회화가 국민정치태도에 미치는 영향. 미간행 박사학위 논문. 서울대학교 대학원.

김병조(2000). “한국인 주관적 계층의식의 특성과 결정요인.” 한국사회학. 34(여름호): 241-268.

김상구, 김범식(1984). 스포오츠의 정치화 과정에 관한 연구. 한국체육학회지, 23(1), 1003-1013.

류태호, 양진예, 정연학, 한만석(2013). 큰 빛 12기의 도전: 희망 초등학교 큰 빛 12기의 학급문화에 관한 사례연구. 한국체육학회지, 52(2), 235-250.

류태호, 한만석, 이지은(2014). 학교체육교육의 새로운 담론: 매일체육의 정당성에 관한 논의. 한국스포츠교육학회지, 21(1), 21-48.

문용린(2002). 교육의 수월성과 평등성 추구. 교육개발, 29(4), 43-49.

박해광(2007). 문화 연구와 담론 분석. 문화와 사회, 83-116.

백선기(2005). 『전쟁보도와 미디어 담론』. 커뮤니케이션북스.

서광민(2009). “주관적 계층의식에 영향을 미치는 요인에 관한 연구: 소득·교육수준·직업·소득 만족도·생활 만족도를 중심으로.” 한국사회학회 사회학대회 논문집.

서덕희(2003). “교실붕괴” 기사에 대한 비판적 담론분석: 조선일보를 중심으로. 교육인류학연구, 6(2), 55-89.

송한나(2013). 한국 사회의 계급위치와 계층의식 격차에 미치는 경제, 문화, 사회적 요인에 관한 연구: 부르디외의 자본의 형태를 중심으로. 미간행 석사학위 논문, 이화여자대학교 대학원.

송희영(2006). 신문과 담론분석 - 독일의 ‘빌트 지’와 한국의 ‘조선일보’를 중심으로. 카프카연구, 15, 163-181.

심규성(2012). 스포츠의 사회적 기능변화와 스포츠복지개념 형성: 푸코의 담론 이론적 분석. 미간행 박사학위 논문. 한국체육대학교 대학원.

안치민(1992). “한국사회의 계급구조화 연구.” 한국사회학, 26(여름호): 59-81.

양운덕(2003). 공적 합리성의 가능조건: 보편적 인권의 정당화와 관련하여. 시대와 철학, 14(1), 251-282.

양운덕(2003). 미셸 푸코. 경기: 살림.

오기애(1987). 스포츠 보도와 정치적 신화 : 86 아시안 게임을 중심으로. 미간행 석사학위 논문. 이화여자대학교 대학원.

오기애(1987). 스포츠 보도와 정치적 신화 : 86 아시안 게임을 중심으로. 미간행 석사학위 논문. 이화여자대학교 대학원.

오혁제(2009). 중산층에 대한 사회경제적 요인과 주관적 계층의식이 생활만족도에 미치는 영향: 계층의식의 조절효과를 중심으로. 미간행 석사학위 논문, 서울대학교 행정대학원.

이기형(2006). 담론분석과 담론의 정치학: 푸코의 작업과 비판적 담론분석을 중심으로. 언론과 사회, 14(3), 106-145.

이병훈, 윤정향(2006). 사회계층의식의 변동에 관한 연구. 경제와 사회, 70(여름호), 111-140.

이정우(2005). 담론의 매혹. 주체들의 백가쟁명. 한겨례. 11월 27일.

이창섭, 남상우(2010). 스포츠사회학. 충남: 충남대학교 출판부. Fairclough, N(1992). Discourse and social change. Oxford: Blackwell.

이창섭, 남상우(2013). 스포츠사회학. 충남: 충남대학교 출판부.

임식, 허진석(2009). 제3공화국 스포츠 체육 정책 연구사의 비판적 검토. 한국스포츠엔터테인먼트법학회, 12(1), 105 130.

정성태, 김창규(1984). 올림픽의 사회학. 서울: 중앙일보사.

정재희(2009). 교육의 수월성 기사에 대한 비판적 담론 분석(조선일보와 한겨레 신문을 중심으로). 미간행 석사학위 논문, 이화대학교 교육대학원.

조권중(2002). 서울시민의 계층의식과 도시사회 정책. 서울시 정책개발연구원.

조동기(2006). 중산층의 사회 인구학적 특성과 주관적 계층의식. 한국인구학. 29(3), 89-109.

차종천(1995). 현대 한국 사회의 계층. 한국사회론: 제도와 사상. 정창수 편. 사회비평사.

최영원(1989). 스포츠참여와 정치태도의 관계에 관한 연구: 서울시내6개 여자대학을 중심으로. 미간행 석사학위 논문. 이화여자대학교 대학원.

한만석, 김매이(2013). 여가교육에 관한 고찰. 한국사회체육학회지, 54(1), 661-673.

한만석, 이지은, 류태호(2014). 영화 속 '체육인'의 이미지 분석. 체육과학연구, 25(1), 78-91.

한만석, 최정웅, 임용석(2014). 스포츠 인재육성을 위한 방안고찰. 한국스포츠사회체육학회, 56, 205-218.

한태룡, 박보현, 한승백, 탁민혁(2010). 스포츠사회학. 서울: 레인보우북스.

허정민(1998). 국제스포츠의 정치적 기능에 관한 연구. 미간행 석사학위 논문, 이화여자대학교 대학원.

황인숙(2010). 영화 텍스트 분석을 통해 본 섹슈얼리티와 가족: <바람난 가족>을 중심으로. 지방자치연구, 14, 109-136.

Barker, C. & Galasinski, D. (2001). Cultural studies and discourse.

Bennett, P. D. and Kassarjian, H. J. (1972). Consumer Behavior. Englewood Cliffs. New

York: Prentice Hall.

Bourdieu, P.(1986). Distinction: A social critique of the judgement of taste. London: Routledge, 108-119.

Brohm, J. (1978). Sport: A Prison of Measured Time. London: Inks Links. Discourse as social interaction.(pp. 258-284) London: SAGE.

Crompton Rosemary. (1993). Class and Stratification: An Introduction to Current Debates. 정태환·한상근 역. 1995. 현대의 계급론. 한울아카데미.

Crossly, N. (2005). Key concepts in critical social theory. London : Sage.

Demakakos, P., Nazroo, J., Breeze, E., & Marmot, M. (2008). Socioeconomic status and health: the role of subjective social status. Social science & medicine, 67(2), 330-340.

Edward, H. (1984). Sport politics: Los Angeles, 1984 -The Olimpic Tradition Continues, Sociology of Sport J. 1(2), 174.

Fairclough, N. & Wodak, R. (1997). Critical discourse analysis. Dijk, T. A. V. (Ed.),

Fairclough, N. (1992). Discourse and text: Linguistic and intertextual analysis within discourse analysis. Discourse and Society. 193-218.

Fairclough, N. (1995). Critical discourse analysis; The critical study of language. Essex: Longman.

Fairclough, N. (1995). Media discourse. Edward Arnold. 이원표 역. 2004. 대중매체 담화분석. 한국문화사.

Foucault, M.(1998). 이정우 역(1998). 담론의 질서. 서울: 서강대학교 출판부.

Gitlin, T.(2003). The whole world is watching(2nd edition). University of California Press.

Graham, G. (2001). Teaching Children Physical Education. Champaign, IL : Human Kinetics

Hall, S. ed. (1997). Representation: Cultural Representations and Signifying Practices. London: Sage Pub.

Hargreaves, J. (1986). Sport, Power and Culture. New York: St. Martin's Press.

Hoberman, J. M. (1984). Sport and Political Ideology. Austin: University of Texas Press.

Hoberman, J. M. (1993). "Sport and Ideology in the Post-Communist Age." In L. Allison (Ed.). The Changing Politics of Sport(pp. 15-36). Manchester University Press.

Jackman, M. R. & Robert W. J. (1973). An Identification of the Relation between Objective and Subjective Social Status. American Sociological Review. 38. 569-82.

Lundberg, J. and M. Kristenson. (2008). Is Subjective Status Influenced by Psycho-social Factors?. Social Indicators Research 89(3): 375-390.

Mills, S. (1997). Discourse Routledge. 김부용 역. 2001. 『담론』. 인간사랑.

Natna, A. (1969). Sport and Politics. In Loy, J. W., & Kenyon, G. S.,(des.). Sport, Culture and Society: A reader in the sociology of sport. New York: Macmillan Publishing Co., Inc. 103-210.

Phillips, L. & Jorgenson, W. (2002). Discourse analysis as theory and method. London : Sage.

Schnittker, J., & McLeod, J. D. (2005). The social psychology of health disparities. Annual Review of Sociology, 75-103.

Tuchman, G. (1995). 메이킹 뉴스: 현대사회와 현실의 재구성 연구. Making news: A study in the construction of reality. (박홍수 역). 서울: 나남출판.

Veblen, T.(1899). The theory of the leisure class. 김성균 역(2005). 유한 계급론. 서울: 우물이 있는 집.

Veenhoven. (2002). Why Social Policy Needs Subjective Indicators. Social Indicators Research. 58, 33-45.

관련기사

http://article.joins.com/news/article/article.asp?total_id=11075258&cloc=olink|article|default

http://article.joins.com/news/article/article.asp?total_id=11892164&cloc=olink|article|default

http://article.joins.com/news/article/article.asp?total_id=12676132&cloc=olink|article|default

http://article.joins.com/news/article/article.asp?total_id=12699686&cloc=olink|article|default

http://article.joins.com/news/article/article.asp?total_id=13663513&cloc=olink|article|default

http://foto.sportschosun.com/news/ntype2_o.htm?ut=1&name=/news/sports/200705/20070510/75j02004.htm

http://imnews.imbc.com/replay/2013/nwdesk/article/3263376_11981.html

http://isplus.live.joins.com/news/article/article.asp?total_id=12243669&cloc=

http://joongang.joins.com/article/aid/2013/11/06/12650269.html?cloc=olink|article|default

http://joongang.joins.com/article/aid/2014/03/19/13770641.html

http://mookas.com/media_view.asp?news_no=14674

http://news.chosun.com/site/data/html_dir/2013/07/26/2013072600232.html

http://news.chosun.com/site/data/html_dir/2013/10/10/2013101002139.html

http://news.chosun.com/site/data/html_dir/2013/12/18/2013121804217.html

http://news.chosun.com/site/data/html_dir/2013/12/30/2013123003942.html

http://news.chosun.com/site/data/html_dir/2014/01/09/2014010900376.html

http://news.chosun.com/site/data/html_dir/2014/03/01/2014030100538.html

http://news.donga.com/3/all/20081225/8675901/1

http://news.donga.com/3/all/20101109/32451731/1

http://news.donga.com/3/all/20110216/34860341/1

http://news.donga.com/3/all/20130219/53129006/1

http://news.donga.com/3/all/20131203/59291549/1

http://news.donga.com/3/all/20140117/60222257/1

http://news.hankooki.com/lpage/opinion/201401/h2014010203330924430.htm

http://news.hankooki.com/lpage/society/201401/h2014011521101221950.htm

http://news.heraldcorp.com/view.php?ud=20110822000522&md=20120317135847_AT
http://news.heraldcorp.com/view.php?ud=20120731000383&md=20120802003223_AT
http://news.heraldcorp.com/view.php?ud=20120809000392&md=20120811003250_BC
http://news.heraldcorp.com/view.php?ud=20130410000056&md=20130413005039_AT
http://news.heraldcorp.com/view.php?ud=20131023000131&md=20131026004633_AT
http://news.jtbc.joins.com/article/article.aspx?news_id=NB10358469
http://news.jtbc.joins.com/article/article.aspx?news_id=NB10374185
http://news.jtbc.joins.com/article/article.aspx?news_id=NB10433529
http://news.kbs.co.kr/news/NewsView.do?SEARCH_NEWS_CODE=2757106&ref=A
http://news.kbs.co.kr/news/NewsView.do?SEARCH_NEWS_CODE=2758440
http://news.kbs.co.kr/news/NewsView.do?SEARCH_NEWS_CODE=2759768&&source=http://news.kbs.co.kr/news/NewsView.do?SEARCH_NEWS_CODE=2758440&ref=A
http://news.khan.co.kr/kh_news/khan_art_view.html?artid=201106010949502&code=900314
http://news.khan.co.kr/kh_news/khan_art_view.html?artid=201401161200001&code=910100
http://news.kukinews.com/article/view.asp?page=1&gCode=kmi&arcid=0004521335&cp=nv
http://news.mt.co.kr/mtview.php?no=2013051620584177377&type=1
http://news.mt.co.kr/mtview.php?no=2014030321333351194&type=1
http://news.mt.co.kr/mtview.php?no=2014030411350072122&type=1
http://news.mt.co.kr/mtview.php?no=2014030414083966093&type=1
http://news.naver.com/main/read.nhn?mode=LSD&mid=sec&sid1=100&oid=003&aid=0004666879
http://news.naver.com/main/read.nhn?mode=LSD&mid=sec&sid1=102&oid=001&aid=0006209741
http://news.naver.com/main/read.nhn?mode=LSD&mid=sec&sid1=102&oid=003&aid=0004473975
http://news.sbs.co.kr/section_news/news_read.jsp?news_id=N1002132466
http://news.sbs.co.kr/section_news/news_read.jsp?news_id=N1002132474
http://news.sportsseoul.com/read/sports/1287184.htm
http://news.sportsseoul.com/read/sports/1289774.htm
http://news.sportsseoul.com/read/sports/793665.htm
http://news.sportsseoul.com/read/sports/935867.htm
http://news20.busan.com/controller/newsController.jsp?newsId=20130726000100
http://osen.mt.co.kr/article/G1109561181
http://pdf.joins.com/article/pdf_article_prv.asp?id=DY01201403180071
http://reporter.korea.kr/newsView.do?nid=148769769
http://sbscnbc.sbs.co.kr/read.jsp?pmArticleId=10000625946
http://sports.chosun.com/news/ntype.htm?id=201104080000000000006107&servicedate=2011

0408
http://sports.chosun.com/news/ntype.htm?id=201201120100083680007247&servicedate=20120112
http://sports.chosun.com/news/ntype.htm?id=201203210100144490012018&servicedate=20120320
http://sports.chosun.com/news/ntype.htm?id=201304270100214230016740&servicedate=20130426
http://sports.chosun.com/news/ntype.htm?id=201308060100033970002343&servicedate=20130805
http://sports.chosun.com/news/ntype.htm?id=201311050100042370002341&servicedate=20131105
http://sports.donga.com/3/all/20130522/55340294/3
http://sports.donga.com/3/all/20140106/60006210/3
http://sports.khan.co.kr/news/sk_index.html?cat=view&art_id=201311061021413&sec_id=520101&pt=nv
http://sports.news.naver.com/sports/index.nhn?category=general&ctg=news&mod=read&office_id=001&article_id=0005744450
http://sports.news.naver.com/sports/index.nhn?category=general&ctg=news&mod=read&office_id=020&article_id=0000015371
http://sports.news.naver.com/sports/index.nhn?category=general&ctg=news&mod=read&office_id=020&article_id=0000015371
http://sports.news.naver.com/sports/index.nhn?category=general&ctg=news&mod=read&office_id=020&article_id=0000252309
http://sports.news.naver.com/sports/index.nhn?category=general&ctg=news&mod=read&office_id=086&article_id=0000004148
http://sports.news.naver.com/sports/index.nhn?category=kbl&ctg=news&mod=read&office_id=065&article_id=0000048616
http://sports.news.naver.com/sports/index.nhn?category=sports_general&ctg=news&mod=read&office_id=001&article_id=0000637980
http://sports.news.naver.com/sports/index.nhn?category=sports_general&ctg=news&mod=read&office_id=001&article_id=0006351859
http://sports.news.naver.com/sports/index.nhn?category=sports_general&ctg=news&mod=read&office_id=028&article_id=0000119889
http://sports.news.naver.com/sports/index.nhn?category=worldfootball&ctg=news&mod=read&office_id=001&article_id=0006369515
http://sunday.joins.com/article/view.asp?aid=21809
http://sunday.joins.com/article/view.asp?aid=32600

http://w3.sbs.co.kr/news/newsEndPage.do?news_id=N1001544463
http://www.asiae.co.kr/news/view.htm?idxno=2011042109431176366
http://www.ccdailynews.com/sub_read.html?uid=383275&section=sc3
http://www.emetro.co.kr/news/newsview?newscd=2014010900188
http://www.etoday.co.kr/news/section/newsview.php?idxno=855367
http://www.gwnews.org/news/articleView.html?idxno=45163
http://www.hangyo.com/APP/news/article.asp?idx=42100
http://www.hangyo.com/APP/news/article.asp?idx=42899
http://www.hani.co.kr/arti/opinion/column/627581.html
http://www.hani.co.kr/arti/opinion/readercolumn/341560.html
http://www.hankyung.com/news/app/newsview.php?aid=2014011522051
http://www.inews365.com/news/article.html?no=310782
http://www.kgnews.co.kr/news/articleView.html?idxno=318002
http://www.kookje.co.kr/news2011/asp/newsbody.asp?code=1700&key=20120628.22031195435
http://www.kwangju.co.kr/read.php3?aid=1356879600485721131
http://www.kyeonggi.com/news/articleView.html?idxno=582620
http://www.kyosu.net/news/articleView.html?idxno=26990
http://www.newdaily.co.kr/news/article.html?no=71074
http://www.newscj.com/news/articleView.html?idxno=140930
http://www.newsen.com/news_view.php?uid=201401151711524710
http://www.newsen.com/news_view.php?uid=201402202127570610
http://www.newsis.com/ar_detail/view.html?ar_id=NISX
http://www.nocutnews.co.kr/news/367123
http://www.nocutnews.co.kr/Show.asp?IDX=2566862
http://www.pressian.com/news/article.html?no=39729
http://www.segye.com/content/html/2008/09/04/20080904002725.html
http://www.segye.com/content/html/2014/01/16/20140116005537.html?OutUrl=naver
http://www.sisapress.com/news/articleView.html?idxno=54233
http://www.sisapress.com/news/articleView.html?idxno=55880
http://www.sportnest.kr/1201
http://www.sportnest.kr/408
http://www.tvreport.co.kr/?c=news&m=newsview&idx=105512
http://www.ytn.co.kr/_ln/0107_201401121613411528
http://www.ytn.co.kr/_ln/0107_201403010505090226

4

전문성

Who is a Expert?

전문성은 개인, 조직 및 사회를 넘어 국가의 성장과 발전의 원동력이다. 교육현장에서도 전문성은 교육의 질을 담보하는 중요한 교사의 자질로 인식하고 전문성을 개발하기 위해 많은 노력을 기울여왔다. 그리고 전문성을 가진 교사들을 교육전문가로 지칭하고 이들의 특별한 교육방법을 배우고 보급하기 위해 많은 연수프로그램 및 교육 자료를 개발하였다. 그러나 상당수의 연구 및 개발 된 프로그램에서 교수자의 전문성을 객관적으로 선정할 수 있는 기준도 모호하며, 전문성의 요인에 대해서도 사회적, 도덕적인 측면들을 배제한 채 수업의 기술적 측면을 지향하던 방식으로 인해 가르치는 일의 총제적인 면을 드러내기에는 부족하다는 점에서 한계가 있다(유정애, 2000). 또한 인지 심리학에 기초한 과학적, 실증적 연구는 가르치는 사람과 배우는 사람 사이를 탈맥락적으로 계량화함으로써 수업 속에서 드러나는 풍부한 상황적 맥락을 드러내지 못한다. 그 결과 수업에서 일어나는 다차원적 현상을 단일한 차원으로 제시하여 수업 상황 속에서의 전문성이 무엇인지 이해하는 데 있어 한계가 있다(한만석, 2014).

체육학 내에서 전문성 연구는 운동 상황에서의 근본적 메커니즘을 연구하는 경향으로 오랫동안 지속되었으며, 21세기 들어서면서 생태학적 심리학, 다중 시스템 이론, 상호 연관적인 기술의 중요성을 강조하며(Huys, Daffertshofer & Beek, 2004) 한 가지의 변인으로 전문성을 규정하지 않고, 다수의 변인들의 상호 관련성이 더 중요한 전문성의 요소임을 강조하고 있다. 최근 들어 교수자의 전문성이 과학적 접근에 기반한 수업의 기술적 관점에 편중된 데에 대한 비판으로 인성적 자질인 '심성'의 중요성이 강조되고 있다(2011, 최의창). 또한 학생의 행동 및 감정을 이해하기 위해, 동기 및 정서 수준에서 연구하는 신경교육학이라는 학문 분야가 생겨났으며, 체육의 의미를 뇌 과학적 관점에서 재조명해보려는 연구가 이루어지고 있다(류태호, 한만석, 이지은, 2014; 이규일, 2012). 이러한 움직임은 과거 기능적 관점이 아닌 통합적 관점에서 체육에 대한 총체적인 이해를 지향하고 있으며 객관화된 지표 이면의 미묘한 교육적 현상들이 더 이상 방관할 수 없는 중요한 교육적 요인이자 전문성의 속성임을 인정하고 있는 것이다.

이러한 맥락에서 본 장 에서는 체육학에서 이루어진 전문성에 관련된 연구들을 고찰하고 다양한 영역에서 논의하는 전문성의 특징을 살펴본 후 이를 종합하여 전문성의 요인과 한계를 재탐색하고 반성해 보고자 한다. 그리고 마지막으로 체육을 가르치는 사람으로서의 전문성은 무엇이어야 하는가에 대해 논의하고자 한다.

4.1 체육학에서의 전문성 연구

의미를 정확하게 규정하기 어려운 단어들이 때로는 강력한 영향력을 발휘한다. 전문성은 아무리 두꺼운 책으로도 그 의미를 명확하게 규정하기 어렵지만 교육현장에서는 마치 모든 문제를 해결할 수 있는 열쇠처럼 여겨진다. 과연 전문성이란 무엇일까? 같은 맥락에서 전문가가 보유한 인적자원으로서의 전문성은 다양한 학문분야에서 지속적으로 연구되어 왔다(오헌석, 2006). 전문성을 가진 전문가의 특징들을 밝히기 위해 전문가는 무엇을 할 수 있고, 비전문가 및 초보자와는 어떤 차이가 있으며, 전문가로 성장하는 과정은 어떤 단계로 구분되는지에 관한 연구를 통해 전문가를 정의하고자 하였다.

반복해서 장기간 같은 일을 수행하면서 'know how'를 축적한 사람들을 전문가라고 부른다(류태호, 1998). Hoffman과 Lintern(2006)에 따르면 지식을 생산해내는 수많은 방법과 절차들이 소개되고 있지만 가장 중요한 방법은 지속적인 연습이다. 체스의 고수를 대상으로 한 de Groot(1946, 1965, 1978)의 연구에서 초보자가 최고 수준의 선수가 되는 데 최소한 10,000시간이 걸림을 밝혀냈다. 하루에 4시간씩 연습할 때 약 10년의 시간이 걸리는 것이다. 이는 음악, 미술, 발레, 스포츠, 운송 등과 같은 분야에도 동일하게 적용되며 이를 가리켜 '10년의 법칙(10 years of rule of thumb)'이라고 한다. 이처럼 전문가들은 장기간 같은 직종 또는 일에 종사하면서 형성한 전문적인 지식과 기능을 가지고 있으며(Ericsson, Charness, Feltovich & Hoffman, 2006; Starkes, 1993), 이는 비전문가들이 쉽게 따라할 수 없는 독특한 모습으로 드러난다. 우리는 위와 같이 장기간의 노력을 통해 능숙하게 자기 분야의 일을 잘 하는 전문가들을 다양한 명칭으로 불렀다〈그림 1〉.

이 특성들을 밝히기 위한 연구는 인지심리학자들에 의해 시작되었다(Hoffman, 1992, 1998; Chi, 2006; 유정애, 2000). 전문성의 속성을 밝히기 위한 연구는 두 가지의 접근 방식으로 이루어졌는데 하나는 자신들의 영역에서 뛰어난 성과를 달성한 전문가들을 연구하는 방법이고, 다른 하나는 전문가는 초보자가 달성해야 할 높은

그림 1 ▸ 전문가를 뜻하는 다양한 명칭

수준의 기량이 있다고 가정하고 전문가와 초보자를 비교하는 상대적인 접근 방법이다(Chi, 2006). 이러한 가정으로 인해 전문가(experts)는 초보자(novice)에 비해 상대적으로 많은 지식(knowledge)을 갖는 의미로 정의되었고, 초보자는 비전문가(non experts)를 총칭하는 포괄적인 의미를 갖게 되었다.

전문가들의 사고과정과 문제해결을 분석한 결과 전문가들은 특정한 영역에 대한 깊은 지식이 잘 정리되어 있으며, 단순히 정보를 수용하는 것이 아니라 의미 있는 패턴을 잘 읽어내는 특징을 가지고 있다. 또한 단편적인 지식들이 많은 것이 아니라 상황에 적합한 지식을 인출할 수 있는 능력이 우수하고, 다양한 상황적 요구에 적응할 수 있는 융통성을 가지고 있었다. 또한 장기간의 연습만으로는 설명할 수 없는 신중한 연습(deliberate practice)이 그 특징으로 드러났다. 신중한 연습은 3~4시간 동안 고도로 집중하여 자신의 수행에 대해서 피드백을 받아 수정하며, 수행에 대한 평가를 수반한 연습을 뜻한다(Ericsson, 1996; Ericsson et al., 2006). 즉, 연습의 양(Quantity)과 함께 연습의 질(Quality)을 강조한 연습방법이다.

표 1 ▸ 숙련도 척도(Chi, 2006, p.22)

구분	설명
무경험자(Naive)	특정 영역에 대한 배경지식이 없이 무지한 사람
초보자(Novice)	특정 영역의 새로운 구성원으로 견습(見習) 단계에 있으며 약간의 배경지식이 있는 사람
입문자(Initiate)	기본적인 수준에서 가르치거나 설명할 수 있는 사람
도제(Apprentice)	입문 단계를 넘어서 전문가나 명장과 함께 생활하며 연구에 몰두하는 견습생으로 그 기간은 영역의 특징에 따라 다르며, 1년에서 12년 사이가 된다.
숙련가(Journeyman)	경험이 많고 신뢰할 수 있는 사람으로 능숙하고 만족스럽게 맡은 일을 수행하는 사람
전문가(Expert)	대단히 정확하고 믿을 수 있게 맡은 일을 수행하여 동료들로부터 높이 평가받으며, 드물거나 어려운 일들을 효과적으로 처리하고, 완벽한 기술과 효율적인 노력으로 일을 수행하는 사람. 또한 타 영역으로의 확장된 경험을 통해 특별한 지식이나 기술을 가지고 있는 사람

명장(Master)	일반적으로 전문가 중에서 뛰어난 사람을 의미하며 가르칠 수 있는 능력이 있으며, 다른 전문가로부터 유일한 전문가로 인정받거나, 진정한 전문가로 인정받는 사람

Chi(2006)는 상대적인 관점에서 전문성의 단계를 〈표 1〉과 같이 제시하였다. 〈표 1〉에 따르면 초보자(Novice)는 자신의 영역에 대해 조금 알고 있는 견습(見習)단계에 있는 사람으로서 무경험자(Naive)와는 구분되며, 무경험자부터 숙련공(Journeyman)까지를 일반적으로 비전문가라고 한다.

4.1.1 교사 지식

체육학에서 전문성에 관한 연구는 우수한 교수자의 직무수행을 관찰하여 갖추어야 할 지식 및 태도, 소양을 밝히거나, 초임 교사와 경력교사의 전문지식 차이를 비교하는 방식으로 이루어졌다. 1980년대 후반 이후 교사 전문성에 관한 연구에서 교사 지식에 관한 영역이 관심사로 떠오르면서 이와 관련된 수업전문성에 관한 연구를 통해 전문가로서의 교사가 갖추어야 할 지식이 본격적으로 논의되기 시작하였다(Rovegno, 1992a; Shulman, 1986, 1987; 안양옥, 1995, 1997; 안양옥, 신기철, 2000).

일반적으로 수업전문성은 교육현장에서 전문성을 논할 때 가장 중요한 요소이며, 교과에 대한 폭넓은 지식(content knowledge)을 바탕으로 이를 학생들에게 효과적으로 전달하는 능력(pedagogical knowledge)이 뛰어남을 의미한다. 이러한 관점에서 볼 때 전문성이란 교과 지식에 대한 해박한 이해를 바탕으로 이를 잘 전달하는 '교과지식 및 실행기술'의 뛰어남을 의미한다(양정모, 2010).

Shulman(1986, 1987)은 교직이 고유한 전문적인 지식에 그 기반을 두고 있음을 강조하며, 교직의 전문성을 체계적으로 알리고 교사들이 전문성을 확보하기 위해서 갖추어야 할 전문적 자질을 밝혀내는 데 공헌하였다〈그림 2〉. 이를 통해 기존의 교사지식 연구가 '교과내용 지식'보다는 효과적으로 내용을 전달하는 데 초점을 맞추어 '교수 방법지식'을 강조했던 세태를 비판하면서, 특정한 수업상황에서 교과내용

그림 2 ▸ PCK의 구조(Shulman, 1987)

지식과 교수방법지식의 합성으로 나타나는 'PCK(pedagogical content knowledge)'가 교사전문성의 핵심이 되어야 한다고 주장하였다(안양옥, 신기철, 2000).

이러한 내용교수지식(PCK)을 통해 교사는 교과 내용을 학습자의 특성과 교육환경에 맞게 구조화하여 전달할 수 있으며 이런 점에서 교사는 교과 전문가와 구분된다. 즉, 교과 전문가가 체육 교과에 대한 이론적 이해와 교육과정의 구성 및 전개에 대한 지식이 뛰어난 사람을 의미한다면 교사는 이러한 지식을 다양한 수준의 학생들에게 가장 적합한 방식으로 재구성해서 가르칠 수 있는 사람을 의미하는 것이다.

따라서 전문가는 내용교수지식을 활용하여 교과의 내용과 환경적 맥락에 맞추어 적절하게 학습내용을 계획하고 실행할 수 있으며, 이를 통해 복잡한 상호작용이 일어나는 교육적 현장을 이해하고 개선할 수 있어야 한다. Shulman(1987)은 이러한 PCK를 교과내용과 교수법에 관한 지식, 학습자의 특성 및 교육적 상황에 대한 이해, 교육과정과 교육목적에 관한 지식으로 분류하였으며 이러한 능력의 개발이 전문성을 개발하기 위한 중요한 요소임을 강조하였다〈그림 3〉.

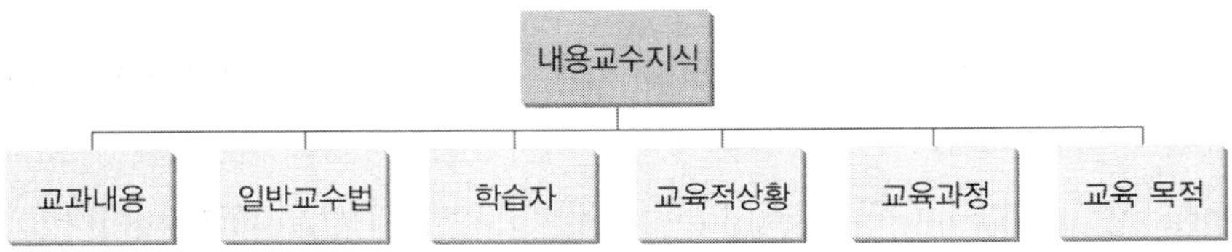

그림 3 ▸ PCK의 구성요소(Shulman, 1987)

체육학에서는 Housner(1992)와 Rovegno(1992b)가 PCK(내용교수지식)를 '교과의 내용을 가장 효과적으로 학생들에게 전달할 수 있는 방법'으로 정의하였으며, 많은 연구들이 이러한 PCK의 특징을 밝히기 위해 이루어졌다(Amade-Escot, 2000; Griffin, Dodds, & Rovegno, 1996; MaCaughty & Rovegno, 2003).

유정애(2007)는 내용교수지식을 교사가 의도한 교육 내용을 효율적으로 전달할 수 있게 하는 수업실행지식이라고 정의하면서 6가지로 그 구성요소를 밝혔다〈그림 4〉.

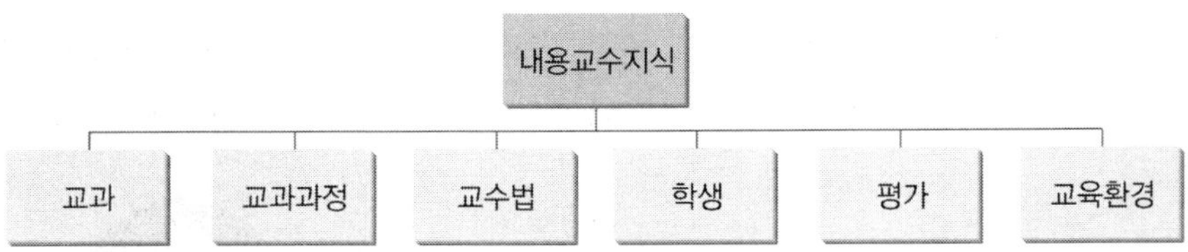

그림 4 ▸ 내용교수지식의 구성요소(유정애, 2007)

이중에서 학생에 관한 지식은 학생들이 직면하는 학습곤란의 이유와 학습 실패의 원인을 잘 알고 효과적으로 지도할 수 있는 교사 지식을 의미한다. 이러한 내용교수

지식은 다양하고 지속적인 수업경험을 통해 발달될 수 있는 성격을 띤다. 예를 들자면 대학에서 예비교사로서 교육과정, 교수법등의 수업과 실습을 경험하였음에도 막상 현장에 나가서는 이를 종합적으로 교육상황에 적용하는 데 많은 어려움과 한계를 느낀다. 즉, 이러한 능력이 이론적 학습을 통해 얻어지는 성격이라기보다는 이론적 개념이 설명하는 실제 수업 상황 속에서 다양한 상호작용과 예상치 못한 변인(variable)들의 복잡한 관계 속에서 길러지는 것이다.

이를 볼 때, 내용교수지식은 교육현장에서의 지속적인 계획, 실행, 반성을 통해서 얻어질 수 있으며 이러한 문제점과 한계를 발견하고 극복하는 것이 가르치는 사람으로서 전문성을 확보하는 가장 중요한 요소임을 알 수 있다.

1990년대 중, 후반 이러한 문제를 발견하고 개선하기 위해 교육경력에 따라 어떤 부분에서 차이가 있는가를 밝히고자 하는 연구들이 이루어졌다〈표 2〉(Schempp, Manross, Tan & Fincher, 1998a, 1998b; Tan, 1997; 안양옥, 1995). 이러한 연구를 통해 교육경력이 짧은 단계에서 부족한 지식을 발견하여 예비교육단계 및 초임단계에서 교육하면 '이론'과 '실제'의 간극을 좁힐 수 있다고 생각하였다. 따라서 이 시기에는 다양한 교육적 상황 속에서 '교수자와 학생의 사고과정'이 주요 관심사로 떠오르면서 수업 상황에서 교수자가 가지고 있는 지식에 대해서 연구의 초점이 맞추어졌다. 수업을 연구할 때 '교육 내용'은 중요한 요인이며 이에 대한 교수자의 지식이 중요한 연구대상이 되었다.

표 2 ▸ 교육경력에 따른 교사 지식 비교 연구

	경력교사	초임교사
Tan(1997)	-학습의 어려움을 수업구조의 문제로 인식하고 그 책임을 교사 자신에게 돌림 -학생의 특성을 고려한 수업계획 및 운영 -공식적 객관적 평가	-학습의 어려움을 학습자의 환경적 요소로 판단함 -교사의 선호와 용기구를 고려한 수업계획 및 운영 -비공식적 주관적 평가
Schempp et al. (1998a, 1998b)	-학생들의 문제를 교사의 책임으로 인식 -교사로서 더 많은 지식이 필요함을 인식 -학생의 요구를 고려하여 수업내용을 선정·조직	-학생들의 문제를 학생과 관련된 환경의 문제로 인식 -교사로서 충분한 지식을 가지고 있다고 인식 -자신의 경험에 근거하여 수업내용을 선정·조직

<table>
<tr><td rowspan="2">안양옥
(1995, 1997)</td><td colspan="2">- 수업목표를 운동 기능 숙달로 설정함
- 교육과정의 내용 선정 및 조직 시 기능 습득에 초점을 둔 교사 중심의 수업전략 채택</td></tr>
<tr><td>- 짜임새 있고 융통성 있는 수업 계획
- 학생을 적극적인 학습자로 인식하고 흥미를 고려한 수업 계획</td><td>- 학생 통제 및 동기유발의 부족
- 학생을 수동적 학습자로 인식하고 학생통제를 계획</td></tr>
</table>

이러한 연구를 통해 교수자가 가르치는 교과에 대해 가지고 있는 지식은 교육내용을 선정하고 구성하는 데 영향을 미치며, 수업 중 교수자에게서 일어나는 교수 행동과 방법, 수업 전략의 선택에도 결정적 영향을 미친다는 것을 보여주고 있다.

Tan(1997)의 연구에서 초임교사들은 학습자의 학습상의 어려움이 개인의 사회·경제적 배경이나 신체적 조건과 같은 환경적 요인에서 기인한다고 생각하였으나, 경력교사들은 수업의 구조 문제라고 인식하여 문제 상황의 책임이 교사에게 있다고 생각하였다(Berliner, 1998; Schempp, 1993). 즉, 경력교사일수록 수업의 문제를 자신에서 찾으려는 경향이 강하며, 문제 현상을 개선하기 위해 반성하고 학생의 특성에 맞는 수업을 계획하고 운영하려는 특징을 보였다. 이는 수업의 책무성이라는 정의적 요소가 교사의 전문성을 판단할 때, 중요한 지표임을 말해준다. 수업의 문제를 학생의 환경적 요소에서 찾는 초임교사는 상대적으로 경력교사에 비해 수업상황에서의 문제를 발견하기가 쉽지 않으며 따라서 문제해결을 위한 노력 및 실제적인 개선이 어려울 수밖에 없게 된다.

새로운 교과내용지식을 접하게 될 때에는 초임교사들은 이를 수용하는데 주저함이 경력교사에 비해 많았으며 수업내용을 제시할 때 교사로서의 권위나 일반적인 규범에 더 많이 의존하는 모습을 보였다. 초임교사는 경력교사에 비해 수업 지식이나 전략 등이 부족하기 때문에 학생을 관리하고 수업을 운영하는 데 생기는 어려움을 교사의 권위나 규범을 통해서 해결하려고 하였다.

수업계획과 관련해서도 초임교사는 경력교사들에 비해 학생의 능력수준이나 사전지식수준을 제대로 인식하지 못하였을 뿐 아니라, 용기구의 상태 등을 우선적으로 고려하였고, 평가도 비공식적이고 주관적인 방법을 사용하였다. 반면에 경력교사는 학생의 요구 및 개인적인 발달 특성을 고려하여 수업내용을 조직하였고 공식적이고 객관적인 평가를 실시하였다.

Schempp et al.(1998a, 1998b)의 연구에서 능력교사는 초보교사에 비해 학생의 개별화된 특징들을 고려하여 수업내용을 구성하였으며, 학생들의 문제에 대해 교사로서 노력의 필요성을 강조하며 책임감을 느끼고 있었다. 즉 경험이 많을수록 학생들 개인의 목표 달성 및 이를 위한 환경의 제시에 관심을 갖고 있으며, 이러한 문제의식이 실제적인 노력으로 이어진다고 볼 수 있다.

그러나 안양옥(1995)의 연구에서는 능력교사와 초보교사 모두 기능 중심의 관점에서 수업내용 및 목표를 선정하고 수업 전략을 채택하는 교사 중심의 방식을 보였다. 이는 기능의 향상이 체육수업의 목표이자 방법의 기본적인 토대로 작용하고 있음을 보여주며 능력교사와 초보교사 둘 다 이러한 관점에서 수업을 운영하고 있음을 보여준다. 이는 교사 이전의 경험이 교사가 되어서 큰 영향을 미치고 있음을 단적으로 제시하는 사례이자 90년대 중반 한국 체육교육의 패러다임을 보여주는 사례이기도 하다. 이 당시는 교사의 전문성을 확보하기 위해서는 교과에 관한 지식과 수업을 효과적으로 조직하고 관리할 수 있는 지식이 가장 중요한 요소로 인식되었다. 따라서 교사의 경력에 관계없이 기능중심 패러다임에 기초하여 수업이 계획되고 진행되었다.

수업의 운영 및 계획에 있어서도 경력교사와 초임교사의 차이가 나타났는데 경력교사는 학습자 개개인의 흥미와 발달 특징을 고려하여 수업을 계획하고 수업상황에 맞추어 융통성 있는 운영을 하였다. 반면에 초임교사는 학생을 수업 내용에 효과적으로 관심을 갖게 만드는 동기유발 능력이 부족하여 학생을 효과적으로 통제하는 데에 관심을 갖고 있었다.

Manross와 Templeton(1997)은 체육교사의 전문성에 관련된 연구를 종합하여 그 특징을 7가지로 제시하였다〈그림 5〉.

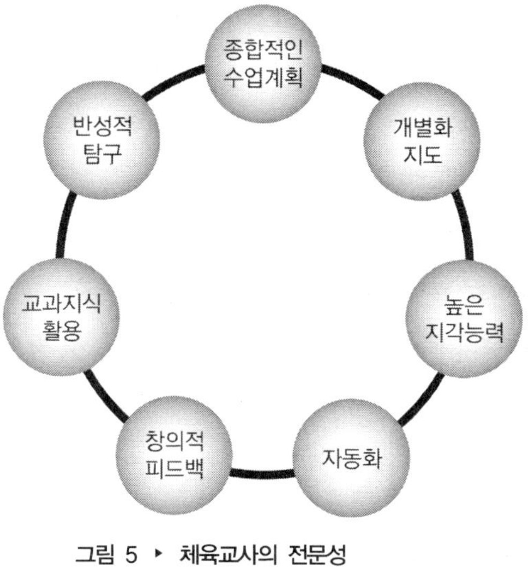

그림 5 ‣ 체육교사의 전문성
(Manross & Templeton, 1997)

우수한 교사는 문서화된 수업 지도안을 구성하기보다 학습내용과 활동 수업에 실제 사용되는 자료들을 포함하여 수업을 계획하며, 이때, 학생들의 발달단계를 고려하여 동기유발 방법 및 수업 내용의 수준을 선택하게 된다. 또한 풍부한 경험을 바탕으로 직관적으로 수업 관리 및 운영 행동들을 통해 수업을 진행하고, 수업 현장에서 나타나는 현상에 대해서 정확히 인식하여 문제점을 발견하거나 추후 상황에 대해 대비할 수 있다. 마지막으로 전문교사는 자신의 수업을 반성하고 다른 교사들과 토론의 과정을 통해 부족한 부분을 보완하며 계속해서 발전해 나간다.

다른 연구에서 De Marco(1998)는 체육 교사의 전문성의 특징을 5가지로 제시하였다〈그림 6〉.

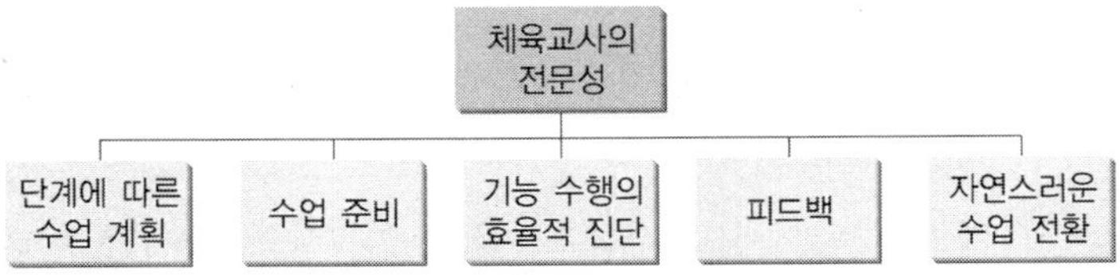

그림 6 ▸ 체육교사의 전문성(DeMarco, 1998)

우수한 체육교사는 수업 전과 수업 중, 수업 후로 절차를 명확하게 구분하여 수업을 준비하였으며, 용기구 및 환경을 미리 구성하여 수업에서 낭비되는 시간이 없도록 하였다. 또한 다양한 형태의 경험을 통해 많은 양의 관련 지식을 바탕으로 학생의 행동을 효율적으로 진단하고 평가하며 의미 있는 해석을 할 수 있는 능력을 가지고 있었다. 또한 질문을 많이 사용하고 언어적 피드백을 활용하여 학습자의 행동을 효과적으로 강화하였으며, 교수 행동에서 발생하는 다양한 상황들에서 자연스럽고 부드럽게 대처하는 능력이 우수하였다. 이를 통해 교사가 수업을 계획하고 실행하고 평가하는 데 필요한 교수지식은 교사의 전문성을 판단하는 데 중요한 요소임을 알 수 있다.

교육과정의 목표는 구체적인 수업 목표를 개발하기 위한 시작이므로 이를 위해 학생들이 무엇을 알아야 하는지 수업이 끝난 후 무엇을 할 수 있어야 하는지에 관한 학생평가 전문성이 교수의 본질적 요소로 고려되고 있다(AFE, NCME & NEA, 1990). 그러나 교사들은 교사 양성 과정이나 각종 연수에서 평가 전문성을 위한 교육을 제공받지 못하고 있으며 이는 교사가 된 후에도 마찬가지다(Stiggins, Conklin, 1992; Nitko, 2001).

이러한 비판을 바탕으로 교사가 현장에서 수업 및 평가에 관한 연구자이자 실행자가 되어 실천적 지식 확보를 위한 실행연구(Action Research)가 2000년대 들어서 활발히 이루어지고 있다. 실행 연구란 현장에서 벌어지고 있는 다양한 실천적 활동들에 대한 연구로서 '현장성'과, '실천성'이라는 두 가지 특징을 갖고 있으며 교육 현장의 개선을 목적으로 실제의 해결 가능한 문제들을 선택하여 이를 개선하고 이해하기 위한 자기-반성적 연구이다(이용숙, 1992). 그 중 하나로 교사의 교육과정의 재구성에 관한 연구를 들 수 있다. 이러한 연구에서는 다양한 학습자의 특징 및 수업 환경에 맞추어 교육과정을 설계하고 재구성할 수 있는 능력이 교사 전문성의 특징으로서 요청되고 있다(Rink & Mitchell, 2003; 이규일, 한만석, 2012).

이양구, 고문수, 김무영(2011)은 체육수업 평가에 관한 전문성 연구를 통해 '평가의 윤리성'이 가장 중요하게 인식되고 있으며, 경력교사의 경우 신참 교사에 비해 이 영역에서 전문성이 높은 것을 밝혔다. 이는 평가의 전문성 중에서도 '윤리성'에 관한 관심 및 연구가 이루어져야 함을 의미한다. 이처럼 급변하는 교육적 환경에 따른 교육 수요자의 요구를 충족시키기 위해서 교사 전문성의 발달은 필수적으로 요청된다(Bechtel & O'sullivan, 2006; Rink & Mitchell, 2003).

과거 수업의 효과를 높이기 위한 교사 지식에 대한 연구를 시작으로 초임교사와 경력교사의 비교를 통해 전문적인 특징을 찾고자 하는 움직임이 교사 전문성 연구의 주된 흐름이었다. 그러나 최근에는 이러한 지식과 함께 신념으로 대표되는 가치관, 열정, 심성, 자율성 등이 중요한 전문성의 영역으로 관심을 받고 있다.

4.1.2 교사 신념

전문성에서 가장 중요한 요소 중의 하나가 가르치는 사람의 개인적 신념과 이에 따른 심리적 경향성이다. 일반적으로 수업상황에서 나타나는 행동은 그가 가지고 있는 가치관과 신념에 의해 영향을 받기 때문에 가치관과 신념의 폭과 넓이는 수업의 실제에 큰 영향을 준다. 지도자의 신념이나 가치관은 행동과 태도에 영향을 미치며, 지도자로서 신념과 가치관이 결여되어 있을 때, 전문가로 성장하지 못하게 된다(Ennis, Ross, & Chen, 1992; 김아람, 김현식, 2012). 따라서 신념은 전문성의 중요한 지표이다.

80년대 후반부터 교육과정을 계획하고 운영하는 데 영향을 미치는 가치관이나 신념을 뜻하는 가치정향(Value Orientation)에 관한 연구가 활발히 이루어졌으며, Jewett & Bain(1985)은 가르치는 사람의 가치 정향을 내용숙달, 학습과정, 자아실현, 사회적 책임감, 생태학적 통합 5가지로 제시하였다〈그림 7〉.

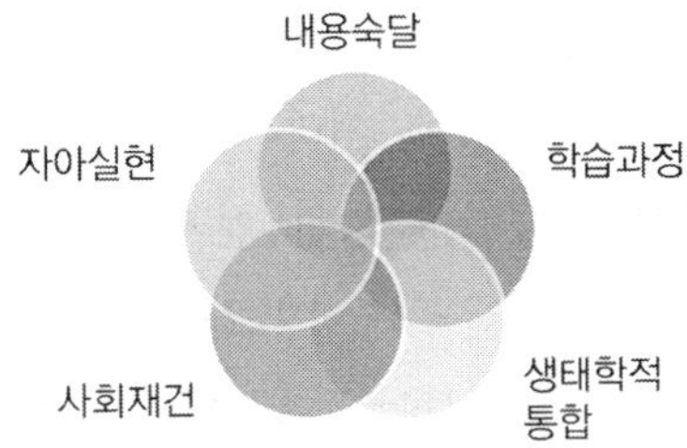

그림 7 ▸ **교사의 가치 정향**(Value Orientation)
(Jewett & Bain, 1985)

이 연구에 따르면 교수자는 교육적 상황에서 의사결정을 할 때 5가지의 가치정향을 나타냈는데 학문적 탁월성을 강조하여 중요한 지식과 기술을 습득하는 데 그 목적을 둔 내용 숙달, 개인의 성장에 초점을 맞추어 학생에게 자율성과 책임감을 강조하는 자아실현, 지식이 생성되는 과정에 초점을 맞추어 학습하는 데 필요한 방법을 강조하는 학습과정, 개인적 요구보다는 사회적 요구를 강조하는 사회재건, 인간을 끊임없이 변화하고 성장하는 존재로 보고 변화하는 환경 안에서 조화를 이루고자 하는 생태학적 통합이 주요 내용이다.

이러한 가치 정향의 차이에 따라 동일한 교육과정이라도 가르치는 사람에 따라 운영의 차이가 나타났으며, 가치 정향에 관한 연구의 필요성이 제기되면서 연구가 지속적으로 이루어졌다(Ennis & Hopper; 1988; Behets, 2001; Chen, Ennis, & Loftus, 1996; Ennis & Chen; 1995; Solomon & Ashy, 1995; 구성모, 2001; 김윤희, 1993; 안양옥, 백인선, 2008; 이재정, 2005; 이진희, 정의권, 1998; 정우영, 2004; 조미혜, 안혜영, 김윤희, 1992).

다수의 연구를 통해 가치 정향이 수업 행동 및 계획, 운영, 평가에 영향을 미치는 중요한 요인임이 드러났고 가치 정향을 고려한 교육과정의 개발 및 개정의 필요성이 요청되기 시작하였다. 또한 가치관이나 신념이 어떻게 형성되고 변화되었는지를 깊이 이해하기 위해 생애사 연구를 통한 종단적 수준에서의 교사의 경험을 연구하기 시작하였다(강묘숙, 조순묵, 2007; 류태호, 2000).

Rovegno와 Bandhauer(1997)는 체육교사의 심리적 경향이 학교 문화에 어떠한 영향을 미치는지를 연구하였다. 이 연구는 교사의 심리적 경향이 변화를 위한 동기에 어떠한 영향을 미치는가에 초점을 맞추었으며 연구 결과 다음과 같은 체육 교사의 특징들이 나타났다. 1) 교사들은 새로운 교수법을 활용하여 정확한 지식을 구성해야 한다고 생각하였다. 2) 교사는 새로운 교수법을 활용하는 것이 어렵다는 것을 이해하였다. 3) 교사는 자신들의 교육적 철학을 반성할 필요가 있다고 생각하였다. 4) 교사는 가르침에 있어서 새로운 교수법과 생각들을 융통성 있게 받아들일 필요가 있다고 생각하였다. 5) 교사는 예상되는 결과를 평가하기보다는 새로운 교수법으로 수업을 진행해야 한다고 생각하였다.

이러한 신념은 교육과정을 설계하고 운영하며 반성하는 데 가장 결정적인 영향을 미친다. 따라서 변화하고자 하는 의지와 열정, 자신과 다름을 인정하는 수용적 자세 또한 개인적 성향의 문제가 아닌 전문성의 요소로 고려할 필요가 있다.

Vallerand et al.(2006)은 개인의 자율적인 성향은 조화로운 열정을 발생시킬 가능성이 크다고 밝히며, 진정한 흥미나 열망, 가치 등을 포함한 열정은 자율적 성향의 내적 가치에 의해 발생한다고 하였다. 즉, 열정은 긍정적 정서를 불러일으키며 수업 상황 전반에 긍정적 결과를 가져올 가능성이 있음을 말해준다. 그러나 타율적 성향은 강박적인 열정을 통해 부정적 정서를 유발하고 이러한 결과로 비추어 생각해 볼 때, 과도한 통제 및 억압은 수업 상황에서의 부정적인 결과들로 이어질 가능성이 높다는 것을 알 수 있다(정꽃님, 유진, 2012).

따라서 자율적으로 수업을 연구하고 분석할 수 있는 방향으로 장학 및 교육이 이루어져야 하며, 구체적 수업 상황에서의 열정에 관한 연구가 좀 더 지속적이고 체계적으로 이루어져야 한다.

또한 Flore(2001)는 교사들이 자신의 신념에 따라 교수활동을 전개한다는 것을 연구를 통해 밝혔는데 교사의 신념이 교육과정의 계획과 운영, 반성과 평가 전 영역에 걸쳐 중요한 요소로 작용하고 있었다.

과거 교수학습활동을 이해하고 개선하는 연구들은 크게 2가지 관점에서 진행되었다. 먼저는 교사의 전문성이 효과적인 수업진행능력에 있음을 가정하고 그에 필요한 전문 기능들을 갖추게 하는 기능중심 교사교육이 이루어졌다. 이 시기에는 주로 교수 방법적인 측면에 초점을 맞추어 다양하고 효율적인 교수법이 연구되었다. 이후 점차 학습자에게 교육적 초점이 옮겨가면서 교사들이 자신의 수업 활동을 검토하고 분석하여 새로운 교육적 방법을 설계하는 능력을 강조하는 반성적 능력을 중요한 전문성으로 보았다.

그러나 효과적으로 수업을 진행할 수 있는 행동적 능력(기능)과 수업의 과정 및 결과의 반성을 통해 새로운 접근 방법을 찾아가는 반성적 능력(인지)만으로 교육의 핵심적인 부분이 성취되지 않고 있으며(Korthagen, 2010) 최근 들어 교사의 전문성에서 인성적 자질인 '심성(disposition)'의 중요성이 강조되고 있다(최의창, 2011).

심성은 인격적, 인지적, 배려적인 덕목들이 종합적으로 포함되는 의미이며 제대로

된 교육을 실천하기 위해서는 교육의 내용과 방법을 학생들에게 윤리적, 규범적으로 올바른 방법으로 표현해야 함을 뜻한다. 즉, 학생들은 교수의 '심성'을 통해 학습 내용에 대한 신뢰성을 확보하고 이를 바탕으로 학습 성과를 올릴 수 있게 된다. 반대로 효과적인 방법으로 교육 내용을 전달하더라도 전달하는 교수에게 올바른 '심성'이 결여되어 있으면 그 내용은 학생들로부터 외면 받거나 교육적 성과가 나타나지 않을 수 있다(Fenstermacher, Osguthorpe, & Sanger, 2009).

따라서 신체적, 정의적, 인지적 측면의 종합적인 발달을 통한 전인교육을 추구하는 학교체육에서 교수자의 올바른 '심성' 발달은 매우 중요하다. 학생들이 가르치는 사람의 행동, 언행, 표정과 몸짓을 통해 더 많은 것을 잠재적 교육과정의 형태로 배운다는 것을 생각할 때, 교과내용의 효과적인 전달과 함께 학생을 인간으로서 대하여 마음과 마음의 만남이 이루어질 수 있도록 하는 마음의 자질인 심법적 전문성의 함양에 관심을 두어야 한다(최의창, 2010). 인성적 발달은 체육을 가르칠 때 중요한 요소로 고려되고 있으며(Jones, 2005; Pascual, 2006), 전문성의 매우 중요한 특징으로 제시되고 있다. 최근에는 교사의 신념과 교육적 실천을 통해 학생들의 일상이 변화되고 바람직한 학교 문화가 형성된 과정을 질적 연구를 통해 드러내면서 한 교사의 신념이 학생, 학교를 넘어 새로운 교육 공동체를 생성하고 지속해 나가는 데 중대한 영향을 미치고 있음을 밝혔다(류태호, 양진에, 정연학, 한만석, 2013).

이처럼 가르치는 사람의 신념은 교육과는 뗄 수 없는 요인이며, 그 특성과 교육적 실천사이의 관계를 고찰하려는 연구가 지속적으로 이루어져 왔다. 날로 심해져 가는 경쟁구도와 학교폭력 문제 속에서 교육의 중심에 서 있는 교사와 교수의 신념은 무엇보다도 중요한 요소이다.

그러나 이러한 신념은 한 순간에 결정되기보다 교사의 삶을 통해서 특정한 경험들이 누적되어 결정된다. 따라서 신념이 어떠한 과정을 통해서 발달하고 또한 단계별로 어떤 특징을 갖고 있는지를 밝히는 일은 매우 중요하다. 이를 통해 예비교사 단계에서는 어떠한 교육적 접근이 필요한가를 가늠해 볼 수 있으며 교수 지식의 발달 모습과 단계별 신념의 특징을 통해 보다 뚜렷한 전문성의 단계별 요인들을 살펴볼 수 있다.

다음 절에서는 전문성이 어떠한 절차를 거쳐서 발달하는가를 밝힌 연구들을 고찰해보고 그 단계별 특징들을 제시하고자 한다.

4.1.3 발달단계

안양옥(1995)은 직전교사들이 경험하는 '실제'와 대학 교육을 통해 학습한 '이론'의 차가 너무 크며, 배운 이론을 다양한 교육적 현상 속에서 어떻게 적용시켜야 하는가에 대한 어려움이 교단에 서는 교사들에게서 관찰할 수 있는 가장 큰 문제라고 지적하였다.

이는 전문성이 이론적인 지식과 함께 실제 현장에서의 경험이 더해질 때, 생성되는 것임을 뜻한다. 그러나 대부분의 교사들이 가르치는 데 필요한 지식들을 현장에 나와서 획득하는 것으로 볼 때, 사범대학이나 교육대학은 전문인으로서의 교사를 양성하는 데 큰 기여를 하고 있지 못한다는 것을 시사한다(유정애, 2000). 이 때문에 의사나 변호사와는 달리 교사나 교수는 쉽게 전문성을 인정받지 못하고 있다. 물론 의학이나 법률적인 분야는 갈수록 특정하고 세부적인 영역으로 그 전문성이 발달되어 가는 추세를 보이고 있다는 점에서 다양한 교육적 상황과는 차이가 있지만 그럼에도 불구하고 교직의 고유한 전문성을 사회적으로 인정받고 견고히 하기 위한 노력이 필요하다.

교사 교육은 교사가 되기 전 대학을 통해 제공되는 직전 교사(pre-service teacher) 교육과 교사가 된 후 교사 능력의 개발을 위해 제공되는 현직 교사교육으로 구분할 수 있다. 초창기 교사 전문성 연구가 교사로서 가져야 할 지식을 밝히는데 초점을 맞추어 현직 교사교육을 강조한 데 비해 최근에는 교사의 전문성이 발달함을 인식하기 시작하여 예비교사들의 지식 습득과 발달에 관심이 모아지고 있다(박정준, 최의창, 2010; 이재용, 1994; 최연주, 조덕주, 2012; 한재영, 2012; Cory, Forbes, & Davis, 2008; Katz, McGinnis, Hestness, Riedinger, Marbach-d, Dai & Pease, 2011; Luehmann, 2007; Rovegno, 1992b, 1993; Schempp, 1993).

류태호(2000)는 생애사(Life History)연구 방법과 문화기술적(Ethnography)연구 방법을 사용하여 체육교사가 직업 정체성을 형성하는 과정을 밝혔으며, 인간관계, 사회적 인식, 체육수업, 역할 4가지가 요인간의 상호작용을 거쳐 체육교사로서의 정체성을 형성하고 있었다. 즉, 교사는 단선적이고 일방적인 과정이 아니라 복합적으로 변증법적인 과정을 거쳐서 변하며, 지속적이고 역동적인 과정을 통해서 정체성을 형성하고 있음을 확인할 수 있다.

이를 볼 때, 가르치는 사람의 전문성은 어느 한 시점에서 가지고 있는 능력을 단편적으로 측정하여 제시할 수 없으며, 전문성을 구성하고 있는 요소들 간의 관계를 바탕으로 생각해야 한다. 즉, 전문성은 어느 한 순간에 확보되는 것이 아니기 때문에 어떤 과정을 통해서 전문성이 발달하는지를 살펴보아야 하는 것이다. 또한 새롭게 고려되어야 할 전문성의 요소에는 무엇이 있는지를 직접적인 사례 연구를 통해 그 맥락과 함께 밝히는 것이 중요하다.

그렇다면 교사의 전문성 발달은 무엇과 관련되는가? 최근 조욱상, 최영준(2011)은 교사 전문성의 발달이 교사의 의식 및 교수 환경과 밀접한 관련이 있음을 밝혔다. 변화하고자 하는 교사의 관심, 기대와 함께 교사들의 근무 환경과 학교 문화 등의 구조적 요소가 전문성 개발을 위한 의지와 태도에 영향을 준다는 것이다. 전문성은 개인 차원에서 생각해야 할 특징임과 동시에 이를 구성하는 환경적 요소에 대한 고찰이 이루어질 때 보다 총체적인 이해가 가능하다.

따라서 교사의 전문성 발달을 이해하고자 할 때, 교사 변인과 함께 환경적 변인이 함께 고려되어야 한다. 이는 류태호(2000)의 연구와 동일한 맥락에서 해석 할 수 있는데 교사의 정체성이 인간관계와 사회적 인식의 영향을 받아 구성되는 것과 같이 교사가 긍정적으로 발전하고 그 전문성을 발달시키기 위해서는 교사의 인식과 함께 교수 환경 및 지원과 같은 구조적인 요소가 함께 작용해야 한다. 즉, 전문성의 발달은 교사에 의해 단독으로 작용하기보다는 교수 환경과 밀접한 관련을 맺은 채로 이루어진다고 볼 수 있다.

이러한 전문성이 어떠한 과정을 통해서 구성되고 형성되는지를 알아보고 초임교사들이 어떠한 과정을 거쳐서 전문성을 획득해 가는지를 밝히기 위해 많은 연구들이 이루어졌다(강신복, 1999; 김대진, 1995; 김명주, 2004; 이재용, 1994; 정우식, 김진희, 2008; 최희진, 강신복, 2000; 최희진, 2002). 이 연구들에서는 안양옥(1995)이 밝힌 바와 같이 대학교육 '이론'과 현장교육 '실제'의 차이에서 오는 괴리로 인해 어려움을 많이 겪고 있으며, 이러한 과정을 통해 교사들은 많은 어려움과 시행착오를 거치면서 전문성을 형성해 가고 있었다.

최근에는 이러한 간극을 좁히고 체육 수업에 대한 비판적, 성찰적 안목형성을 위해 저널쓰기가 시도되고 있다. 이러한 연구를 통해 알 수 있는 교수로서 전문적 자질은 형식적이고 피상적인 형태가 아니라 수업 현장에서 가르치고 배우기를 통해 끊임없이 소통하는 자기 반성적이며, 지속적인 성격임을 알 수 있다(정우식, 김진희, 2008). 이는 가르치는 사람의 전문성을 위한 연구도 전문성의 이론적 특징 및 개념적 이해를 바탕으로 실제 교육현장에서 반성적이고 지속적인 형태로 이루어져야 함을 뜻한다. 왜냐하면 교육적 집단은 이론적 개념이 단일하게 적용될 수 있는 동질집단이 아니며 학습자들의 특징이 비슷하다고 할지라도 수업의 분위기와 맥락, 교수의 전달 방식, 학습자와의 친밀성 등과 같은 미세한 상황적 요소에 의해 그 개념이 다르게 나타날 수 있기 때문이다. 따라서 다양한 학습자들과 수업 환경의 질적 맥락에 따른 전문성이 보다 차별적으로 연구되고 이를 종합하여 보다 총체적인 개념을 고찰해볼 필요가 있다.

이론적 개념으로서의 '소통'은 간결한 내포(intension)와는 달리 수많은 외연(extension)으로 구성되어 있어서 연구 또한 다양한 상황 속에서 개별 특징과 함께 이루어져야 한다. 즉, '소통'의 형태는 그 상황에 따라서 전혀 다른 여러 가지의 모습으로 나타낼 수 있는 개념인 것이다. 이처럼 가르치는 데 필요한 전문성은 예비교사로서 교사 양성교육을 받으면서 시작되며, 교직의 전 기간을 통하여 발달하게 되는데 이를 교직 사회화라고 한다(Lawson, 1986). 초창기는 교사를 수동적 객체로 보고 그 기능을 효과적으로 발달시키기 위한 기능론적 관점에서 연구가 되어 왔으나, 점차 교사를 관찰자가 아닌 주체적 참여자로 인식하는 해석학적 관점으로 연구가 진행되었다.

해석학적 관점에 따르면 인간은 의식과 행동의 관찰자가 아니라 참여자이다. 대상이나 객체를 인식 주체인 의식과 독립 된 채 경험하는 것이 아니라 의식 속에 형성되어 있는 개인적인 관점을 통해서 관찰하며, 이러한 관점은 원래부터 가지고 있는 것이 아니라 다양한 경험과 사회의 구조 속에서 형성된다(이병관, 2002). 즉, 신규교사가 가지고 있는 가르치는 일에 대한 다양한 관점은 교직에 들어오기 전 다양한 경험을 통해서 생성, 발전되며 개인적 요소와 사회적 요소의 상호작용에 의한 것이다. 이는 사회가 개인보다 우월하다는 가정아래 교사를 수동적 객체로 인식하는 기능론적 관점과 대비되는 해석학적 관점의 가장 큰 특징이다. 따라서 이러한 해석학적 관점에서 경험의 구조를 파악하고 그 상호작용을 밝혀내기 위해서는 과학적인 방법에 따른 양적인 접근보다는 사례의 특수성을 면밀히 밝혀 다양한 교육적 상황에서 생생한 이해를 돕도록 하는 질적 접근의 방식이 주로 사용된다.

70년대 교직 사회화 연구에서는 교사의 전문성 발달이 단기적으로 이루어진다고 보고, 교직을 시작할 때부터 5년 동안 그 발달단계를 구분하였다(Burden, 1983; Caruso, 1977; Katz, 1972). 80~90년대에는 교사가 되어서부터 정년까지 장기적인 차원에서 발달단계를 구분하고 그 단계별 특징을 밝히는 연구가 이루어졌다(Peterson, 1978; Sacks & Harrington, 1982; Webb & Sikes. 1989; 이난숙, 1992; 이병진, 1996; 류관숙, 1997; 권영범, 1999). 또한 교사는 직선적으로 단순하게 발달하지 않고 순환·복합적인 과정을 거쳐 발달한다는 관점도 등장하게 되었다(Huberman, 1993; 최상근, 1992; 윤홍주, 1996). 이러한 모든 연구는 전문성이 특정한 형태로 유지되는 것이 아니라 발달한다는 것을 전제한다.

〈표 3〉에서 Fuller(1969)와 Gregorc(1973)는 교사 전문성을 교사가 되기 전 경험에서 비롯된다고 보고 교직 이전 단계와 형성 단계를 통해 교사의 전문성이 발달하는 데 교사 이전의 경험이 큰 영향을 주고 있음을 밝혔다. 이러한 관점은 전문성이 적정한 환경에서 조기에 참여했을 때 발달한다는 Bloom(1986)과 Ericsson et al.(2006)의 연구와 그 맥락을 같이 한다. 즉, 교사의 전문성은 주어지는 것이 아니라 교사가 되기 이전의 경험으로부터 다양한 사회 환경과의 상호작용을 통해 구성된다는 해석학적 관점을 따르고 있다.

표 3 ▸ 교사 전문성 발달 단계

<table>
<tr><th></th><th colspan="6">전문성 발달 단계</th></tr>
<tr><td>Berliner
(1988)</td><td></td><td>신참교사</td><td>경험교사</td><td>능력교사</td><td>우수교사</td><td>전문가</td></tr>
<tr><td>Fuller
(1969)</td><td>교직
이전단계</td><td colspan="2">초기 교직단계</td><td colspan="3">후기 교직단계</td></tr>
<tr><td>Gregorc
(1973)</td><td>형성단계</td><td colspan="2">성장단계</td><td colspan="2">성숙단계</td><td>원숙단계</td></tr>
<tr><td>Grossman
(1990)
Shulman
(1987)</td><td>예비교사</td><td colspan="2">초임교사</td><td colspan="3">전문교사</td></tr>
</table>

Berliner(1988)는 교사가 어떠한 단계를 거쳐서 전문가로 성장하는가를 연구하므로 각 단계에 맞는 교사의 특징들을 제시하였다. 이는 숙련도(Proficiency)에 따라 전문성의 단계를 구분한 Chi(2006)의 연구와 그 맥락을 같이하며 이러한 관점에서 볼 때, 교사의 전문성이란 가르치는 능숙함의 정도로 이해할 수 있다. 교사의 교수능력은 교사 이전의 삶의 경험과 예비교사로서 교육적 경험이 교사로서 자기 개발의 욕구와 역동적으로 작용하여 습득되며, 이러한 과정을 통하여 얻어진 교사의 수업지식이 교수활동을 계획하고 운영하는 데 중요한 영향을 미친다. 따라서 초임교사 이전에 예비교사의 경험을 통해 이미 교사로서의 자질과 가치관이 발달한다고 볼 수 있으며, 교사 이전의 단계를 예비 교사라는 용어를 사용하므로 이미 교사 전문성 발달의 시작임을 강조하고 있다.

이를 볼 때 교사로서 전문성이 발달하는 데는 교사 이후의 경험과 함께 교사가 되기까지 초, 중, 고등학교에서 경험하는 교사 및 교육에 관한 다양한 인식 및 경험, 예비교사가 되어서 경험하는 교육적 경험들이 매우 중요한 요인으로 작용하고 있음을 알 수 있다.

4.2 전문성 연구의 동향

전문성은 de Groot(1946)와 Chase & Simon(1973)의 체스를 뛰어나게 잘하는 우수 선수의 특성에 관한 연구를 중심으로 이루어졌다. 이 연구에서는 체스 전문가의 정보처리 능력을 탐색하고 문제 해결과정을 분석하여, 그 능력의 우수성을 밝히고자 하였으며 이러한 특정 영역에서의 지식을 다른 분야에 일반적으로 적용할 수 있을 것이라고 생각하였다(오헌석, 김정아, 2007).

이러한 연구의 기본 가정은 우수한 수행능력을 보이는 사람들은 선천적으로 특정한 능력을 가지고 태어났다는 것이다. Galton(1869/1979)은 여러 분야에서 탁월한 성과를 유전적 측면에서 설명하고자 하였다. 즉, 특정 분야에서의 우수한 성과는 유전적으로 결정되며 따라서 전문성은 일반적인 사람들과 선천적으로 우수한 사람들 간의 차이를 밝히는 것이 되었다.

그 후 전문성의 선천성 및 일반성에 의문을 제기하며 전문성이란 특수한 영역에 한정된 개념이며 각각의 영역에 특징적인 패턴과 그에 대한 특수한 기억들을 반영한다는 연구를 통해서 특정 영역에서의 높은 수행을 가능하게 하는 특징들을 연구하였다. 이를 기초로 다양한 영역에서 전문가의 특징들에 대한 연구가 이루어지게 되었으며 전문성이 후천적으로 개발될 수 있는 특징임을 제시하였다(Ericsson & Smith, 1991). 이후 전문성 연구는 후천적으로 습득될 수 있는 특성들에 초점을 둔 연구로 진행되었다.

따라서 이 시기에는 전문성을 구성하는 요소로 지식의 소유와 함께 오랜 경험이 연구되었으나 최근에는 오랜 경험이 초보자와 경력자를 구분하는 기준일 뿐 비전문가와 전문가를 구분하기에는 충분치 않으므로 연습의 질을 강조한 신중한 연습(deliberate practice)이 강조되고 있다. 계속하여 전문성은 심리학, 교육학, 체육학을 거쳐 발달되었으며 주로 초보자와 전문가의 비교 연구를 통해 그 차이점을 도출하였다.

이러한 연구들을 통해 Holyoak(1991)은 전문성을 지식을 습득할 수 있는 능력을 가지고 있어서 특정 문제를 표현, 해결하는 데 적합한 패턴을 빠르게 창조할 수 있는 능력으로 정의하였다. 이러한 전문성은 기존의 전문성이 특정 분야의 지식을 많이 갖고 있으며 빠르고 전문화된 동작을 수행하는 능력으로 규정하던 것에서 나아가 순간적으로 인지적 네트워크를 생성하는 능력과 다양한 지식과 정보를 과제에 적합한 방식으로 연결하는 능력을 의미하게 되었다.

최근에는 이러한 연구결과를 뒷받침 하는 뇌 과학 기반의 연구들이 보고되어 그 실증적 증거들을 제공하였다. 즉, 우수한 수행능력을 보이는 집단은 뇌의 네트워킹이 가장 효율적인 방식으로 이루어져 있어 시행착오를 줄이면서 관련 과제를 빠르게 해결할 수 있다는 것이다.

이러한 연구들을 통해 전문성은 지식과 연습 시간의 양으로 단순히 정의할 수 없으며, 다양한 상황 속에서 지속성을 갖고 반복적인 연습을 통해서 개발되는 과정(process)중심의 개념으로 이해해야 함을 알 수 있다. 이를 통해 전문성이 특정 상황에서 발현되는 정적인 상태를 의미하는 개념이기보다는 새로운 문제상황에서도 다양한 방법을 통해 문제를 해결 할 수 있도록 역동적으로 변화하고 개발되어지는 과정임을 이해하고 그러한 역동적 개발 구조에 영향을 줄 수 있는 새로운 요소들을 발견해야 한다.

4.2.1 심리학적 관점

1950년에서 1970년에 걸쳐 심리학에서는 인지과학, 인지심리학적 관점에서 전문성을 연구하였으며, 다양한 영역들의 연구 성과와 이론들의 고찰을 통해 전문성의 양상 및 특징들을 설명하였고, 이를 통해 전문성이 가진 일반적 특징들을 밝히려는 시도를 하였다.

심리학적 관점에서 전문성의 특징을 밝히기 위한 초창기 연구주제는 '생각'(thinking)이었다. 전문가들의 특징을 사고방식과 사고능력으로 보고 이를 밝히기 위한 연구가 수행되었으며, 연구 방법은 프로토콜 분석(protocol analysis)을 사용하였다. 프로토콜 분석은 1970년대 후반부터 많이 활용되는 방법으로, 글을 읽으면서 머릿속에 떠오르는 생각을 소리 내어 표현(think aloud)하여 사고 과정들의 단계를 분석한 후 과제를 수행할 때 관여하는 하위 작동 과정을 찾아내는 방법이다. 이렇게 찾아낸 하위 과정은 시뮬레이션 기법을 통해 인지 과정에 대한 모형을 수립하고 수정하는 데 사용되며, 인지심리학, 인지과학, 행동분석 등의 사고 과정 연구에서 사용되었다.

일상생활에서 문제를 해결할 때, 체스 전문가들이 말을 옮길 때, 왜 그렇게 행동했는지 소리 내어 표현하게 하므로, 그 상황에서 어떤 생각을 했는지 분석하는 연구가 이루어졌다(Duncker, 1945; de Groot, 1946, 1965). 다음으로 전문가들이 의사결정 및 판단을 할 때 나타나는 특징들을 찾아내기 위한 연구가 컴퓨터로 프로그램밍 된 도구들로 수행되었다(Miller, Galanter & Pribram, 1960; Reitman, 1965; Newell & Simon, 1972). 이 당시의 연구는 재현을 통해 관찰 가능한 행동을 인간 사고과정에 대한 이론적 모델들과 결합하여 실험상황에서의 관찰을 통해 수행되었으며, '생각'을 드러내 보고자 하는 실증적인 실험 연구로 진행되었다.

이러한 연구들은 행동주의적 관점으로 관찰할 수 없는 정신 구조나 발달 과정에 관해서는 논의하지 않았으며, 자극(stimulus)과 반응(response)의 관계만을 고려하여 진행되었다. 이 시기에는 자극-반응의 상호작용을 관찰하여 습관적으로 복잡한 기술을 능숙하게 획득하는 것이 성공으로 고려되어 전문성의 특징으로 연구되었으며, 이러한 경향은 20세기의 절반을 강하게 지배하였다.

이후 언어학자 Chomsky(1957)는 행동주의에 기초한 자극-반응 모델은 언어능력, 추론능력, 추상능력 등 복잡한 인간의 사고 과정들을 설명하는데 한계가 있음을 주장하며, 언어가 심리와 영향이 있음을 밝히고 이러한 언어 기제는 생득적(innate)으로 가지고 태어난다는 의미를 갖는 보편문법(Universal Grammar)으로 이론화하였다. 언어와 문법은 인간의 마음/두뇌 속에 하나의 기제로 구현되어 있어서 언어의 문법을 연구하는 것이 마음에 구현되어 있는 이 기제를 연구하는 것과 같으며, 이러한 관점은 인간을 하나의 컴퓨터로 보는 현대의 정신적 관점과도 그 맥락이 닿는다(강명윤, 2007).

심리학의 새로운 영역들을 설명하기 위해서 관련 이론들과 작동원리, 구조 등의 새로운 하위 영역들에 대한 연구가 이루어졌으며 컴퓨터의 하드웨어, 소프트웨어의 발달과 함께 심리학적 관점에서 인지처리에 관한 연구도 이루어졌다. 이러한 연구를 통해 심리학적 이론을 컴퓨터 프로그램을 통해 구현하고, 그 특징들을 설명하려는 노력이 시도되었다.

> 앞으로 10년 안에 심리학의 모든 이론들은 컴퓨터를 통해 프로그램밍 될 수 있을 것이며, 프로그램밍 된 이론의 특징들에 대하여 깊이 있는 설명이 가능할 것이다 (Simon & Newell, 1958, p.7).

또한 계획, 사고(thinking), 정신의 구조 및 기능들을 연구하였으며 이는 체스에서 전문가의 문제해결 방식을 탐구하여 정보처리에 관한 연구로 이어졌다. 이 연구를 통해 전문가와 초보자에게 주어진 자극을 처리하는 데 인지적 차이가 있음이 드러났다. 전문가는 초보자에 비해 상대적으로 빠르고 과제를 잘 완성할 뿐만 아니라 과제의 특징을 잘 파악하고, 탐색하여 질적으로 분석하는 데 많은 시간을 사용하고 있었다 (Lesgold, Rubinson, Feltovich, Glaser, Klopfer & Wang, 1988). 이를 통해 행동주의적 관점에서 자극의 반복적 수행이외에도 질적인 과제의 대처 방식이 전문성의 특징으로 제시되었다.

교육심리학적 관점에서는 행동주의 영향을 받은 심리학의 발달과 동일한 관점에서 연구가 이루어졌다(Skinner, 1960; Watson, 1913). 교수학습은 가장 적절한 반응체계들을 결합하는 것이라는 가정 아래 연구결과를 통해 '계획된 학습'(programmde learning)과 '교수기계'(teaching machines)와 같은 단어들이 유행처럼 사용되었고 이러한 관점에서 볼 때, 전문가란 상황에 맞게 자극을 제시하는 사람을 의미했다 (Feltovich, Prietula & Ericsson, 2006). 이는 최근 연구되어진 수업 상황에서의 명확한 목표의 진술, 반복 연습, 적절한 피드백 제공 등과 맥락을 같이한다. 또한 지속적 동기유발과 장기간의 노력의 관계에 관한 연구를 통해 피할 수 없는 실패에도 사람들이 어떻게 오랜 시간 동안 연습할 수 있는지를 이해하는 것이 전문성의 중요한 특징으로 새롭게 연구되었다.

이를 통해 교육에서 전문성은 장기간의 풍부한 연습과 경험을 통해서 발달되며 이것은 누군가가 쉽게 따라할 수 없는 성격임이 드러났다.

최근 경험을 강화시키거나 증가시키기 위해서 그것을 습득하였을 때 얻을 수 있는 기능들이 무엇인가를 고찰하는 방법을 탐색하는 데 초점을 맞춘 연구가 진행되고 있다. 전문가의 과제 해결 특성을 '전문성 모델'로, 학습자가 적절하게 교육과정을 이해한 상태를 '학습 모델'로 놓고 이 둘 사이에 어떠한 교수적 개입이 있어야 하는가에 대한 연구가 이루어지고 있다.

심리학적 관점에서 교육받은 사람에 대한 논쟁은 그 구성요소와 그것을 검증하는 방법이 지속적으로 논의되었다. 연구결과를 종합해 볼 때, 제한된 영역에서 많은 양의 연습과 경험을 통해 전문성이 길러지며 이와 같은 관점에서 볼 때, 전반적인 영역에서 전문가란 의미는 쉽게 발견되거나 사용 될 수 없음을 알 수 있다.

또한 전문성의 특징으로 자동성(Automaticity)을 들 수 있다. 행동주의 관점의 연구에 의하면 기술 습득은 전문성 발달의 핵심적 요소이다. 기술을 효과적으로 습득하는 데는 자동성을 학습하는 것이 가장 중요한데 이를 위해서는 반복적인 연습이 요구되었다(Posner & Snyder, 1975). 이러한 과정을 통해서 인지적 수행의 단계는 〈그림 8〉과 같이 변하게 된다.

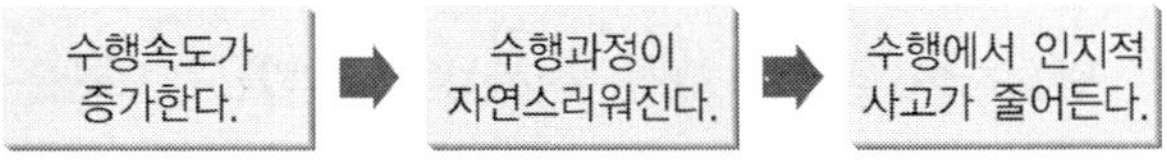

그림 8 ▸ 자동화의 과정(Feltovich, Prietula & Ericsson, 2006)

반복해서 동일한 동작을 수행하면서 점차 속도가 증가하며, 이 과정을 거치면서 불필요한 동작들과 잘못된 동작들이 교정되어 자연스럽게 되고, 이 단계를 지나 장기간의 연습이 지속되면 그 동작을 수행함에 있어서 인지적 사고가 줄어들게 되는 것이다(Schneider & Fisk, 1982).

이상에서 심리학적 관점의 연구를 통해 드러난 전문성의 특징들은 다음과 같다. 전문가는 관련 영역의 풍부한 지식을 갖고 있으며, 이러한 지식들이 독립된 것이 아니라 상황에 적절하게 통합적으로 구성되어 있었고, 오랜 시간 연습을 통해 빠르고 자연스럽게 자동화된 동작으로 나타났다. 또한 자신의 사고과정을 반성하는 능력이 그 특징이었으며 이러한 전문성은 다른 영역으로 전이되어 나타나기 보다는 관련 영역에서 특수성을 띤 형태로 관찰되었다.

4.2.2 교육학적 관점

본 절에서는 가르치는 사람으로서 가져야 할 전문성의 특징 및 역할을 역사적으로 살펴보고자 한다. 높은 수준의 전문성 개발을 위해 필수적인 구성요소로 인정되고 있는 다양한 학습 이론과 그 작동원리를 교육자들의 견해와 함께 요약해서 제시하였다. 또한 교육적 관점에서 전문성과 전문적인 수행능력을 평가하고 측정하는 방법에 대해서도 역사적으로 고찰하였다.

전문성(Expretise)이라는 용어는 19세기 말 심리학자들에 의해 수행 현상을 측정하기 위한 연구가 이루어지면서 그 특징을 나타내는 개념으로 사용되었다. 그 이전에는 누군가를 가르치는 데 우수한 능력을 가진 사람을 부르는 말로 "master", "teacher", "professor"가 일반적으로 사용되었다. 〈그림 9〉는 역사적 흐름에 따른 교사 전문성의 의미를 나타내고 있는데, 이를 볼 때, 전문성이 점차 특정한 영역에서 객관적으로 측정이 가능하며 교육적 상황에서 일반적으로 적용될 수 있는 우수한 능력을 의미하는 방향으로 변하였음을 확인할 수 있다.

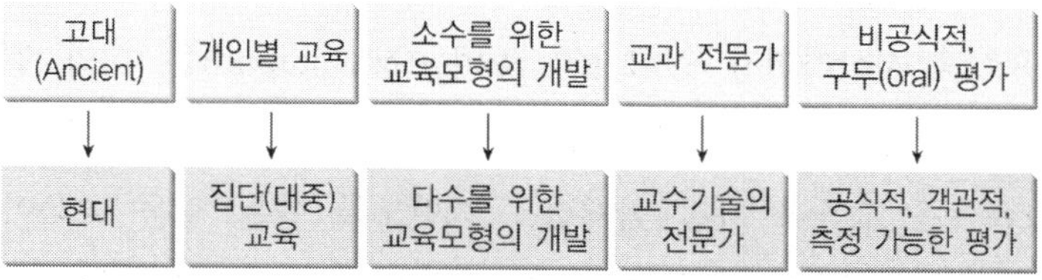

그림 9 ▸ **교육에 관한 역사적 흐름**(Amirault & Branson, 2006)

개인별로 교육이 이루어지던 고대에는 비공식적인 상황에서 구두로 이루어지는 평가를 주로 사용하였으나, 19~20세기에 들어서는 대중 교육을 위한 교육적 방법과 교수 기술이 발달하기 시작하였다. 특히 18세기 산업혁명을 통해 대량생산 기술이 발달하면서 교육적 비용이 감소하여, 점차 교육 수요자가 증가하게 되었다.

따라서 많은 학습자들을 객관적으로 평가하기 위한 교육 평가 방법이 점차 정형화 되었으며, 공식적인 시험을 통해 그 학습의 결과를 평가하게 되었다. 교수자도 뛰어난 교과지식뿐만 아니라 성공적인 방법으로 학습을 성취하게 도와줄 수 있는 교수 기술을 가지고 있을 때 전문가로 인정받게 되었다.

4.2.2.1 고대의 전문성

역사적으로 교육를 논할 때, 가장 큰 영향을 주는 인물은 소크라테스다. 또한 그의 제자 플라토는 스승인 소크라테스의 가르침을 기록하였으며, 상당 부분 소크라테스의 철학적 가정과 맥락을 함께 한다.

> '나는 어느 누구도 가르치지 않는다. 다만 생각하게 만들 뿐이다.' - 소크라테스

소크라테스는 지식을 전달하고 학습자의 학습결과를 측정하는 공식적인 교육 체제보다는 대화를 통해서 학습자의 내면을 발달시키는 과정을 교육이라고 보았다. 이러한 관점에서 볼 때, 전문성이란 학습자의 내면에 있는 윤리·도덕적 특성들을 개발해주고 개인의 특성에 적합한 방식으로 평가 하는 것이다(Jeffs, 2003). 이는 가르치는 사람이 알고 있는 지식을 학생에게 전달한다는 관점과는 다르며 학생과의 상호작용을 통해 문제에 대한 답을 발견해 나간다는 의미와 더 가깝다. 즉, 교육이란 문제에 대한 올바른 답을 제공해 주는 것이 아니라 문제에 관한 질문들을 통해서 학습자가 깊이 생각하고 스스로 답을 찾을 수 있게 해 주는 상호작용적 과정이다. 반

성적 사고를 통해 질문에 대한 답을 찾으면서 자신이 가지고 있던 실수를 발견하고 결국에는 스스로 지식을 구성해 나간다는 점에서 구성주의와도 일정부분 맥락을 같이 한다. 프랑스의 사상가이자 철학자인 몽테뉴(Montaigne)는 이와 같은 맥락에서 교육을 가르치는 것이 아니라 관계 맺는 것이라고 정의하였으며, 에리히 프롬(Erich Fromm)은 학습자가 그들이 가진 잠재력을 깨닫도록 돕는 일을 교육이라고 하였다. 따라서 교수자는 가르치는 일 자체보다는 학생에게 관심을 가져야 한다.

소크라테스와 플라토의 관점에 따르면 사람은 선천적인 자아(innate man)를 가지고 있으며, 이를 개발하는 것이 교육이다. 그리고 전문가는 그 내면에 있는 지혜와 미덕(virtue)을 진리와 함께 조화를 이루도록 개발하는 특징을 갖는다. 즉, 학생들이 이해할 수 있는 가장 적합한 방법으로 지도하며 객관적 수행의 측정을 통해 학생을 평가하는 것이 아니라, 학생의 특성에 따라 가장 적합하다고 생각되는 방식으로 평가해야 하는데 이는 전인 교육적 접근(whole man educational approach)이라고 할 수 있다(Amirault & Branson, 2006).

반면에 이러한 전인교육적 입장과는 다른 견해가 소피스트(Sophist)들로부터 제기되었다. 소피스트는 그리스 단어 '*sophia*'를 어원으로 하는데, 수공업 분야에서 사용되는 기술을 상징한다. 소피스트들은 변호사나 웅변가가 되기 위한 특정한 기술을 가르치는 것을 교육의 목적으로 삼았으며, 체계적이고 객관적인 방법을 사용하였다(Elias, 1995).

소피스트들은 오늘날 직업 교육과 유사한 형태로 학생들을 교육하였으며 교육의 대가로 돈을 받고 다른 소피스트들과 경쟁을 통해 그 지위를 확보하였다(Saettler, 1968). 소피스트들은 소크라테스와 플라토와는 달리 가르치는 사람으로서의 전문성을 수사학(rhetoric)적 능력의 정도로 평가 하였다. 수사학이란 웅변을 체계화한 분야로 토론이나 대중 연설을 잘 하기 위한 방법을 가르치는 학문을 뜻하는데 소피스트들은 수사학을 잘 배우면 각각의 영역에서 인지적인 규칙을 습득하게 되고 이러한 능력들이 지리학, 수학, 역사, 음악 등과 같은 여러 과목에도 전이된다고 주장하였다.

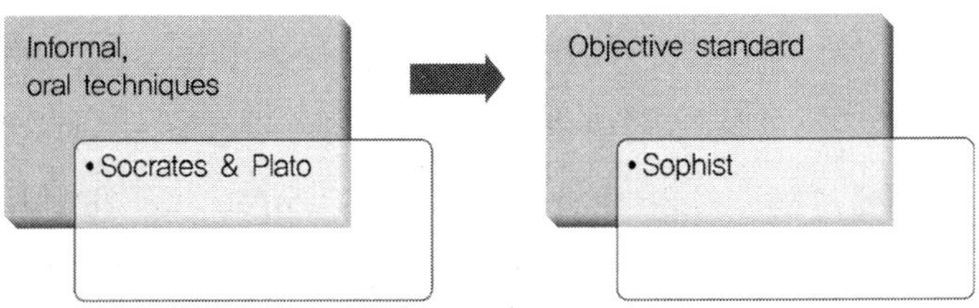

그림 10 ▸ 교육적 평가 방향의 이동

이러한 체계적인 학습을 통해 학습자들은 학습해야 할 명확한 목표를 알게 되었고, 목표를 성취하기 위해서 현재 어느 정도 향상되었는가를 알 수 있게 되므로 학습의 성취를 위한 도움을 받을 수 있었다(Saettler, 1968).

4.2.2.2. 중세의 전문성

중세의 전문성의 발달은 크게 3가지로 제시할 수 있다. 첫째, 대학의 발달과 함께 특정 주제를 중심으로 한 연구를 통해 영향력을 발휘한 성문화된 지식들이 체계적으로 정형화된 교육의 구성요소로 자리 잡았다. 문법, 언어, 수사학 등이 고등교육을 받은 사람의 특징으로 요구되었으며, 고대로부터 대화의 기술을 향상시키는 방법이 꾸준히 연구되었다.

둘째, 새로운 교수 학습 기술들의 개발로 점차 학습의 과정을 분석하였으며, 학습 성취를 향상시키기 위해서 교수 과정을 보다 체계적으로 계열화하였다. Comenius는 책이나 말로써 교육하는 것보다 실물이나 표본을 활용한 직관주의적 교육이 훨씬 효과적임을 주장하면서 세계도해(Orbus Pictus)라는 아동용 그림책을 사용하여 교육하였고 이는 시청각 교육의 선구적 가치로 평가 받고 있다. 이러한 관점에서 볼 때, 가르치는 전문가는 학습자들에게 교육내용에 대한 풍부한 자료를 제공하여 직관적으로 체험할 수 있도록 학습과제를 조직하는 사람이다.

마지막으로 직업 길드(craft guild)의 성립으로 수행을 중심으로 기술을 평가하였으며, 장인(artisan)의 감독 아래 특정한 기술을 배우는 방식으로 전문성을 개발하였다. 일반적인 지식을 강조하던 중세의 대학과는 달리 도제제도를 통해 장인에게 특정한 분야의 기술을 7년에서 10년 동안 전수 받아 그 전문성을 개발하였다. 장인은 도제가 기능을 수행하는 장면을 직접 지켜보면서 다양한 방식으로 평가하였다. 이처럼 직업 길드의 교육방식에서 전문가가 되기 위해서는 다른 사람의 조언이나 도움 없이 어떻게 그 일들이 진행되는지 파악하는 것이 중요하므로 오랜 시간을 두고 곁에서 관찰하며 그 전문성을 배워야 했다.

중세에는 교육이 점차 정형화된 형태로 움직이는 경향이 증가하였으나, 여전히 고대와 마찬가지로 비공식적인 방식의 평가가 주를 이루었다. 단 예외적으로 수공업 길드에서는 고도로 전문화된 특정영역에 대한 평가가 이루어졌으며 길드 내 장인에 의해 규칙적, 공식적으로 측정과 평가가 이루어졌다.

4.2.2.3. 현대의 전문성

교육에 있어서 가장 중요한 역사적 사건 중 하나는 산업 혁명이다. 중세 길드에서는 우수한 도제들을 확보하기 위해 회원들에게 비싼 가입비용을 받아서 그 수를 제한하였다. 이는 근본적으로 일반교육과의 단절로 이어졌다. 그러나 산업혁명을 거치면서 경제와 기술이 급속도로 발달하고 교육적 수요가 증가함에 따라 소수를 개별적으로 교육하던 모습에서 다수를 일반적인 방식으로 교육하던 시대로 접어들게 되었다.

고대에는 교수자와 학습자가 대화를 통해 상호작용을 하는 데 많은 시간을 사용하였으며, 중세에는 점차 교육이 정형화되면서 교수자가 설정한 목표를 달성하기 위해 선택한 활동들을 수행하는 데 많은 시간을 사용하였다. 그러나 산업 혁명 이후 대량생산의 기술이 교육 장면에도 적용되면서 많은 학생들을 수용할 수 있게 되었고, 교사들도 필요하게 되었다. 학생들은 산업현장의 일꾼으로서 필요한 읽고, 쓰고, 기본적으로 계산 할 수 있는 능력들을 배웠고, 일대일 방식의 교육을 통해 개인에게 초점을 맞추는 방식이 점차 사라지게 되었다. 이러한 교육의 모습은 현재까지 이어지고 있으며, 계속하여 산업이 발달하면서 전문성이란 특정한 영역에서 요구하는 기술을 의미하게 되었다.

19세기 말 대학에 의해서 교육이 특정 영역으로 제도화 되면서 대학의 성격이 연구 중심으로 변화되었으며, 과학적 지식에 기반한 연구와 그 결과들을 통해 대중성을 확보하려 하였다(Legemann, 2000). 20세기 중반에는 행동주의로는 인간의 모든 심리 과정을 설명할 수 없다는 문제를 제기하며 인지주의(cognitivism)가 등장하였다. 행동주의적 관점에 따르면 인간은 지식 습득의 수동적 존재로 새로운 학습 과정에 능동적으로 관여하기보다는 기다리는 속성을 갖는다. 따라서 인간의 지식 습득은 자극과 반응을 통해서 설명할 수 있고, 이러한 관점에서 전문가는 학습자에게 자극과 반응의 관계를 각인시켜 자동화시키는 능력이 우수한 사람을 의미했다.

그러나 인지주의적 관점에서 학습자는 문제를 해결하고 정보를 구성할 수 있는 능력이 있다. 이후 이러한 관점에서 많은 학습 이론들이 연구 되었으며 학습 과정의 하나로 심적 수행(mental operation)이 연구되기 시작하였다(Gagne, 1989; Matlin, 2002). 이처럼 교육 이론이 점차 개별화, 체계화 되어가면서 교육적 방법을 개발하는 것은 점차 특정 영역의 전문화를 의미하게 되었다. 학습의 위계에 따라 교수 방법을 개발하고 얼마나 정확한 정보와 과제를 제공하여 학습자의 학습 성취를 효과적으로 높이느냐가 전문성의 특징으로 고려되었다.

1985년에 이르러서는 구성주의(constructivism)가 등장했다. 구성주의에 따르면 학습은 학습자가 선행 지식과 경험이 효과적으로 구성되어 있을 때만 일어난다. 이에 따라 학습자는 지식을 수동적으로 수용하는 존재가 아니라 주관주의적 인식론에 근거하여 자신이 위치한 맥락에서 능동적인 경험을 통해 지식을 구성하는 존재이다. 이러한 맥락에서 볼 때 학습은 지식의 재생산이 아닌 능동적 구성과정이며, 사회적, 문화적 상호작용이다. 따라서 구성주의에 따르면 전통적인 학습이론들은 교육적 효과를 높이고 학습의 지속력을 강화시키기 위해 복잡한 교육적 상황의 변화에 따라 재조정되어야 한다(Spiro, Feltovich, Jacobson & Coulson, 1991).

역사적으로 교육적 관점에서 전문성을 고찰해 볼 때, 소크라테스와 플라토에 의해 개별화, 비공식적인 교육방식으로 이루어진 교육이 점차 실증적인 측정과 정형화된 평가를 지향하는 방향으로 변화되어 왔음을 알 수 있다. 이는 전문성의 특징과 전문적인 수행을 실증적인 방식으로 그 일반적 특징을 설명하고자 하는 합리적 사고방식에 기인하며 이러한 관점에서 볼 때, 최근까지도 교육에서 전문가란 교수-학습 전략을 개별화하여 학습을 성취할 수 있는 정보를 적절하게 제공하는 사람을 의미한다고 볼 수 있다.

4.2.3 사회학적 관점

사회학의 핵심적인 원칙은 개인의 삶을 이해하고자 할 때, 사회적 맥락을 반드시 고려해야 하는 것이다. 사회학은 인간의 행동, 신념, 기대를 이해하고 해석하기 위해서 문화구조와 사회적 담론의 고찰을 통해 그 현상을 설명하려는 과학이며 인문학이다. 기존의 심리학적 관점에서는 사회적 맥락과 무관하게 전문성이 연구되었지만, 본 절에서는 사회적 맥락이 전문성의 발달과 상관관계가 있음을 가정하고 있다. 이러한 관점에서 보면 전문가와 비전문가는 단지 전문성의 차이뿐만이 아니라 사회적 명망이나 특권, 권력에의 차이와 관계를 갖는다.

이러한 전문성이 사회학적으로 갖는 특성을 살펴보기 위하여 전문가들이 장기간의 교육 및 경험의 결과로 갖게 되는 지식 및 전문성의 특징을 고찰하여 거시적인 측면과 미시적인 측면 모두에서 전문성이 어떻게 작용하는가를 살펴보았다. 지식에 기반한 전문가들은 계속하여 자신의 영역을 확장하고 우수한 교육 시스템으로부터 그 지위를 향상시켜 나간다. 이를 위해 대부분의 사회에서는 교육받고 훈련된 인력을 양성한다.

초기의 전문적인 그룹에 관한 분석 및 해석은 전문성의 개념에 초점이 맞추어졌으며 규범적인 가치와 사회적 시스템의 안정을 위한 기능적 측면에서 연구되었다. Durkheim (1992)은 전문성을 직업 공동체를 바탕으로 한 도덕적 사회의 형태로 평가하였고, Tawney (1921)는 공동체의 필요를 충족시키기 위해 개인의 욕구를 조절할 수 있는 능력으로 보았으며, Marshall(1950)은 이타주의와 봉사정신을 강조하였다. 이러한 전문성은 규범적이고 기능적인 가치로서 초기 연구에서 주로 다루어졌다.

이후로 직업은 점차 제도화되면서 그 영역을 규정하기 시작하였다. 1950년대에서 1960년대에는 특별한 직업으로서의 profession(학문적 소양을 필요로 하는 전문 직업)이나 기관들이 갖는 특별한 특징들을 연구하였다. 이런 전문적인 직업의 특징들은 다음과 같다〈그림 11〉.

그림 11 ▸ 전문 직업의 특징(Greenwood, 1957; Wilensky, 1964)

이러한 전문 직업의 특징이 없는 일들을 직업(occupation)이라고 하며, 몇 가지의 특징을 가지고 있는 일들을 준 전문 직업(semi-profession)이라고 한다(Etzioni, 1969). 따라서 전문 직업은 지식과 전문성에 기초한 직업을 가리키는 말로 사용되었다. 1970년대와 1980년대는 이데올로기적 관점에서 직업을 사회학적으로 분석하였다. 90년대는 소비자와 고객들을 포함한 사회 체계에 전문성이 미치는 긍정적, 부정적 영향을 재평가하려는 연구가 이루어졌다. 이는 50~60년대 전문성의 규범적, 기능적 가치를 재평가 하며, 새로운 관점에서 전문성의 개념을 확장하려는 시도이다.

다음으로 과학사회학적 관점(sociology of science)이다. 이 관점은 사회체계로서 과학을 연구하는 사회학의 한 분야로 미국의 사회학자 로버트 머튼에 의해 20세기 중반 정립되었다. 사회학적 관점으로 볼 때, 전문가 시스템으로서의 과학은 지식을 생산하기 위한 특정한 연습에 바탕을 두고 있으며, 이를 통해 사회, 문화적 권위를 확보한다. 전문가와 엘리트 계층 간의 관계에서 'Elite'라는 개념은 힘, 사회적 명망이나 특권과 함께 그 영역에서 뛰어남을 동시에 포함하고 있다. 이러한 관계를 고찰하기 위해 전문가의 위치와 엘리트 계층의 기능들이 무엇인지 살펴보고, 어떠한 방법으로 전문성을 확보하고 엘리트로서의 지위를 유지하는지를 조사하였다. 과학사회학의 관점에서 과학적 전문성과 과학적 전문가의 역할의 생성 및 수행을 이해하고자 할 때, 첫 번째로 과학의 체계와 다른 전문성의 유형의 구조 및 진입 장벽을 비교해서 이해해야 한다. 둘째로는 사회적 조건과 지식의 생산 연습을 좀 더 미시적 관점에서 바라보면서 과학적 전문성을 고찰해야 한다.

이를 바탕으로 볼 때, 엘리트는 상당한 힘을 가지고 있는 소수 집단으로 그들이 속해 있는 조직에서 공식적인 지위를 부여 받으며, 집단으로부터 선택 과정을 성공적으로 마친 사람으로 정의할 수 있다. 이러한 엘리트의 정의는 우수한 수행능력보다는 그들이 가진 힘(권력)으로 전문성을 설명한다(Etziony-Halevy, 2001). 그 엘리트의 힘은 그들이 소유한 다양한 종류의 자산들의 상호작용에 기반한다.

즉, 돈이나 생산수단의 소유와 함께 우월한 사회적 지위를 바탕으로 개인의 끈기나 능력, 비전들이 결합하여 엘리트의 지위를 유지할 수 있게 해 준다. 따라서 사회학적 관점에서는 심리학적 관점과는 조금 다르게 효과적인 자극과 반응을 통한 인지적, 행동적인 자동화보다는 사회, 경제적 자본이 개인의 역량과 결합되면서 그 전문성이 형성되고 유지되는 것으로 본다〈그림 12〉.

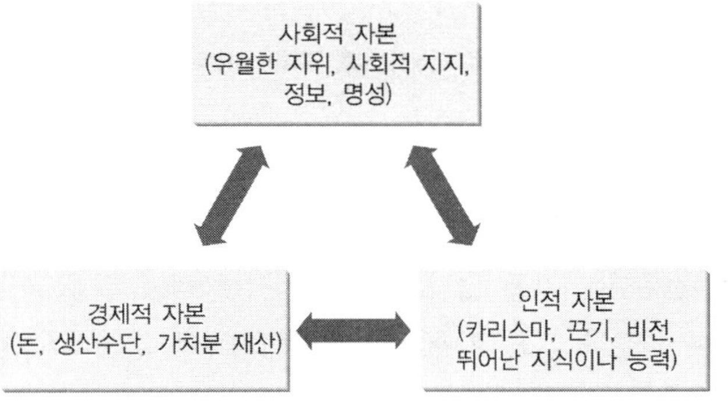

그림 12 ▸ 다양한 종류의 자본 (Bourdieu,1984)

4.2.4 다양한 영역에서의 전문성 연구

4.2.4.1 의학 분야에서의 전문성

의학 분야에서의 전문성은 다른 분야에서와 달리 환자들의 특징에 따른 처방 및 인지 기능에 관한 다양하고 광범위한 지식을 요구한다. 병리학이나 외과수술처럼 특정 분야의 지식을 요구하는 분야도 있지만 대부분의 임상의들은 생물학이나, 윤리학, 심리학에 근거한 다양한 분야의 많은 지식을 습득해야 한다. 특히 과거에는 의사 한 사람이 의료에 관한 전반적인 영역을 모두 담당하였다. 외과 및 내과 관련 질병의 진단 및 치료와 함께 처방에 사용할 약초를 구하는 것도 의사의 몫이었다.

그러나 현대의 병원에는 수 십 개의 진료 분과와 전문분야가 생겨나고 이로 인해 의료 지식의 전문성은 높아졌지만 과거처럼 다양한 영역을 모두 담당하는 전문가로서의 의미 보다는 세분화된 특정 분야의 의료 지식을 가진 전문가를 의미하게 되었다〈그림 13〉.

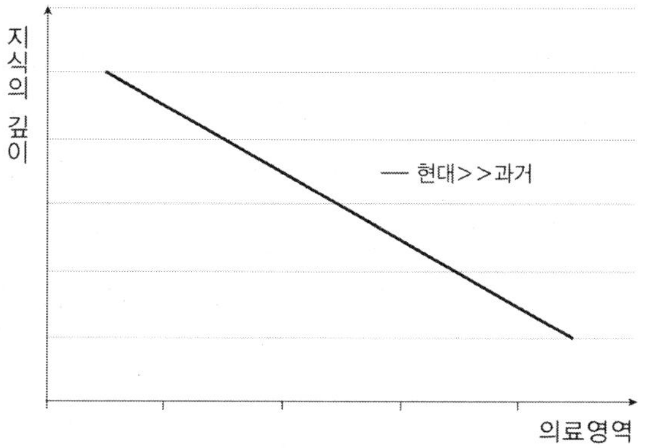

그림 13 ▸ 의료 지식과 의료 영역의 시간에 따른 변화

4.2.4.2 운송 영역에서의 전문성

운송 영역에서 전문성은 보통 경력과 운전 거리에 의해 결정되며 얼마나 많은 시간을 비행했느냐에 따른다. 〈표 4〉에서는 운송영역에서 경험적 수준에 따라 초보자와 전문가를 분류하였는데 이를 통해 볼 때, 얼마나 오래 운행하였느냐가 가장 중요한 전문성의 척도 가운데 하나임을 알 수 있다.

표 4 ▸ 운송 영역에서의 전문성의 분류(Durso & Dattel, 2006, p.356)

전문성의 수준	구분 준거
무경험 자 : 경험이나 지식이 전혀 없는 사람	운전 경험이 없으며, 비행사가 아님
초보자 : 처음 시작하여 관련 영역에 대해 배우기 시작하는 사람	비행학교 학생으로 32시간 미만의 비행경력
도제(견습생) : 배우는 단계에 있는 사람	운전 경력이 없거나 400시간 미만의 비행시간
경력 도제/하급 숙련공 : 일정한 경험과 함께 새롭게 자격을 획득한 사람	운전/비행 자격 획득 후 2년 또는 2000km/1000시간 운전/비행
숙련공/전문가	5년 이상의 경력과 함께 4000시간의 운전과 40,000 miles 의 비행
모범적인/훌륭한 숙련공, 전문가	풍부한 경력과 함께 비행/운전사 교육할 수 훈련을 받았으며, 경주 자격증을 소유한 비행/운전사.

운송능력에 영향을 주는 요인들을 연구한 결과에 따르면 전문가들은 운행 및 비행 상황에서 주의집중력이 뛰어났으며 문제 상황에서 주어진 정보만을 가지고 해석하지 않고 다양한 환경적 요인에서 발견할 수 있는 상황적 구조와 배치를 이해하여 학습하는 능력 또한 뛰어났다. 즉, 전문가일수록 동시적 작업 능력이 우수하고 풍부한 경험이 나이가 들어감에 따라 동시 작업 능력이 감소하는 현상을 경감시켰다(Tsang & Voss, 1996). 다양한 과제를 동시에 처리하는 상황에서 인지적 과제 분석을 전략적으로 실시하여 많은 과제를 효과적으로 관리하는 특징을 가지고 있으며 풍부한 경험을 통해 위험한 문제 상황을 인식하는 능력이 우수하고 다양한 전략을 활용하여 대응하는 특징을 갖고 있다. 한 과제에 오랜 시간 집중하지 않고, 여러 가지 과제로의 신속한 전환을 통해서 동시에 다양한 과제를 해결하는 능력 또한 초보자에 비해 우수한 것으로 드러났다.

4.2.4.3 음악분야에서의 전문성

오늘날 대부분의 음악회가 빈자리가 많은 것과는 달리 특정한 음악가의 연주에는 수많은 관객들이 콘서트홀을 찾는다. 또한 음악적 능력이 뛰어난 어린 연주자나 뮤지컬 배우는 대중매체의 많은 관심을 받는다. 대표적으로 우리나라에 내한하는 베를린 필이나 빈 필의 경우 수 십 만원을 호가하는 가격에도 불구하고 예매시작과 동시에 매진이 되는 경우가 다반사이며, 최근 유행하는 오디션 프로그램에서도 10대 초, 중반의 뛰어난 능력을 보이는 참가자가 시청자와 미디어의 집중 관심을 받고 있다.

이처럼 음악적으로 뛰어난 능력을 갖고 있는 사람들의 특징을 밝히기 위한 연구는 오랜 시간 지속되었다. Barrington(1770)은 모차르트의 음악적 수행 능력의 특징들을 분석하여 많은 정보를 제공하였으며, 유명한 음악가들의 자서전을 통해 좀 더 정확하고 신뢰할 수 있는 뛰어난 능력의 조건 및 원인들을 밝혔다. 이러한 연구를 통해 음악적 능력은 선천적인 것임이 드러났다. 또한 가정환경과 사회-경제적 환경이 음악적 능력을 향상시키는데 매우 중요한 요소임이 드러났다. 예를 들어 Bach, Corelli, Couperin, Garcia, Mozart, Strtauss 등은 부자가 모두 매우 유명한 음악가였으며, 이는 뛰어난 음악적 재능이 유전된다는 증거이다(Lehmann & Gruber, 2006). 즉, 유전적 배경은 필연적으로 음악성에 매우 큰 영향을 미치며 음악적 능력이 선천적으로 주어지는 것임을 드러내는 강력한 증거라고 할 수 있다.

가정의 부유한 사회-경제적 환경은 음악가들에게 좋은 선생님께 교육을 받을 수 있는 기회를 제공하고, 좋은 악기로 연주할 수 있게 하며, 적절한 보상을 통해서 그 음악성을 계발할 수 있게 한다는 점에서 또 하나의 음악적 능력 향상에 영향을 미치는 요소이다. 음악가들의 가족들은 보편적으로 안정된 정서와 과제 지향성을 갖고 있었으며, 자녀들의 친구를 매우 신중하게 선택하였고, 음악활동을 매우 적극적으로 지원하는 것이 그 특징이었다.

그러나 최근 뇌 과학 연구는 바이올린을 반복적으로 연습한 결과 나타난 뇌의 변화를 통해 전문성이 유전적인 요소의 영향 뿐 만 아니라 후천적 노력에 의해서 결정될 수 있다는 증거를 실증적으로 제시하고 있다. 즉, 빠른 속도로 현을 누르고 정확하게 포지션을 움직이는 왼손의 반복적인 연습을 통해 이를 관장하는 오른쪽 뇌의 특정한 부위가 팽창하였음을 보여주는 fMRI의 촬영으로 뇌 가소성의 증거가 나타났다. 양손으로 연주하는 피아니스트의 경우는 좌, 우측 뇌 특정 부위의 팽창을 통해 부단한 연습이 뇌의 변화를 유도할 수 있다는 사실이 뇌를 보다 과학적으로 연구할 수 있는 기술이 발달하면서 점차 드러나게 되었다〈그림 14〉.

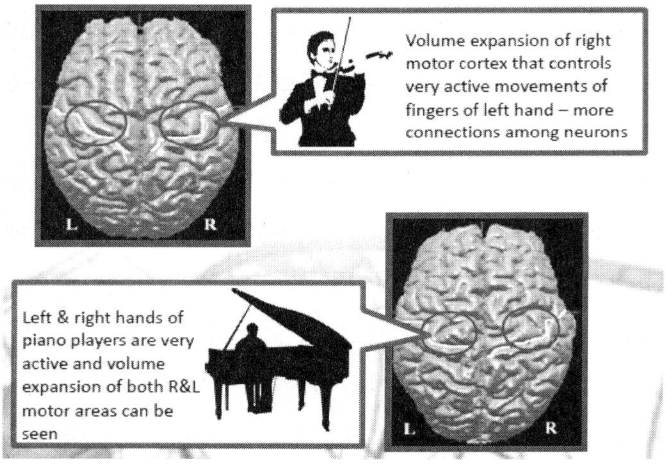

그림 14 ▸ Cognition cross-traning for children and adults (Wexler, Coleman, 2012)

따라서 음악 분야에서의 전문성은 유전적 요소에 의한 선천적 요인과 연습을 통한 후천적 요인이 함께 작용하고 있었으며 연습의 방법으로 최근 들어서는 시간 뿐 만 아니라 연습의 질에 초점을 맞춘 신중한 연습(Deliberate Practice)이 강조되고 있다.

4.2.4.4 예술영역에서의 전문성 : 연기와 발레

역사적으로 뛰어난 연기자들은 누군가의 가르침을 통해서 전문성을 향상시키기보다 풍부한 관찰과 경험을 통해서 오랜 시간에 걸쳐 홀로 그 능력을 향상시켰다. 이는 제도적인 교육기관을 통해 체계적인 교육을 받기 보다는 도제식 교수-학습을 통해 오랜 시간에 걸쳐 장인에게 그 기능을 전수 받는 형태로 전문성을 확보하였기 때문이다.

러시아의 연출가이자 배우인 콘스탄틴 스타니 슬랍스키[1]는 무대 위에서 배우가 자연스럽게 연기하는 것을 강조하며 관객에게 사실적이고 현실적으로 표현하는 것을 위한 체계적인 훈련 시스템을 정립하였으며 이는 배우가 되기 위한 연습과 훈련의 기본이 되었다. 이후로 많은 대학과 관련 교육기관에서 다양한 교육 방법을 개발하였지만 여전히 스타니 슬랍스키가 강조한 배우의 훈련기법은 가장 영향력 있는 연습 방법으로 자리 잡고 있다.

오늘날 영화나 연극, TV드라마에서 가장 중요하게 생각하는 요소는 실제 삶과 같이 생동감 있고 매력 있게 묘사하여 관객들을 몰입하게 하는 것이다. 발성이나 유연성과 같은 기술들은 반복적인 연습에 의해서 그 전문성을 습득할 수 있지만 관객을 감동시키는 성공적인 연기를 위해서 가장 중요한 것은 어제의 공연을 똑같이 반복하는 것을 멈추고 삶의 순간마다 새로운 사건들을 경험하고 그것들을 새롭게 표현하는 것이다(Noice, T., & Noice, H., 1997). 이러한 고민과 삶의 성찰에서 나온 연기만이 자신이 연기하는 인물을 흉내 내지 않고 그 배우 자체가 되어 관객으로 하여금 깊은 이해와 공감을 이끌어 낼 수 있다.

과장된 행동이나 과장된 목소리는 현실을 사실적으로 표현하는데 도움이 되지 않으며 오히려 이질감을 주기도 한다. 많은 연습을 통해 자신이 맡은 배역의 객관적인 특징을 똑같이 흉내 내더라도, 그것을 연기하는 배우에게서 요동치는 감정의 물결과 열정을 관객이 느끼지 못한다면 관객은 그 배우를 페르소나(persona)를 쓰고 연기하는 '가짜 인형'으로 느낄 것이다. 연기에서 가장 중요한 것은 등장인물이 정말 원하는 것이 무엇인지를 파악하고 실제 삶처럼 연기하는 것이다.

가끔 배우들이 장기간의 연기를 마치고 심리 치료를 받았다는 이야기를 들을 때가 있다. 이는 한 배우가 페르소나를 쓰고 맨 얼굴은 가린 채 연기를 한 것이 아니

---

1) Constantine Stanislavski(1863~1938) : 러시아의 연출가이자 배우로 모스크바 예술극장을 창립하였다. 사실적인 연기를 강조하여 이를 개발하기 위한 배우의 연습 기법은 사실적인 연기 방식의 원조이자 모범이 되었다.

라 페르소나를 벗고 실제 그 인물이 되어서 삶을 살았다고 볼 수 있다. 연기였지만 삶이었던 것이다. 이처럼 등장인물의 특징을 관객이 공감할 수 있도록 표현하는 진실성이 배우에게 가장 큰 전문성이다.

연기와 마찬가지로 무용에서도 표현력과 기술력을 동시에 요구한다. 그러나 뛰어난 발성과 우수한 신체조건, 긴 대사를 막힘없이 술술 외우는 기억력을 가지고 있다할지라도 그 연기에 삶의 진실함과 본질이 묻어나오지 않으면 극장주는 배우를 고용하지 않는다. 연기에서는 언어와 행동을 통해 장면을 효과적으로 표현 할 수 있는 기술들이 요구되긴 하지만 더 중요한 것은 실제 삶과 같이 생동감 있게 표현하는 배우의 감성을 포함한 예술성이다.

반면에 우수한 무용수는 예술성과 기술성을 동시에 가지고 있어야 하며, 그 중에서도 기술요소는 없어서는 안 될 필수적인 것이다. 관객들은 바리시니코프[2]의 내면적 열정을 느끼고 감동을 받지만 그의 엄청난 점프력과 공중에서 일어나는 현란한 동작이 있기 때문에 가능한 것이다. 따라서 상대적으로 연기에 비해 연습을 통해서 얻어진 고난이도의 기술이 무용의 전문성에 있어서 좀 더 큰 비중을 차지한다(Noice, H., & Noice, T., 2006)〈그림 15〉.

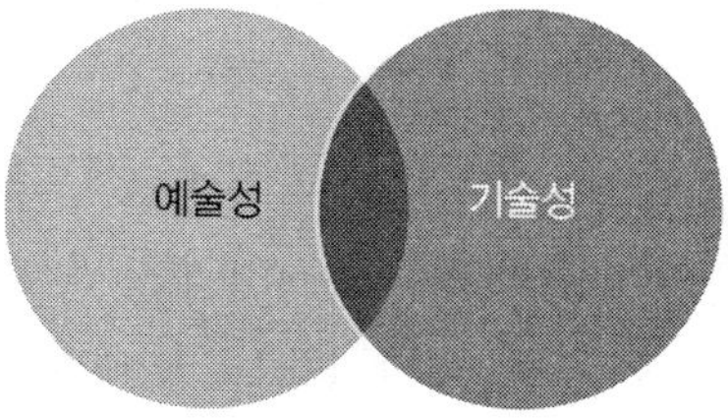

(가) 연기　　(나) 무용

그림 15 ▸ 연기와 무용(발레)에서의 전문성의 구성

이상을 볼 때, 예술적 영역에서의 전문성 연구는 개인의 능력과 내적, 외적 동기요소의 결합을 통해서 총체적으로 이루어지며 이러한 특성들은 오랜 기간의 집중적인 연습과 훈련을 통해서 이루어진다고 볼 수 있다. 이를 통해 초창기 예술 영역의 전문성 연구에서 상대적으로 안정되고 선천적 재능을 중요하게 생각했던 관점에서 후천적 노력을 통해서 습득될 수 있다는 관점으로 전환이 이루어지게 되었다.

---

2) Mikhail Baryshnikov(1948~) : 라트비아에서 태어났으며, 20세기를 대표하는 가장 위대한 예가 중 한명으로 평가 받고 있다. 뛰어난 점프력과 정확한 턴과 같은 발레 테크닉 뿐 만 아니라 작품과 음악에 대한 해석 및 표현력도 탁월하여 세계에서 가장 완벽한 무용수라는 찬사를 받았다. 1969년부터 74년까지 키프로스 수석 무용수로 활동하였으며, 1974년 캐나다로 망명하였다.

4.2.4.5 체스에서의 전문성

체스 경기에서 승리하기 위한 방법은 가장 좋은 포지션으로 말을 이동시키는 것이다. 이러한 특징을 밝히기 위해 전문가와 초보자의 비교 연구를 통해 문제 상황을 지각하는 방법과 문제를 해결하는 방법에 큰 차이가 있다는 것을 밝혔다.

전문가와 초보자에게 실제 체스가 진행 중인 체스 판을 5초 동안 보도록 한 후, 말들의 배열을 다시 배치하도록 했을 때, 그리고 이 시행을 반복하면서 그 결과를 그래프로 나타냈다(Gobet & Charness, 2006). 그 결과 체스 고수는 16개를 기억하였고, 초보자는 4개를 기억해 냈다.

다음에는 실제 게임 상황이 아니라 무선적(Random)으로 말들을 배열한 체스판을 보고 그 상태를 다시 기억하도록 하였다. 이때는 전문가와 초보자 모두 4~5개의 말들만을 기억해 냈다. 즉, 경기 상황이 펼쳐지고 있는 실제 상황에서는 전문가가 모든 말을 거의 정확하게 기억하는데 비해 아무렇게나 놓여진 체스 말들의 배치를 기억할 때는 초보자의 기억능력과 거의 차이가 없었던 것이다(Chase & Simon, 1973). 이를 볼 때, 체스 전문가들은 실제 진행 중인 게임에서는 상황적 맥락을 파악하여 말들의 진행과정 및 전략들과 같은 '의미 있는 패턴'을 읽어낸 것이고, 이를 기억해서 재배치하였음을 알 수 있다. 수많은 경험과 연습을 통해 말들의 배치 유형을 인식하는 능력이 발달하였기 때문이다.

그러나 무선적인 배치를 보고서는 이러한 인지 과정이 일어날 수 없고, 단기 기억(short- term memory)에 의존해서 말들을 기억해야 한다. 따라서 초보자와 기억해 낸 말의 차이가 거의 없었던 것이다. 즉, 전문가와 초보자의 단기 기억 용량은 비슷하나 다양한 경험과 풍부한 연습을 통해 말들의 배치 및 이동에 관한 전략들이 습득되어 있어서, 그 정보들을 활용하는 능력에서 차이가 났다고 볼 수 있다. 다양한 경험과 연습을 통해 말들의 배치 및 전략들이 개개의 형태가 아닌 덩어리(chunk)의 형태로 장기 기억(Long-term memory)에 저장되고 이는 말들을 어떻게 움직일지 어떤 전략을 사용할지에 대한 정보를 제공한다(Chase & Simon, 1973; Gobet & Simon; 1998; Gobet & Clarkson, 2004).

이러한 전문성은 적어도 1,000시간 이상의 신중한 연습(Serious Study[3]), Deliberate Practice를 통해 발달 되었으며, 나이가 어릴 때 연습을 시작하는 것이 더

3) Serious Study는 Deliberate Practice와 같은 개념으로 Charness, Krampe, & Mayr의 1996년 논문에 사용되었다.

욱 효과적이었다(Charness, Krampr, & Mayr, 1996). 이와 같은 수많은 경험을 통해 시간 압박에 대처하는 사전 경험을 할 수 있으며 chess 경기에서 말들의 위치와 관련된 기억력과 같은 특정한 능력에서 일반인과 비교하여 월등히 뛰어난 능력을 갖게 되었다.

4.3 전문성 연구의 한계

4.3.1 전문 교사의 판단 기준

그 동안의 전문성 연구에서는 수업 상황에서 일어나는 인지적 영역과 행동적 영역이 주요 관심 분야였으며(곽병선, 2001; 노명완, 2001; Agne, 1992; O'Sullivan & Doutis, 1994) 이를 측정하기 위해 설문을 통해서 특정행동의 비율을 제시하거나 경력에 따른 비교를 통해 상대적으로 우수한 능력들을 측정하는 방식으로 이루어졌다. 또한 전문성을 인정받는 교수자를 대상으로 그 특징을 밝혀내는 연구가 주로 이루어졌다.

그러나 다른 영역에서와는 달리 교육분야에서는 전문성이 무엇인지를 정의하는데 어려움으로 인해 연구가 쉽지 않다. 예를 들어 체스에서의 전문성은 체스 경기 상황에서 나타나는 일류 선수의 특징을 인지 사고 과정 중심으로 밝히고 이를 통해 전문가로서의 특성들을 제시하고 있다(Chase & Simon, 1973; de Groot, 1965; de Groot, Gobet, 1996; Ericssion, Prietula, & Cokely, 2007).

체스에서의 전문성을 가진 전문가는 경기 결과의 압도적인 승률로 판단할 수 있다. 이와 같은 방법으로 운송, 수학, 음악, 발레, 의학 등의 분야에서도 초보자들에 비해 전문가를 명확하게 구분할 수 있는 기준들이 존재한다. 운송 영역에서는 경력에 따라 수준을 분류하였기 때문에 20만km 이상을 운행하고 20년 정도의 경력이 있는 사람들의 특징을 연구하여 그 특징을 밝혔다(Wikman, Nieminen, Summala, 1998; Duncan, Williams, Brown, 1991). 음악 영역에서는 Berlin 음악학교에서 동급생들보다 상위 단계에 있는 학생들을 대상으로 전문성을 연구하였고(Ericsson et al., 1993), 발레 영역에서는 국립 발레 학교나 대학교에서 상위 프로그램을 수강하는 학생들을 대상으로 그 특징을 연구하였다(Poon & Rodgers, 2000; Starkes, Deakin, Lindley & Crisp, 1987). 의학 분야에서는 동료의사들로부터 추천받은 의사들을 대상으로 그 전략적 특징을 밝히는 연구가 이루어졌다(Barrow, Norman,

Neufeld & Feightner, 1982; Elstein, Shulman, & Sparfka, 1978; Neufeld, Norman, Barrows & Feightner, 1981). 이처럼 다른 영역에서 전문성 연구는 전문성에 대한 조작적인 정의를 내리고 전문성을 가진 연구 참여자를 통해 공통적인 특성을 밝히거나 비교연구를 통해 상대적으로 우수한 능력들을 알아낼 수 있다.

반면에 가르치는 사람의 전문성은 그 하위요소를 무엇으로 선정하는가에 대한 작업이 쉽지 않아 전문가와 비전문가를 구분하는 것 자체가 쉽지 않다. 또한 전문성의 요소가 수업에서 일관된 형태로 지속되어 나타나지 않기 때문에 더더욱 선정의 어려움이 따른다. 유정애(2000)는 이를 연구방법론의 한계로 지적하며 가르치는 상황 속에서는 수학, 체스에 비해 훨씬 더 복잡한 상황들이 발생하므로 이러한 지식의 통합이 어려울 수밖에 없으며, 따라서 어떠한 지식을 필수적인 것으로 볼 것인가의 문제가 여전히 전문성 연구의 어려운 점임을 밝혔다.

또한 전문성을 무엇을 하는가(What experts do)와 관련하여 설명하기 때문에 전문성이 수행되는 과정을 포함한 총체적인 전문성을 이해하는 데 한계가 있다. 또한 이러한 전문성을 측정할 때, 성과를 중심으로 하는데 성과에 대한 정의가 선행되어야 한다. 그렇다면 누구를 대상으로 연구해야 하는가의 문제가 전문성 연구의 첫 번째 과제로 남는다. 축구나 야구경기에서는 홈런왕이나 득점왕, 타점왕이나 패스 성공률 등으로 그 전문성을 판단하여 특징을 제시하고 이를 교육 프로그램의 과정에 참고하여 사용한다.

이처럼 가르치는 사람의 전문성을 연구함에 있어서도 전문성을 인정받는 교수자를 선정하는 작업이 연구의 시작이 되어야 한다. 그리고 이를 바탕으로 이론적, 개념적 수준에서의 논의를 넘어 실증적, 경험적 연구를 통해 전문성의 구성요소와 역할, 능력에 대한 지각의 정도를 밝혀야 한다.

4.3.2 인지 심리학적 관점의 편향

지금까지 전문성에 관한 연구는 대부분 인지 심리학적 관점에서 그 특징을 밝히는 데 초점이 맞추어졌다. 이를 통해 보편적인 전문가의 특징을 밝혀냈으며 이는 전문성 연구의 토대가 되었다. 일반적으로 한 분야의 전문가는 어렸을 때부터 관련 영역에 대한 장기간의 연습을 통해 그 능력이 발달되는 것이 가장 큰 특징이다.

이러한 전문성을 확보하기 위한 연습에 대한 개념은 1993년 Ericsson, Krampe, & Tesch-Romer의 연구를 통해 신중한 연습(Deliberate Practice)이라는 개념이 등장하면서 바뀌었다. 단순히 오랜 시간을 연습하는 것으로는 전문가가 될 수 없으며, 수행 능력을 향상시키기 위해서는 관련 영역에 적합한 활동을 매일 정해진 시간 동안 높은 강도로 꾸준히 연습하는 것이 특징으로 밝혀졌다(Ericsson, Krampe, & Tesch-Romer, 1993). 이는 자극-반응의 관계에 기초한 관점으로 학습자에게 적절한 자극을 통해 효과적인 반응능력을 발달시킬 수 있다는 가정에 기초한다.

따라서 이러한 관점에서 전문성 연구의 핵심은 지식에 관한 것이었다. 가르치는 사람은 지식의 전달자로서 학습자에게 가르쳐야 할 많은 지식을 가지고 있어야 하며 효율적으로 전달하는 방법이 주로 연구 되었다.

그러나 수업 상황은 이러한 연습이 한 영역에서 나타나지 않으며 교수자의 성향, 태도, 신념, 지식, 행동이 복합적으로 고려되어 나타나기 때문에 특정 상황에 대한 인지적 사고과정의 연구로 그 특징을 밝혀내는 데는 한계가 있다. 오히려 전체적인 수업 상황 속에서 발생하는 특징들을 생생하게 드러내주는 것이 다양한 상황에서 나타나는 서로 다른 외포(extension)들을 동일한 개념으로 제시하는 것보다 풍부한 이해를 제공 할 수 있다. 표면적으로 교수자에 의해서 일어나는 학습 이외에도 수업 상황에서 나타나는 다양한 성향, 태도, 신념 등은 오히려 학생의 교육적 성장에 더 큰 영향을 주기도 한다. 따라서 인지 심리학적 관점뿐만 아니라 사회적, 도덕적 관점에서도 전문성에 대한 논의가 필요하다. 물론 교과지식은 전문성을 판단할 때, 매우 중요한 것이지만 전문성을 보다 총체적으로 이해하기 위해서는 정의적 수업 특성들과 학생과의 상호 작용의 형태들에 관한 연구가 이루어져야 한다. 따라서 신념 연구에서 주목하고 있는 학생과의 소통, 교사의 가치관, 심성 및 인성에 관한 측면을 고찰하기 위한 사회 & 도덕적 관점에서의 접근이 필요하다(유정애, 2000).

4.3.3 이론적, 개념적 접근

교육이 행해지는 장소는 실험연구에서처럼 변인을 통제할 수 있는 공간이 아니며, 학생들도 통제 가능한 동질 집단이라기보다는 성격, 특징, 학습의 발달 상황, 신체 발달 정도가 모두 다른 이질 집단에 가깝다. 따라서 이러한 교육적 공간에서 전문성을 고찰하기 위해서는 이론적 연구와 함께 경험적 연구가 진행되어야 한다. 교사교육에서의 위기가 있다면 그것은 본질적으로 경험적 자료와 연구의 결핍에서 나온 것이다(류태호, 1998; Oelkers, 2000). 따라서 연구자가 수업 상황에 직접 들어가 경험하면서 전문성을 인정받는 교수자는 어떤 방법으로 다양한 수준의 학생들을 가르치는지 생생하게 드러낼 필요가 있다.

지금까지 전문성 연구에서는 주로 기존에 교육학에서 제시한 전문성 요인을 살펴보기 위한 방식으로 이루어졌으며, 관찰을 통해 행동의 빈도를 기존의 개념으로 포섭하여 제시하였고, 교육학에서 밝힌 전문성과 체육학의 전문성은 개념적으로 두드러진 큰 차이가 없었다〈표 5〉. 물론 가르치는 일이 대상에 관계없이 어느 정도 공통적인 속성을 가지고 있지만 장차 교사로서 학생들을 가르치게 될 예비교사나 운동과 학업을 병행하는 학생선수의 경우는 그 특징을 고려하여 차별화된 교육이 이루어져야 하며 그 가르침의 모습은 기존의 개념으로 설명하기에는 한계가 따른다.

표 5 ▸ 교육학과 체육학의 교사 전문성 요소 비교

Strong & Tucker (2003)	Bauer(1998)	Manross & Templeton (1997) (체육학)	De Marco(1998) (체육학)
교과 지식	동기 유발 및 피드백 능력	교과지식의 활용, 개별화 지도 능력	수업 준비
교수 능력	수업 개발 및 평가 능력	수업 계획	수업 계획
학생 상담 및 지도 능력	조정, 협상, 결정 능력	고도의 지각 능력 창의적 피드백	피드백
교육적 안목·가치관·태도	미디어 활용능력	자동화된 행동	자연스러운 수업 전환
자기 계발	자기 평가 및 계발 능력	반성적 탐구	기능 수행의 효율적 진단

체육을 가르칠 때 가져야 할 독특한 전문성이 있으며, 이는 수업공간속에서 구체적으로 생생하게 드러나므로 장기간의 관찰을 통해서 전문성이 어떤 모습으로 어떠한 상황에서 드러나는가를 연구할 필요가 있다. 이를 통해 전문성을 어느 특정한 상태에서 수행되는 결과(Product)로 이해하기 보다는 장기간에 걸쳐 점진적으로 형성되고 개선되어가는 과정(Process)으로 이해해야 한다.

〈표 5〉에서는 교육학 연구에서 밝힌 교사 전문성 요인과 체육학 연구의 교사 전문성 요인을 비교하였는데, 동작에 대한 진단 및 피드백능력과 자동화된 능력이 체육을 가르치는 교사의 차별화된 전문성 요소로 나타났다. 그러나 자동화된 행동이나 피드백의 활용이라는 개념만으로는 구체적으로 어떠한 방법을 통해 전문성이 드러나는지 파악하기 어렵다.

전문성은 전문성을 인정받는 교수자들이 가지고 있는 지도 방법의 자연스러움을 실제 수업 상황 속에서 관찰할 때, 그 발생 맥락과 특징을 생생하게 제시할 수 있다. 또한 다양한 상황 속에서 학습자들의 문제점 및 고려사항을 파악할 수 있는 지각능력 또한 직접 관찰을 통해서 그 넓이와 깊이에 대한 심층적인 이해가 가능하다. 그리고 무엇보다 다양한 학습자 수준과 특징에 따라서 이러한 개념들은 다양한 외연(extension)의 형태로 나타나기 때문에 그 다양한 형태를 보다 생생하게 전달하는 것이 전문성을 이해하고 향후 연구하는데 있어 시사점이 될 수 있다.

따라서 전문적인 교수자를 선정하여, 사회적 & 도덕적 측면을 포함하는 상호작용의 맥락을, 교육적 현장에서 직접 관찰할 때 현장성과 구체성을 포함한 전문성의 총체를 보다 생생하게 드러낼 수 있다.

4.3.4 개인적 차원의 접근

그 동안 연구된 다양한 영역에서의 전문성은 주로 개인적 차원에서 연구 되었다. 이는 전문성을 판단하는 기준이 행위자 개인에게 한정되어있으며 얼마나 적절한 환경에서 오랜 기간 연습을 많이 하였는지가 전문성을 결정하는 가장 큰 요소라고 생각하였기 때문이다.

따라서 이러한 영역에서의 전문성은 주로 개인적 차원에서 연습의 수준과 방법, 상황과 기간에 초점을 두었고 이와 같은 방법을 통해 개인의 능력을 향상시키면 실제 상황에서 일반인과는 다른 전문적인 수행이 나타났다. 발레와 바이올린 연주자, 계산 및 운송 영역에서의 전문가들은 모두 이러한 과정을 통해서 전문성을 습득하였다. 그리고 이러한 전문성을 발휘하는 데 있어서 개인적 변인 이외의 다른 차원의 변인들은 크게 영향을 미치지 않았다. 따라서 전문성은 연습의 과정 및 종류를 잘 관찰하여 그 특성들을 밝히면 발달 과정을 이해할 수 있었고 적용이 가능했다.

물론 체스와 의학 영역에서의 진단분야와 같이 전문성이 대인적 차원에서 수행되는 분야도 있지만 이는 상대방의 개인적인 특징 및 요소들에 의해 영향을 받기보다는 경기하는 스타일이나 통증의 위치 및 정도의 차이가 있을 뿐이다. 즉, 대인적 차원에서 전문성이 수행되지만 이는 상대방이 주체로서 전문성에 영향을 주기보다는 오히려 대상의 의미가 더 강한 객체로서의 의미를 갖는다고 할 수 있다.

반면에 교육현장에서의 전문성은 개인적 차원의 요소들을 대인적 차원에서 고려해야 하는 특수한 상황을 가정하지 않고는 적절하게 설명할 수 없다. 또한 대인적 차원과 함께 집단적 차원이라는 교육의 상황을 설명해주어야 한다. 교육적 환경은 반드시 다양한 상호작용이 끊임없이 일어나며 동일한 내용도 언제, 어디서, 누군가에게 가르치느냐에 따라서 전혀 다른 모습을 나타낸다. 또한 그러한 불확정성이 한 명이 아닌 다수의 이질집단을 상대로 나타나기 때문에 한 가지의 개념을 통해 그 개념이 외포하고 있는 다양한 교육 현상을 충분하게 설명하기에는 어려운 점이 있다.

예를 들어 동기 유발의 경우 학습자 수준에 따른 동기유발이 있을 수 있으며, 동일 수준 내에서도 학습자의 흥미와 특성, 발달단계에 따른 다양한 동기 유발이 있다. 또한 이론 수업과 실기 수업의 동기 유발이 다르며, 수업의 시작과 중간 마무리 단계에서의 동기 유발의 양상은 각각 다르다고 할 수 있다. 그리고 이렇게 다양한 동기 유발의 모습을 현장에 적용할 때 가장 중요한 것은 교수자와 상호작용을 하게 되는 학습자 변인이 개개인별로 너무도 다양하다는 것이다.

그러나 지금까지 전문성 연구에서는 교수자변인과 학습자변인을 고려하지 않은 상태에서 동일한 개념으로 그 특징을 제시하였다. 이는 전문적인 교수나 교사의 보편적인 특징을 제시하였다는 점에서는 의의가 있지만 다양한 학습자의 수준과 상호작용을 통해 이루어지는 교육의 특성을 고려한다면 그 개념이 나타내고 있는 교육현장에서의 실제 작동원리를 이해하는 데는 한계가 있다.

따라서 전문성을 연구하는 데 있어서 다양한 학습자 수준을 고려하여 차별적으로 적용되는 모습을 살펴보고 이에 따른 특성을 면밀히 드러내 줌으로써 교육적 상호작용 속에서 개념적으로 정의된 전문성이 실제로 표현되는 양상을 구체적으로 제시할 필요가 있다.

4.4 잘 가르친다는 것은?

잘 가르친다는 것은 교육내용을 교육목적에 맞게 적절한 방법을 사용하여 지도하는 것이다. 즉, '무엇을', '어떻게', '왜'라는 질문에 대답하는 것이 가르치는 사람을 정의하고 잘 가르치는 것에 대해서 설명할 수 있는 중요한 단서가 된다. 그러나 교육을 지성으로 축소할 때, 차가운 추상적인 개념이 되어버리고 지나친 감성으로 접근할 때, 나르시스적인 감상주의로 흐를 수 있다. 지성과 감성이 적절하게 조화가 될 때, 바람직한 교육을 만들어 낼 수 있다.

잘 가르친다는 것은 무엇인가?

서구 문화에서는 실제가 현상이 벌어지는 외부세계에 있다. 즉, 눈에 보이는 객관적인 교육적 현상을 연구하는 과학적 방법을 통해 교육적 현상의 실제적인 모습을 발견하려 했다. 그리고 그러한 결과를 통해서 잘 가르침의 의미를 드러냈다. 그리고 가르치는 사람의 태도, 동기, 관심, 이해, 상심과 같은 마음속 내적 영역은 낭만적인 환상이자 교육적 현실 문제를 해결하지 못한 교육자들의 도피처일 뿐 실제로 이것들이 교육을 바꾸기에는 미약하다고 여겨왔다.

그리고 우리가 직면하는 교육적 문제들을 해결 가능한 객관적인 문제로 만들어 기술적인 해결방식으로 개선할 수 있다고 생각하여 다양한 교육 방법을 개발하고 과학적으로 연구하여 많은 결과들을 보고하였다. 이러한 움직임은 교육을 테크닉으로 보는 관점과 유사하다. 이때, 교육 받는 학생은 교육의 객체가 되고 가르치는 사람은 교육의 주체가 된다. 이러한 교수자와 학습자의 객체와 주체로의 분리는 교육을 기계적으로 변화시키며, 상호작용보다는 수동적 받아들임의 구조로 변화시키고 있다.

4.4.1 관계맺음

수업에서 가장 중요한 요소 중의 하나가 학습자의 동기를 유발하는 것이다. 이를 위해 수많은 동기유발 자료들이 개발되고 있으며 연구소를 세워 두뇌동기를 연구하기까지 한다. 그러나 학생들은 자신의 삶과 관계가 없다고 생각할 경우에는 수업 자체에 전혀 관심을 갖지 않는다. 오히려 아주 단순한 내용이라 할지라도 그것이 자신이 처해있는 환경과 밀접한 관련이 있을 때, 수업에 적극적으로 참여한다. 그리고 이러한 참여를 바탕으로 교수자와 학습자 사이에 만남이 이루어진다. 만남은 교수자와 학생 간에 일어나는 교육적 관계의 특징이며 학생들을 향한 눈빛, 목소리, 미소, 유머를 통해 시도하는 교육적 접촉이다(van Manen, 2012). 이러한 교육적 접촉을 통해 얻어진 학생들과의 관계는 형식적이고 피상적이기보다는 상대를 향해 나를 열어보이는 선물과도 같다.

최근 대학 수업에 대한 연구들은 설문조사나 면담, 수강생들의 에세이를 분석하여 좋은 수업에 대한 인식을 고찰하는 형태로 이루어지고 있다(민혜리, 이희원, 2011; 박민정, 2008; 이은화, 김회용, 2008). 위 연구들은 교수자와 학습자들을 대상으로 '성공적인 수업', '좋은 강의'가 무엇인지 물음으로써 좋은 수업의 요소들을 분석하였으며 공통적으로 교수자와 학습자 간의 참여와 소통을 좋은 수업의 요소로 보았다(전가일, 2013). 이를 볼 때, 교수자와 학습자가 활발히 상호작용하며 친숙한 관계를 맺는 것과 질문을 통해 생각을 이끌어 내고 학습자의 삶 속으로 가까이 다가가는 것이 좋은 수업임을 알 수 있다.

이를 종합하면 잘 가르친다는 것은 기존의 수업내용을 효과적으로 전달하는 전달의 의미에서 확장되어 학습자라는 존재 자체에 대한 관심에서 시작해 교육내용을 조금 더 구체적이고 실제적인 맥락에서 함께 생각해 볼 수 있는 기회를 제공하는 것으로 볼 수 있다.

이러한 잘 가르침의 맥락은 전통적으로 수업의 기술적 측면에서 주로 논의되었던 수업전문성의 관점을 보다 확대하여 이해하고자 하는 시도이다. 즉, 가르치는 사람을 수업의 주체로 보고 교육내용의 효과적인 전달 및 이해의 측면에 주된 관심을 두었다면 이제는 교수자와 학생의 상호작용에 주목하고, 이러한 상호작용이 나타나는 과정 및 발생 맥락에 관심을 가지고 그것을 드러내고자 노력해야 한다.

4.4.2 반성과 성장

수업은 학습 내용을 학습자들에게 적용(application)하는 것이 아니라 반성(reflection)을 통해 지평을 넓히는 것으로 해석할 수 있다. 이는 학습자라는 존재를 바라보는 시각의 차이에서 비롯된다. 적용이 기존의 개념을 학습자들에게 효율적으로 가르쳐서 변화를 가져오는 데 초점을 맞추고 있다면 반성은 학습자들의 이해를 바탕으로 하여 기존의 개념을 바꾸거나 확장하는 일이라고 볼 수 있다. 즉, 학습자들의 실존에 대한 고민이 수업을 통해 지속적으로 전달되어야 하며 이를 통해 장차 교사 및 코치, 감독으로 성장하여 누군가를 가르치게 될 학생들이 가르치고 배운다는 것의 의미를 끊임없이 반성해 볼 수 있어야 한다. 그리고 체육을 하고 가르치고 배우는 사람으로서 체육이 무엇인지 고민해야만 한다.

이러한 반성은 개인 안에서 고독하게 그 문제 사태에만 관련되어서 독립적으로 이루어지지 않는다(서근원, 2013, p.302). 오히려 그러한 반성은 교수자와 학습자의 관계 속에서 이루어진다. 반성은 과거와 현재와 미래의 시간적 연장선 위에서 자아를 성찰하는 일이다. 반성은 세상 속에서, 역사 속에서, 관계 속에서 나의 존재를 확인하는 일이다. 반성은 거울 앞에 서서 거울에 비친 나를 보는 일이며, 내가 누구인지를 묻고 답하는 일이다. 반성을 통해서 나는 자신의 모순과 무지와 부족을 깨달을 수 있다. 그러므로 진정한 반성은 향상과 발전의 출발점이다(조용환, 2001, p.2). 이러한 반성은 개인 안에서 고독하게 독립적으로 이루어지는 것이 아니라 세상과 역사와 관계 속에서 일어난다. 즉, 반성은 학습자 스스로 할 수 있는 것이 아니라 교수자와의 관계성 속에서 이루어진다.

학습자들에 대한 믿음에서 근거한 기다림과 상심에서 비롯된 사랑이 바탕이 되어 그들의 삶을 반성해보고 이러한 과정을 통해 지평을 넓혀주고자 하는 것이 수업 목적이 되어야 한다. 잘 가르친다는 것은 학생이 나를 벗어나 타자의 관점에서 스스로를 성찰할 수 있도록 인식을 넓혀주고 스스로를 돌아볼 수 있게 돕는 것이다.

많은 학자들의 연구에서 드러났듯이 예비교사 단계에서의 교육적 경험은 단편적이고 일회성 경험으로 그치지 않는다. 사범대학에서의 교육경험은 마치 나무의 뿌리와 같아서 여기서 배우고 느낀 지식과 생각들은 훗날 교육현장에서 꽃과 열매를 맺게 하는 자양분이 된다. 그리고 교수는 이러한 뿌리와 꽃과 열매가 맺히는 가지를 연결하는 줄기와 같은 역할을 한다. 뿌리는 하나지만 줄기를 거쳐 하늘을 향해 수많은 가지들이 펼쳐지게 되고 교수는 이토록 다양한 가지들을 위한 양분들을 적절하게 제공해야 한다. 그래야 같은 나무지만 맛도 색깔도 그 모양도 다양한 여러 열매들로 풍성한 수확을 할 수 있다. 이를 위해서는 그 다양성을 인정하고 존중해 주며, 지금, 내일이 아닌 아주 먼 훗날을 내다보는 여유와 확신이 가르치는 사람에게는 필요하다. 따라서 잘 가르친다는 것은 지금, 여기서 필요한 것과 함께 내일, 다른 곳에서 필요한 것에 대해 인식하고 준비할 수 있도록 기회를 주는 것이다. 그리고 지식의 전달자로 그치지 않고 학생과의 간극을 좁히며 서로 가르치고 배우는 교육적 상호작용 속에서 성장할 수 있도록 이끄는 것이다. 그리고 이때 '잘 가르친다'고 할 수 있을 것이다.

지금까지 '잘 가르친다'의 의미는 수업의 지식 즉, PCK라고 하는 체육과 지식체계에 초점이 맞추어져 왔다. 그러나 수업의 전문성은 지식체계의 이해와 전달로 설명하기에는 한계가 있다. 수업을 통해 진리를 배워가는 학생들의 행보는 우리가 만들어 놓은 지식체계의 경계를 존중해 주지 않는다. 지식체계의 범주는 실재하는 것이 아니며 시대적 변화와 사회적 환경에 따라 끊임없이 그 모습을 달리하기 때문이다. 이것은 수업을 연구하기 위해서 학자들이 임의로 만든 것이다. 학생들은 수업상황 속에서 직선으로 또는 완만한 곡선을 그리며 가르치는 사람과의 상호작용을 통해 배움의 과정을 경험하지만 지금까지는 우리가 만들어 놓은 지식체계의 울타리 안에서 수업의 한 부분만을 붙들고 씨름해 왔다.

따라서 수업은 지식체계의 전달과 함께 학생의 시야를 넓혀주고 학문적 지평을 확장시켜주는 차원에서 새롭게 고찰할 필요가 있다. 그리고 가르치는 사람은 이러한 과정을 통해 학생들의 지평을 넓혀 미래를 준비하게 해야 한다. 따라서 가르치는 사람의 전문성도 수업의 지식체계의 차원에서 학생과의 상호작용 및 시간적 개념의 확장을 통해 새롭게 고려해야 한다. 그 때, 학생들도 반성을 통해 자신의 삶을 변화시킬 수 있으며 성장하게 된다.

4.4.3 사이의 전문성

> '훌륭한 교사의 가르침은 하나의 테크닉으로 격하되지 않는다. 훌륭한 가르침은 교사의 정체성과 성실성에서 나온다.' (Parker J. Palmer)

미국의 존경받는 교육자이자 사회운동가인 파커 팔머는 교육은 테크닉 너머에 있다고 했다. 앞 절에서 고찰한 전문성에 관한 연구들을 살펴보면 그 동안 교육적 영역에서 논의된 전문성은 가시적으로 확인 가능하며 수업을 통해 그 효과를 검증할 수 있는 관점에서 주로 이루어져왔다. 이는 전문성에 대한 논의가 교과에 대한 지식과 이를 가르치는 방법 및 기술 중심으로 형성되어 왔음을 의미한다. 즉, 교과내용에 대한 이해와 그것을 수업에 전달하는 능력은 전문성을 결정하는 데 관건이 되었던 것이다. 따라서 이러한 입장에서 전문성을 논의할 때 교수자는 적합한 교육내용을 선정하고 적절한 방식으로 제시할 줄 알아야 하며, 교육대상과 내용에 따른 다양한 교수법을 구사할 줄 알아야 한다.

최근에는 수업전문성에 대한 전통적인 접근방식인 기술적 합리성을 지양해야 할 관점으로 보고 수업전문성을 재개념화해야 한다는 연구가 시도되고 있다(서경혜, 2005). 이러한 연구는 수업을 통해 축척되는 지식의 성격을 규명하고 가르치는 사람의 역할을 재정립해보고자 하며, 수업과 관련한 교수의 실천 행위가 어떻게 변화되어야 하는가에 초점을 두고 이루어져왔다(함영기, 2009). 즉, 그동안 과학적 지식을 적용하여 교육 상황에서 도구적 문제해결을 강조하는 입장을 비판하고 가르치는 사람은 교육적 실천 속에서 반성을 통해 실천적 지식을 구성하는 구성자를 교육해야 한다는 관점이다.

그러나 많은 경우가 개별화된 대안적 입장을 선언적으로 주장해 온 경우가 많았다. 따라서 교육적 실천을 통한 반성이 수업 상황에서 어떠한 모습으로 나타나는지 이해하기에는 어려운 점이 있다. 또한 이러한 한계를 인정하면서 실제 수업에서 나타나는 전문성을 보다 깊이 있게 드러내 이해하고자 하는 연구가 필요함을 알 수 있다.

수업은 교수자가 사용하는 교육 방법보다는 가르치는 내가 누구인가에 대한 스스로의 답변에 따라 결정된다. 모든 사람이 동일한 교육방법으로 학생들을 가르치지 않는다. 동일한 교육 내용이라 할지라도 가르치는 사람에 따라서 가르치는 방법은 모두 다르다. 그러나 좋은 교사들은 자신의 정체성이 수업에 베어들어 있다는 특징을 공통적으로 갖고 있다.

따라서 훌륭한 교사를 수업 방법으로 정의할 수는 없다. 왜냐하면 그 스타일은 각양각색이기 때문이다. 때문에 전문성은 방법에 기인하지 않는다. 수업에 얼마나 열정을 갖고 강렬한 정체성을 드러내는가가 전문성을 결정한다.

반면에 나쁜 교사들은 모두에게 비슷한 나쁜 점이 있는데 그것은 바로 가르침과 배움을 분리시키는 것이다. 즉, 선생님의 말 속에 학습자에 대한 애정과 관심이 없으며, 교육 내용에 대한 확신이 없어서 학생들의 가슴속으로 전달되지 못하고 허공에 둥둥 떠다닌다(Palmer, 2008). 가르침은 테크닉 수준에서 설명할 수 있는 단순한 개념이 아니다.

체육학에서의 전문성을 살펴보았는데 크게 지식, 신념, 발달단계의 관점에서 연구가 이루어졌다. 그러나 대부분의 연구가 교사가 현재 가지고 있는 능력을 측정하여 제시하거나 요인을 분석하는 데 초점을 두고 있어 전문성이 작동하는 실제 모습을 드러내는 데 한계가 있었다. 또한 상대적으로 비교하는 방법을 통해 그 특징을 제시하고자 하였고 지나치게 개인적 차원에서 이론적, 개념적 수준으로 전문성에 접근하였다. 또한 이러한 관점이 인지심리학적으로 편향되어 있는 한계가 드러났다.

전문성은 학생이 반드시 배워야 할 수업내용을 통해 함양해야 할 미래 사회를 대비하는 핵심역량의 가교 역할을 한다. 핵심역량이란 생애를 통하여 육성시켜 주어야 할 필수적인 능력이자 한 개인이 일생동안 직업생활과 사회생활을 성공적으로 해나가기 위해 갖추어야 할 최소한의 능력이다(유현숙 외, 2002). 지식기반사회의 도래와 급변하는 과학·기술의 발달로 요구되는 새로운 능력들은 교육현장에서도 예외가 아니다. 따라서 교육에서의 핵심역량은 '지식을 얼마나 많이 소유하고 있는가'가 아니라 넘쳐나는 지식의 홍수 속에서 '지식을 선별하고 적용할 수 있는가'에 관한 능력이다(손민호, 2006; 김동일 외, 2009). 따라서 전문성은 이러한 학생들에게 핵심능력을 길러주기 위해서 교육내용을 가지고 수업을 할 때 나타나는 과정 중심의 총체적인 개념이 되어야 한다. 단순히 인지적 내용을 효과적으로 전달한 결과로서 정의되어지는 것이 아니라 정의적 영역을 포함한 교육적 상호작용이 총체적인 과정으로 이해될 때, 보다 온전한 전문성을 이해하고 설명할 수 있다.

이러한 전문성은 수행의 결과를 바탕으로 정의하기보다는 그 역동적인 본질을 총체적으로 나타내야 하며, 여기에는 지식과 경험 뿐 만 아니라 가치와 태도 습관과 같은 정의적 영역이 포함된다. 이러한 총체적이고 역동적인 과정으로서의 전문성은 가르침의 본질에 대한 이해를 보다 높여줌과 동시에 교육의 의미를 좀 더 확장시키는데 기여할 것이다.

지금까지 전문성 연구는 눈에 보이는 관찰 가능한 요소들을 중심으로 연구되어 왔다. 그러나 어떠한 전문성은 지금 당장 보이지 않는다. 교수는 학생을 믿음으로 인내할 수 있어야 하고, 수업 공간을 편안하고 상호작용이 있는 공간으로 구성해 나가야 하며 그들의 삶과 밀접한 소재를 중심으로 수업 속으로 끌고 들어와야 한다. 그리고 다양한 비유를 중심으로 텍스트의 맥락 및 역사, 철학적 배경을 이해시켜야 한다. 마지막으로 지금 당장 필요하지 않지만 내일 그들에게 반드시 필요한 것들을 가르쳐야 한다. 왜 가르치며, 학습자는 어떤 존재이며, 장차 미래를 어떻게 준비해야

하는가를 알게 해 주어야 한다.

따라서 체육을 가르치는 사람에게 전문성은 기존의 수업 내용 중심에서 학습자의 존재와 삶에 대한 관심으로 확장되어야 하며 같은 맥락에서 학습자의 사고를 확장시켜주는 것을 포함한다. 즉, 인지 및 기능적 영역 중심에서 논의하던 전문성에 존재와 삶을 바탕으로 한 정의적 영역이 함께 논의되어야 하는 것을 의미한다. 이를 가르치는 사람의 개인 변인으로 규정하고 자의적 수행에 맡기기 보다는 좀 더 체계적인 연구를 통해서 교육 프로그램에 적극 반영할 때, 교사와 학습자 모두 성장하는 효과를 기대해 볼 수 있을 것이다.

반응 없는 수업, 당장 눈에 보이는 효과가 없는 수업은 교수자를 고독하고 외롭게 만든다. 그 고독과 외로움 속에서 열정을 가지고 수업할 수 있는 힘은 학습자들의 존재에 대한 상심(傷心)에서 비롯된다. 어쩌면 수업은 자신과의 싸움이자 투쟁일 수도 있다. 이 싸움은 부모의 마음과 같다. 그들이 느낄 상심과 당혹, 결핍을 너무 잘 알기에 내버려 두지 못하는 마음이다. 그리고 이러한 마음은 가르침과 배움, 낯섦과 익숙함, 앎과 모름의 '사이'를 좁히기 위한 노력으로 나타난다. '사이'는 교수자와 학생의 다름을 인정하고 그 차이를 발견할 때 인식할 수 있다. 차이란 어떠한 경우에도 고정되고 결정된 것이 아니라 항상 진행되는 과정에 있다(서동욱, 2002). 즉, 교수자와 학생의 차이는 과거형이 아니라 현재 진행형에 가깝다. 이 말은 차이란 이미 결정되어 있는 것이 아니며 항상 새롭게 발견될 수 있다는 뜻이다.

가르치는 사람은 학생과 관계를 맺으며 마주친 다양한 사건들 속에서 낯선 주름 혹은 동일한 주름들과 흔적들을 발견한다. 들뢰즈는 주름을 타자와의 관계성 속에서 발생하는 일종의 흔적이라고 했다(Deleuze, 1969). 오랜 세월 함께 풍파를 헤쳐 온 노부부의 얼굴이 닮아 있듯이, 체육을 공부하고 고민하며 그 문화 속에서 살아온 나는 가르치고 배우면서 만나는 선생님들과 학생들에게서 작지만 비슷한 주름들을 발견할 수 있었다. 하지만 누군가에게는 낯선 주름과 흔적들을 발견할 수밖에 없다.

교육은 가르치는 사람과 배우는 사람의 마주친 흔적이다. 누구를 만나 어떤 관계를 맺느냐에 따라 존재의 의미가 달라진다. 학생은 가르치는 사람과의 관계성 속에서 흔적들을 만든다. 이를 통해서 서로의 차이를 인정하고 '사이'를 좁혀간다. 가르치는 것은 이러한 사이를 좁히면서 함께 성장하는 것이다.

:: 참고문헌

강명윤(2007). 촘스키의 언어관에 대한 철학적 비판. 인문언어학회지, 9, 213-231.

강묘숙, 조순묵(2007). 초등교사의 표현활동에 관한 실천적 지식 형성과정의 생애사적 접근. 한국스포츠교육학회지, 14(2), 63-80.

강신복(1999). 중학교 체육교사의 수업지식과 교수활동의 관계분석연구. 한국체육학회지, 38(4), 561-581.

곽병선(2001). 교실교육의 개혁과 교사의 수업전문성. 한국교사교육, 18(2), 1-5.

구성모(2001). 초등체육교육의 가치정향 분석. 미간행 석사학위 논문, 서울교육대학교 대학원.

권영범(1999). 초등학교 교원들의 교직사회화 단계에 따른 교직의식과 직무만족도와의 관계연구. 미간행 석사학위 논문, 한국교원대학교 대학원.

김대진(1995). 체육교사의 수업지식과 교수효율성에 관한 내용분석. 한국체육학회지, 34(3), 181-191.

김동일, 오헌석, 송영숙, 고은영, 박상민, 정은혜(2009). 대학 교수가 바라본 고등교육에서의 대학생 핵심역량: 서울대학교 사례를 중심으로. 아시아교육연구, 10(2), 195-214.

김명주(2004). 무용교사의 전문성에 관한 질적 연구. 한국체육학회지, 43(4), 747-755.

김아람, 김현식(2012). 생활체육지도자의 지도신념과 수업지식 및 전문성의 관계. 한국체육학회지, 51(4), 247-257.

김윤희(1993). 증등체육교사의 가치정향에 관한 연구. 미간행 석사학위 논문, 서울대학교 대학원.

노명완(2001). 중등교육과 교사의 수업전문성. 한국교사교육, 18(1), 45-68.

류관숙(1997). 초등교사의 교직사회와 과정에 관한 문화기술적 연구. 미간행 석사학위 논문, 한국교원대학교 대학원.

류태호(1998). 교사의 위기와 체육교사의 전문성. 한국체육학회보, 72, 15-18.

류태호(2000). 체육교사의 직업정체성 형성요인 분석. 한국체육학회지, 39(3), 725-739.

류태호, 양진예, 정연학, 한만석(2013). 큰 빛 12기의 도전. 희망 초등학교 큰 빛 12기의 학급문화에 관한 사례연구. 한국체육학회지, 52(2), 235-250.

류태호, 한만석, 이지은(2014). 학교체육교육의 새로운 담론: 매일체육의 정당성에 관한 논의. 한국스포츠교육학회지, 21(1), 21-48.

민혜리, 이희원(2011). 학생들이 인식하는 좋은 강의의 특성 연구: 국내 대학과 해외 대학의 강의 체험 분석을 중심으로. 열린교육연구, 19(1), 57-88.

박정준, 최의창(2010). 반성적 마이크로티칭에 나타난 예비 체육교사의 실천적 지식 내용과 수준 분석. 체육과학연구, 21(4), 1595-1614.

서경혜(2005). 반성적 교사교육의 허와 실. 한국교원교육연구, 22(3), 307-332.

서근원(2013). 공동체는 어디에 있을까?: 우리 시대의 삶과 문화와 교육, 그리고 질적 연구. 경기: 교육과학사.
서동욱(2002). 들뢰즈의 철학. 서울: 민음사.
손민호(2006). 실천적 지식의 일상적 속성에 비추어 본 역량의 의미: 지식기반사회? 사회기반 지식!. 교육과정연구, 27(1), 1-20.
안양옥(1995). 체육 교과내용지식의 수준과 수업지식의 관련성. 미간행 박사학위 논문, 서울대학교 대학원.
안양옥(1997). 초등 교사의 전문 수준에 따른 체육교사 내용지식과 수업 지식 차이 분석. 한국체육학회지, 36(1), 339-355.
안양옥, 백인선(2008). 초등교사의 체육교육 가치정향 차이에 따른 교수행동 분석, 한국초등체육학회지, 13(2), 59-73.
안양옥, 신기철(2000). 초등학교 초임교사와 경력교사의 체육수업지식 차이 분석 연구, 한국초등교육, 11(2), 323-344.
양정모(2010). 수업컨설팅을 통한 초등교사의 체육내용교수지식 변화와 교수전문성 발달. 미간행 박사학위 논문, 한국교원대학교 대학원.
오헌석(2006). 전문성 개발과정 및 핵심요인에 관한 연구. 직업능력개발연구, 9(2), 193-216.
오헌석, 김정아(2007). 전문성 연구의 주요 쟁점과 전망. 기업교육연구, 9(1), 143-168.
유정애(2000). 교사 전문성 연구. 한국스포츠교육학회지, 7(2), 41-59.
유정애(2007). 교육과정 개정에 따른 체육과 내용교수지식 연구. 한국교육과정평가원.
유현숙, 김남희, 김안나, 김태준, 이만희, 장수명, 송선영(2002). 국가 수준의 생애능력 표준설정 및 학습체제 질 관리 연구(Ⅰ). 한국교육개발원.
윤홍주(1996). 교사발달단계 및 직능발달 요인에 관한 연구. 미간행 석사학위 논문, 서울대학교 대학원.
이규일(2012). 뇌 과학적 관점에서 바라본 체육교육의 의미. 한국스포츠교육학회지, 19(4), 17-43.
이규일, 한만석(2012). 필드형 경쟁 활동의 의미 구현: 초등학교 발야구 수업의 설계와 실천. 한국초등체육학회지, 18(3), 65-82.
이난숙(1992). 교사의 직능발달 특성에 관한 연구. 미간행 박사학위 논문, 한국교원대학교 대학원.
이병관(2002). 교직사회화 단계에 따른 현직체육교사들의 방향 모색. 미간행 박사학위 논문, 전남대학교 대학원.
이병진(1996). 교직 생애 주기에 따른 교원 연수 체제에 관한 연구. 한국교육학회지, 34(1), 315-345.
이양구, 고문수, 김무영(2011). 교사의 체육수업 평가에 대한 전문성 연구. 한국체육교육학회지, 16(3), 65-75.
이용숙(1992). 실천적 현장교육 연구를 위한 질적 연구 방법. 교육부. 교육월보 132권, 76-79.
이은화, 김회용(2008). 좋은 대학수업의 특징과 그 의미: 한국 대학생의 관점에서. 교육사상연구, 22(1), 123-146.
이재용(1994). 교사의 전문지식 형성: 한 중학체육교사의 사례연구. 한국스포츠교육학회지, 1(1),

48-62.
이재정(2005). 중학교 체육교사의 가치정향에 관한 기술적 연구. 미간행 박사학위 논문, 서울대학교 대학원.
이진희, 정의권(1998). 체육 교과과정 결정에 따른 가치정향에 관한 연구: 수도권 체육교사 중심으로. 한국체육학회지, 37(1), 225-232.
전가일(2013). 전문대학 유아교육과에서 좋은 수업 만들어 가기: 질문과 대화를 통한 현상학적 실행연구. 한국교육인류학회·한국사회복지질적연구학회 2013년도 공동학술대회 자료집.
정꽃님, 유진(2012). 이원론적 스포츠 열정모형 검증. 한국체육학회지, 51(4), 137-147.
정우식, 김진희(2008). 저널 쓰기를 통한 대화: 교사교육 전문성 발달을 위한 학습경험의 함의. 한국체육학회지, 47(1), 127-138.
정우영(2004). 체육교사 가치지향성에 따른 교수행동분석. 미간행 박사학위 논문, 중앙대학교 대학원.
조미혜, 안혜영, 김윤희(1992). 여자 체육교사 및 무용교사의 가치정향에 관한 연구. 한국여성체육학회지, 6(1), 56-66.
조용환(2001). 교육적 존재론. 교육인류학소식, 7(1), 서울: 한국교육인류학회.
최상근(1992). 한국 초·중등교사의 교직사회화 과정 연구. 미간행 박사학위 논문, 한국교원대학교 대학원.
최연주, 조덕주(2012). 예비교사교육에서의 자서전적 방법 적용 연구. 교육인류학연구, 14(3), 69-101.
최의창(2010). 인문적 체육교육과 하나로 수업. 서울: 레인보우북스.
최의창(2011). 체육전문인 전문성의 재검토. 한국스포츠교육학회지, 18(2), 1-25.
최희진(2002). 초임 중등체육교사의 교직 적응과정. 한국스포츠교육학회지, 9(2), 43-63.
최희진, 강신복(2000). 중학교 초임 체육교사의 초기 곤란에 관한 연구: 한 체육교사의 사례연구. 한국스포츠교육학회지, 7(2), 1-14.
한만석(2014). 체육 교수의 수업전문성에 관한 사례연구. 미간행 박사학위 논문, 고려대학교 대학원.
한재영(2012). 사범대학 예비교사의 삶과 정체성 변화 연구. 교사교육연구, 51(1), 75-89.
함영기(2009). 수업전문성 재개념화의 실천적 탐색을 위한 질적 사례연구 : 온라인 지식교류 활동을 중심으로. 미간행 박사학위 논문. 성균관대학교 대학원.
Agne, K. J. (1992). Caring: The expert teachers edge. *Educational Horizons, 70*(3), 120-124.
Amade-Escot, C. (2000). The contribution of two research programs on teaching content: pedagogical content knowledge and didactics of physical education. *Journal of Teaching in Physical Education*, 20(1), 78-101.
American Federation of Teacher, National Council on Measurement in Education, & National Education Association. (1990). Standard for teacher competence in educational assessment of student. *Educational Measurement: Issues and practice*, 9(4), 30-32.
Amirault, R. J. & Branson, R. K. (2006). *Educators and Expertise: A Brief History of*

Theories and Models. The Cambridge Handbook of Expertise and Expert Performance. Cambridge University Press.

Barrows, H. S., Norman, H. R., Neufeld, V. R., & Feightner, J. W. (1982). The clinical reasoning process of randomly selected physicians in general medical practice. *Clinical and Investigative Medicine*, 5, 49–56.

Barrington, D. (1770). Account of a very remarkable young musician. *Philosophical Transactions of the Royal Society of London, 60*, 4-64.

Bechtel, P. A. & O'Sullivan, M. (2006). Chapter 2. Effective professional Development – What we know [Monograph]. *Journal of Teaching in Physical Education, 25*, 363–378.

Behets, D. (2001). Value orientation of Physical education preservice and inservice teacher. *Journal of Teaching in Physical Education, 20*, 144–154.

Berliner, D. C. (1988). *Implications of studies of expertise in pedagogy for teacher education and evaluation*. New directions for teacher assessment: 1988 ETS Invitational Conference. Princeton, NJ: ETS.

Bloom, B. S. (1986). Automaticity. Educational *Leadership, 43*(5), 70–77.

Bourdieu, P. (1984). *Distinction*. Cambridge, MA: Harvard University Press.

Burden, P. R. (1983). Implications of teacher career development: New roles for teacher, administrators, and professors. *Action in Teacher Education, 4*(4), 21–25.

Caruso, J. J. (1977). Phase in student teaching. *Young Children, 33*(1), 57–63.

Chase, W. G. & Simon, H. A. (1973). Perception in chess. *Cognitive Psychology, 4*, 55–81.

Charness, N., Krampe, R., & Mayr, U. (1996). *The role of practice and coaching in entrepreneurial skill domains: an international comparison of life-span chess skill acquisition*. In K. A. Ericsson (Ed.), The road to excellence: The acquisition of expert performance in the Arts and Sciences, Sports and Games (pp. 51–.80). Mahwah, NJ: Erlbaum.

Chen, A., Ennis, C. D., & Loftus, S. (1996). Re–Formatting the Value Orientation Inventory. *Research Quarterly for Exercise and sport, 67*(4), 75–76.

Chi, M. T. H. (2006). *Two Approaches to the Study of Experts' Characteristics*. The Cambridge Handbook of Expertise and Expert Performance. Cambridge University Press.

Cho, O. & Choi, Y. (2011). An Analysis of Research on Physical Education Teacher's Professional Development. *The Korean Journal of Sport, 9*(4), 367–379.

Chomsky, N. (1957). *Syntactic structures*. The Hague: Mouton.

Cory T. Forbes, C. T., & Davis, E. A.(2008). The development of preservice elementary teachers' curricular role identity for science teaching. *Science Education, 92*(5), 909–40.

de Groot, A. D. (1946). *Het denken van den schaker*. Amsterdam: Noord Hollandsche.

de Groot, A. D. (1965). *Thought and choice in chess, 1st edition*. The Hague: Mouton.

de Groot, A. D. (1978). *Thought and Choice in Chess*. The Hague, The Netherlands: Mouton.

de Groot, A. D., & Gobet, F. (1996). *Perception and memory in chess. Assen (The Netherlands)*. Van Gorcum.

Deleuze, G. (1968). *Difference et répetition*. Paris: PUF.

DeMarco, G. M. Jr. (1998). *Profiles in expertise: An analysis of physical education teachers of the year*. Unpublished doctoral dissertation, University of Georgia, Athens.

Ducan, J., Williams, P., & Brown, I. (1991). Components of driving skill: Experience does not mean expertise. *Ergonomics, 34*, 919–937.

Duncker, K. (1945). On problem solving. *Psychological Monographs, 58* (Whole NO. 270), 1–113.

Durkheim, E. (1992). Professional ethics and civic morals. London: Routledge.

Durso, F. T. & Dattel, A. R. (2006). *Expertise and Transportation*. The Cambridge Handbook of Expertise and Expert Performance. Cambridge University Press.

Elias, J. L. (1995). *Philosophy of education: Classical and contemporary*. Malabar, FL: Krieger Publishing Company.

Elstein, A. S., Shulman, L. S., & Sprafka, S. A.(1978). *Medical problem solving: An analysis of clinical reasoning*. Cambridge, MA: Harvard University Press.

Ennis, C. D. & Chen, A. (1995). Teacher' value orientation in urban and rural settings, *Research Quarterly for Exercise and sport*, 66, 41–50.

Ennis, C. D. & Hopper, L. M. (1988). Development of an instrument for assessing educational value orientation. *Journal of Curriculum Studies*, 20, 277–280.

Ennis, C. D., Ross, J., & Chen, A. (1992). The role of value orientation in curricular decision making: A rationale for teachers' goals and expectations. *Research Quarterly for Exercise and sport, 63*, 38–47.

Ericsson, K. A. & Smith, J. (Eds.) (1991). *Towards a general theory of expertise*. Cambridge: Cambridge University Press.

Ericsson, K. A. (1996). *The road to excellence: The acquisition of expert performance in the arts and science, sports, and games*. Mahwah, NJ: Lawrence Erlbaum Associates.

Ericsson, K. A., Charness, N., Feltovich, P. J., & Hoffman, R. R. (2006). *The Cambridge Handbook of Expertise and Expert Performance*. Cambridge University Press.

Ericsson, K. A., Krampe, R. T., & Tesch–Romer, C. (1993). The Role of deliberate practice in acquisition of expert performance. *Psychological Review*, 100, 363–406.

Ericsson, K. A., Prietula, M. J., & Cokely, E. (2007). *The making of an expert*. Harvard Business Review, July–August. 115–121.

Etzioni, A. (1969). *The semi-professionals and their organization: Teachers nurses and social workers*. New York: Free Press.

Etzioni-Halevy, E. (2001). Elites: Sociological aspects. In N. Smelser(Ed.), *International encyclopedia of the social & behavioral sciences* (pp.4420-4424). Amsterdam: Elsevier.

Feltovich, P. J., Prietula, M. J., Ericsson, K. A. (2006). *Studies of Expertise from Psychological Perspectives*. The Cambridge Handbook of Expertise and Expert Performance. Cambridge University Press.

Fenstermacher, G., Osguthorpe, R., & Sanger, M. (2009). Teaching morally and teaching morality. *Teacher Education Quarterly, Summer*, 7-19.

Flore, B. B. (2001). Using an epistemological framework to explore a bilingual education teacher's belief and practice. *bilingual Research Journal, 25*(3).

Fuller, F. F. (1969). Concerns of teachers: A developmental conceptualization. *American Educational Research Journal, 6*(2), 207-226.

Gagne, R. M. (1989). *Studies of learning: 50 years of research*. Tallahassee, FL: Learning Systems Institute.

Galton, F., Sir (1869/1979). *Hereditary genius: an inquiry into its laws and consequences*. (Original publised in 1869). London: Julian Friedman Publishers.

Gobet, F. & Charness, N. (2006). *Expertise in Chess*. The Cambridge Handbook of Expertise and Expert Performance. Cambridge University Press.

Gobet, F., & Clarkson, G. (2004). Chunks in expert memory: Evidence for the magical number four...or is it two? *Memory, 12*, 732-747.

Gobet, F., & Simon, H. A. (1998). Expert chess memory: Revisiting the chunking hypothesis. *Memory, 6*, 225-255.

Greenwood E. (1957). Attributions of a profession. *Social Work, 2*, 44-55.

Gregorc, A. F. (1973). Developing plans for professional growth. *NASSP Bulletin, 57*(377), 1-8.

Griffin, L., Dodds, P., & Rovegno, I. (1996). Pedagogical content knowledge for teachers. Integrate everything you know to help student learn. *Journal of Teaching in Physical Education, Recreation, and Dance, 67*, 58-61.

Grossman, P. L. (1990). *The making of a teacher: Teacher knowledge and teacher education*. New York: Teachers College Press.

Hoffman, R. R. & Lintern, G. (2006). *Eliciting and Representing the Knowledge of Experts*. The Cambridge Handbook of Expertise and Expert Performance. Cambridge University Press.

Hoffman, R. R. (1998). How can expertise be defined?: Implications of research from cognitive psychology. In R. Williams, W. Faulkner, & J. Fleck (Eds.), *Exploring expertise*(pp. 81–100). New York: Macmillan.

Hoffman, R. R. (Ed.) (1992). *The psychology of expertise: Cognitive research and empirical AI.* Mahwah, NJ: Erlbaum.

Holyoak, K. J. (1991). Symbolic connectionism: toward third generation theories of expertise. In K. A. Ericsson & J. Smith (Eds.), *Towards a general theory of expertise: Prospects and limit* (pp. 301–335). Cambridge, MA: Cambridge University Press.

Housner, L. (1992). The role of pedagogical content knowledge in motor skill instruction: comment and question on Walkwitz & Lee. *Research Quarterly for Exercise and sport, 63*(4), 444–446.

Huberman, M. (1993). *The lives of teachers.* New York: Teacher College Press.

Huys, R., Daffershofer, A., & Beek, P. J. (2004). The evolution of coordination during skill acquisition: The dynamical systems approach. In A. M. Williams & N. J. Hodges (Eds.), *Skill acquisition in sport: Research, theory and practice* (pp. 351–373). London: Routledge.

Jeffs, T. (2003). Quest for Knowledge begins with a recognition of shared ignorance. *Adults Learning, 14*, 28.

Jewett, A. E. & Bain, L. L. (1985). *The curriculum process in physical education.* Dubuque, LA: Am. C. Brown.

Jones, C. (2005). Character, virtue and physical education. *European Physical Education Review, 11*(2), 139–151.

Katz, L. G. (1972). Development stages of preschool teacher. *The Elementary School Journal, 73*(1), 50–54.

Katz, P., McGinnis, J. R., Hestness, E., Riedinger, K., Marbach-d, G., Dai, A., & Pease, R. (2011). Professional identity development of teacher candidates participating in an informal science education internship: A focus on drawings as evidence. *International Journal of Science Education, 33*(9), 1169–1197.

Korthagen, F. (2010). How teacher education can make a difference. *Journal of Education for Teaching, 36*(4), 407–423.

Lagemann, E. C. (2000). *An elusive science: The troubling history of education research.* Chicago: The University of Chicago Press.

Lawson, H. A. (1986). Occupational socialization and teacher education programs. *Journal of Teaching in Physical Education*, 5, 107–116.

Lehmann, A. C. & Gruber, H. (2006). *Music. The Cambridge Handbook of Expertise and Expert Performance.* Cambridge University Press.

Lesgold, A. M., Rubinson, H., Feltovich, P. J., Glaser, R., Klopfer, D., & Wang, Y. (1988). Expertise in acomplex skill: Diagnosing x-ray pictures. In M.. T. H. Chi, R. Glaser, & M. J. Farr (Eds.), *The nature of expertise* (pp. 311–342). Hillsdale, NJ: Erlbaum.

Luehmann, A. L. (2007). Identity development as a lens to science teacher preparation. *Science Education, 91*(5), 822–39.

Manross, D. & Templeton, C. H. (1997). Expertise in teaching physical education. *Journal of Physical Education, Recreation, and Dance, 68*(3), 29–35.

Marshall, T. H. (1950). *Citizenship and social class and other essays*. Cambridge: Cambridge University Press.

Matlin, M. W. (2002). *Cognition:* Harcourt College Publishers.

McCaughty, N. & Rovegno, I. (2003). Development of pedagogical content knowlwdge: moving from blaming student to predicting skillfulness, recognizing motor development, and understanding emotion. *Journal of Teaching in Physical Education, 22*(4), 355–368.

Miller, G. A., Galanter, E., & Pribram, K. H. (1960). *Plans and the structure of behavior*. New York: Holt, Rinehart & Winston.

Neufeld, V. R., Norman, G. R., Barrows, H. S., & Feightner, J. W. (1981). Clinical problem solving by medical students: A longitudinal and cross-sectional analysis. *Medical Education, 36*, 853–859.

Newell, A. & Simon, H. A. (1972). *Human problem solving*. Englewood Cliffs, NJ: Prentice Hall.

Nitko, A. J. (2001). *Educational assessment of student (3rd)*. Merrill Prentice Hall.

Noice, H. & Noice, T. (2006). *Artistic Performance: Acting, Ballet, and Contemporary Dance*. The Cambridge Handbook of Expertise and Expert Performance. Cambridge University Press.

Noice, T., & Noice, H. (1997). *Expertise of professional actors: A cognitive view*. Hillsdale, NJ: Erlbaum.

O'Sulivan, M. & Doutis, P. (1994). Research on expertise: Guideposts for expertise and teacher education in physical education, *Quest, 46*(2), 176–185.

Oelkers, J. (2000). Geleitwort. In S. Heil & G. Faust-Sichl(Hrsg.). *Universitaere Lebrerausbildung und paedagogische Professionalitaet im Spiegel von Lebrenden. Eine qualitative empirische Untersucbung*. Weinheim: Deutscher Studien Verlag.

Palmer, P. J. (2008). *The Courage to Teach*. 이종인, 이은정 역(2011). 가르칠 수 있는 용기. 서울: 한문화 멀티미디어.

Pascual, C. (2006). The initial training of physical education teachers: In search of the lost meaning of professionalism. *Physical Education and Sport Pedagogy, 11*(1), 69–82.

Peterson, A. R. (1978). *Career patterns of secondary school teachers: An exploratory interview study of retired teachers*. Unpublished doctoral dissertation. University of Ohio.

Poon, P. P. L., Rodgers, W. M. (2000). Learning and remembering strategies of novice and advanced jazz dancers for skill level appropriate dance routings. *Research Quarterly for Exercise and Sport, 71*(2), 135–144.

Posner, M. & Snyder, C. (1975). Attention and cognitive control. In R. L. Solso (Eds.), *Information processing and cognition: The Loyala symposium.* Hillsdale, NJ: Erlbaum.

Reitman, W. R. (1965). *Cognition and thought.* New York: Wiley.

Rink, J. & Mitchell, M. (2003). State level assessment in Physical education: The South Carolina experience. *Journal of Teaching in Physical Education, 22*, 471–472.

Rovegno, I. & Bandhauer, D. (1997). Psychological dispositions that facilitated and sustained the development of knowledge of a constructivist approach to physical education. *Journal of Teaching in Physical Education, 16*(2), 136–154.

Rovegno, I. (1992a). Learning to teach in a field-based methods course: The development of pedagogical content knowledge. *Teaching and Teacher Education, 8*, 69–82.

Rovegno, I. (1992b). Learning to reflect on teaching: A case study of one preservice physical education teacher. *The Elementary school Journal, 92*(4), 491–511.

Rovegno, I. (1993). Content knowledge acquisition during undergraduate teacher education: Overcoming culture templates and learning through practice. *American Educational Research Journal, 30*, 611–642.

Sacks, S. R. & Harrington, G. N. (1982). *Student to teacher: The process of role transition.* Paper presented at the meeting of the American Educational Research Association. New York.

Saettler, P. (1968). *A History of instructional technology.* New York: McGraw-Hill.

Schempp, P. G. (1993). Constructing Professional knowledge: A case study of an experienced high school teacher. *Journal of Teaching in Physical Education, 13*(1), 2–23.

Schempp, P. G., Manross, D., Tan, S., & Fincher, M. (1998a). Subject expertise and teachers knowledge. *Journal of Teaching in Physical Education, 17*(3), 342–356.

Schempp, P. G., Tan, S., Manross, D., & Fincher, M. (1998b). Differences in novice and competent teachers knowledge. *Teachers and Teaching: Theory and Practice, 4*(1), 9–20.

Schneider, W. & Fisk, A. (1982). Concurrent automatic and controlled visual search: Can processing occur without resource cost? *Journal of Experimental Psychology, 8*, 261–278.

Shulman, L. S. (1986). Those who understand: Knowledge growth in teaching. *Educational Researcher, 15*(2), 4–14.

Shulman, L. S. (1987). Knowledge of teaching: Foundation of new reform. *Harvard Educational Review*, 57, 1–22.

Simon, H. A. & Newell, A. (1958). Heuristic problem solving: The next advance in operations research. *Operations Research*, 6, 1–10.

Skinner, B. F. (1960). The science of learning and the art of teaching. In A. A. Lumsdaine & R. Glaser (Eds.), *Teaching machines and programmed learning: A source book* (pp. 99–113). Washington, DC: National Education Assoc.

Solmon, M. A. & Ashy, M. H. (1995). Value orientation of preservice teacher. *Research Quarterly for Exercise and sport*, 66, 219–230.

Spiro, R. J., Feltovich, P. J., Jacobson, M. J., & Coulson, R. L. (1991). Cognitive flexibility, constructivism, and hypertext: Random access instruction for advanced knowledge acquisition in ill–structured domains. *Educational Technology, 11*(5), 24–33.

Starkes, J. L. (1993). Motor experts: opening thoughts. In J. L. Starkes & F. Allard (Eds.), *Cognitive issues in motor expertise*. Amsterdam, The Netherlands: North–Holland.

Starkes, J. L., Deakin, J. M., Lindley, S., & Crisp, F. (1987). Motor versus verbal recall of ballet sequences by young expert dancers. *Journal of Sport Psychology, 90*, 222–230.

Stiggins, R. J. & Conklin, N. F. (1992). *In teachers' bands: Investigating the practices of classroom assessment*. Albany, NY: SUNY Press.

Tan, S. K. (1997). The elements of expertise. *Journal of Physical Education, Recreation, and Dance, 68*(2), 30-33.

Tawney, R. H. (1921). *The acquisitive society*. New York: Harcourt Bruce.

Tsang, P. S. & Voss, D. T. (1996). Boundaries of cognitive performance as a function of age and piloting experience. *International Journal of Aviation Psychology, 6*, 359–377.

Vallerand, R. J., Rousseau, F. L., Grouzet, F. M. E., Dumais, A., Grenier, S., & Blanchard, C. M. (2006). Passion in sport: A look at determinants and affective experience. *Journal of Sport & Exercise Psychology, 28*, 454–478.

van Manen, M. (2012). The call of Pedagogy as the call of contact. *Phenomenology & Practice, 6*(2), 8–34.

Watson, J. B. (1913). Psychology as the behaviorist views it. *Psychological Review, 20*, 158 –177.

Webb, R. B. & Sikes, P. (1989). Teachers' career. In R. R. Sherman (Eds.), *Schooling and society* (pp. 223–259). Macmillan Publishing Company.

Wexler, B. & Coleman, K. (2012). Cognition cross-traning for children and adults. C8 Sciences report.

Wikman, A. S., Nieminen, T., & Summala, H. (1998). Driving experience and time–sharing during in–car tasks on roads of different width. *Ergonomics, 41*, 358–372.

Wilensky, H. L. (1964). The professionalization of everyone? *The American Journal of Sociology, 70*(2), 137–158.

■ 지은이 약력

류태호
서울대학교 체육교육과 박사
고려대학교 체육학과 교수
한국교육인류학회 회장, 한국스포츠교육학회 부회장,
서울시체육회 이사

한만석
고려대학교 체육학과 박사
서울서래초등학교 교사
서울교육대학교, 고려대학교, 이화여자대학교 강사
초등학교 체육교과서 집필

임용석
고려대학교 체육학과 박사
고려대학교 강사
서울교육대학교, 경인교육대학교, 상명대학교 강사
(前)청소년대표 농구선수

김준성
고려대학교 체육학과 박사
한양여자대학교 사회체육과 조교수
고려대학교, 한국외국어대학교, 중원대학교 (前)강사

스포츠교육학의 새로운 지평

지은이 류태호 · 한만석 · 임용석 · 김준성
펴낸이 조경희
펴낸곳 경문사
펴낸날 2015년 3월 10일 1판 1쇄
등 록 1979년 11월 9일 제 313-1979-23호
주 소 121-818, 서울특별시 마포구 와우산로 174
전 화 (02) 332-2004 팩스 (02) 336-5193
이메일 kyungmoon@kyungmoon.com

값 15,000원

ISBN 978-89-6105-901-5